"十四五"职业教育国家规划教材

"十四五"职业教育江苏省规划教材
"十三五"江苏省高等学校重点教材

U0455815

幼儿教师口语训练教程

（第二版）

主　编　崔　霞　戴兢兢

副主编　高　峥　冯霞云　杨　谢

参　编　（按姓氏笔画排列）

　　　　王燕燕　王　霞　许　艳

　　　　张丽丽　李　晓　张　彬

　　　　宋鹏鸽

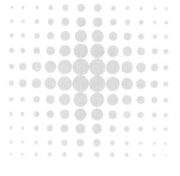

南京大学出版社

图书在版编目(CIP)数据

幼儿教师口语训练教程 / 崔霞,戴兢兢主编. —2 版.
—南京:南京大学出版社,2021.6(2024.7 重印)
ISBN 978-7-305-24891-7

Ⅰ. ①幼… Ⅱ. ①崔… ②戴… Ⅲ. ①幼教人员-汉
语-口语-高等职业教育-教材 Ⅳ. ①H193.2

中国版本图书馆 CIP 数据核字(2021)第 161536 号

出版发行　南京大学出版社
社　　址　南京市汉口路 22 号　　　　邮　编　210093
书　　名　**幼儿教师口语训练教程**
　　　　　YOUER JIAOSHI KOUYU XUNLIAN JIAOCHENG
主　　编　崔　霞　戴兢兢
责任编辑　丁　群　　　　　　　编辑热线　025-83596923
照　　排　南京南琳图文制作有限公司
印　　刷　常州市武进第三印刷有限公司
开　　本　787 mm×1092 mm　1/16　印张 17.5　字数 410 千
版　　次　2021 年 6 月第 2 版　2024 年 7 月第 5 次印刷
ISBN 978-7-305-24891-7
定　　价　50.00 元

网址:http://www.njupco.com
官方微博:http://weibo.com/njupco
微信服务号:NJUyuexue
销售咨询热线:(025) 83594756

* 版权所有,侵权必究
* 凡购买南大版图书,如有印装质量问题,请与所购
　图书销售部门联系调换

第二版前言

2012年2月教育部颁布的《幼儿园教师专业标准（试行）》中对幼儿教师的语言素养提出要求：幼儿教师要注重语言"规范健康"，"使用符合幼儿年龄特点的语言进行保教工作"，"重视自身日常态度言行对幼儿发展的重要影响与作用"。随后颁布的《3—6岁儿童学习与发展指南》也对幼儿教师提出要求："对幼儿讲话时，要用幼儿能听得懂的语言，同时注意结合情境使用丰富的语言，以便幼儿理解；成人注意语言文明，为幼儿做出表率，帮助幼儿养成良好的语言行为习惯等。"国家对幼儿教师语言素养要求充分说明：幼儿教师的口语素养、表达能力在保教活动中起着至关重要的作用，其职业口语直接关系着学前教育的质量和幼儿的发展。教师对幼儿开展语言、艺术、社会、健康、科学五大领域的教学活动都有赖于幼儿教师良好的口语水平。幼儿学习语言大部分也是在自然状态下通过观察和模仿习得，教师的口语是幼儿学习的榜样和范例。要引领幼儿语言能力的发展，幼儿教师就要拥有良好的职业口语素养并进行正确的示范和引导。《幼儿教师口语训练教程》正是在国家政策倡导、儿童发展需求、行业发展对人才能力需求的背景下，在充分考察同类课程和教材的基础上编写而成。2017年9月出版后，受到众多高校学前教育专业师生的欢迎。使用者对本教材的内容、编排等提出诸多宝贵意见，编者在此深表感谢！

2019年10月，本书被立项为"十三五"江苏省高等学校重点教材。为进一步建设和优化本教材，编写者又组建教材修订小组，通过访谈、问卷等调查一线师生对"幼儿教师口语"课程的职业认知、教学现状，以及现有教材的适切性，了解对本教材内容包括语言知识、口语技巧、内容编排、案例示例等方面的意见和建议。在整合各方意见和建议基础上，再版时对教材做了修订，优化章节体系，适当增删内容，更换部分图片和案例，修正了文字表述中的个别不恰切之处。这样更符合职业要求,增强了教材的适宜性,有助于学前教育、早期教育等专业学生的学习。经过修订,本教材分别于 2021 年 11 月、2022 年 1 月获批为"十三五"江苏省高等学校重点教材、"十四五"职业教育江苏省规划教材。

2022 年 10 月,党的二十大报告提出"深化教育领域综合改革,加强教材建设和管理","推进文化自信自强","增强中华文明传播力影响力","推进教育数字化"等号召之后,教材编写组又再次对教材进行修订,在坚持教学示例突出学前教育情境、教学内容体现"理实一体"理念的前提下,将原来两个模块"知识目标、能力目标"调整为一个模块"训练目标",并对各章节目标加以整合修正,从知识、能力、素质三个维度拟定目标,渗透进"爱祖国语言、立学前教育、练扎实技能、达仁爱之心"的立德树人理念。学习示例和巩固训练中的作品,多采用中华经典诗文,以便执教者和学习者传承中华优秀传统文化,把传统文化精华和师范生教育融通起来,坚持创造性转化和创新性发展,增强文化自信和中华文化影响力。另外,为创新教材形态,丰富电子教学资源,便于学习者自由选择学习时间和地点,编者将依据本教材章节拍摄的已在中国大学慕课平台开放的在线课程,以二维码的形式放于教材目录下,学习者通过扫描二维码进行学习,方便快捷。

本教材在修订过程中,得到南京大学出版社的大力支持,在此谨表谢忱! 最后,恳切希望大家在使用本册时,如发现不当之处,提出进一步改进意见。

编 者

2022 年 12 月

在线课程

目　录

幼儿教师口语训练教程

第一章

幼儿教师口语概述

章节导引→

　　幼儿教师的语言素养、语言能力和语言运用的艺术在幼儿保育、教育、教学活动中起着至关重要的作用。幼儿园活动目标和教育教学任务主要是通过口语完成的。口语是幼儿教师与幼儿进行传情达意的工具，是教师在教育教学工作中必备的一种语言技能。要想做一名合格的幼儿教师，首先要提高自己的口语表达能力。

　　幼儿时期是一个人语言发展的关键期。教师的语言是幼儿模仿的对象和学习的范例，直接影响幼儿的语言发展乃至其他方面的发展。这就要求教师深入研究幼儿教育的特殊规律，充分了解幼儿教师口语的基本特点，恰当运用口语技能与幼儿进行交流和沟通，化深奥为浅显、化抽象为具体、化平淡为神奇，激发幼儿的学习兴趣，开启幼儿的心智，发展幼儿的能力。

训练目标→

　　1. 热爱学前教育事业，关爱学前儿童，拥有饱满的学习热情。

　　2. 了解口语和书面语的区别，知晓幼儿教师口语的含义和作用。

　　3. 掌握幼儿教师口语的基本特点，了解幼儿教师应该具备怎样的口语能力。

　　4. 能够积极主动地进行规范口语训练，提高口语表达能力。

第一节　幼儿教师口语的含义和作用

案例导学

小王同学的懊恼

小王同学是一名学前教育专业的学生。毕业前夕参加了某幼儿园的招聘考试,笔试成绩遥遥领先于其他同学,高居榜首,顺利进入了面试环节。面试中弹唱、绘画等技能测试时,小王也是很顺当,评委老师脸上一直笑意盈盈。可是,在模拟授课过程中,小王整个人显得局促不安,竟然语无伦次,不知所云,幼儿语言活动设计中甚至连一首儿歌的含义都没有说清楚。小王最终没能入围。招聘结束后,该幼儿园园长惋惜地对小王说:"没有良好的口语表达能力的教师不是合格的幼儿教师,看来你在学校没有好好地学习幼儿教师口语这门课程。"小王心里很是懊恼……

【分析】　良好的口语表达能力是幼儿教师的一种基本素养。幼儿教师口语是教师进行教育教学活动的最基本也是最重要的手段,必须注意生动形象、浅显易懂、富有亲和力、富于幼儿情趣,表情亲切自然、手势得体,符合幼儿的年龄和心理特征等基本要求。

学海畅游

一、口语和书面语

语言是人类特有的交际工具。语言可以分为两种类型:一种是口头语言,简称口语;一种是书面语言,简称书面语。口语是人们平常讲话时所运用的语言,是说的言语和听的言语,是人们在社会交际中凭借语音传递信息、交流思想感情的工具;书面语是人们写文章所运用的言语,是写的言语和读的言语。

一般说来,口语与书面语的区别在于句法、语意和语用这三个方面。口语一般用词比较浅显、非正式,语法结构简单,句子较短,且多为简单句,主要用于日常生活的对话,也可用在叙述、交谈、讨论、辩论、演讲等方面。书面语则正式,用词讲究、优雅、贴切,结构较为复杂,句子偏长,复合句较多,主要用于撰写文章,著书立说,颁布法律、法令,颁发文件、公告等。在语用方面,口语和书面语在什么语境下用什么语气、措辞和表达方式等方面也有区别。

二、幼儿教师口语的含义

幼儿教师口语是口语的一个分支,是幼儿教师在保育、教育、教学等活动过程中,使用普通话表达且符合教师职业规范的专业口语，是幼儿教师必备的一项核心职业技能。幼儿教师口语是一种现实的社会语言现象，它以一般口语为基础，遵循一般口语的共同规律，如规范标准的发音、科学发声的方法、口语表达的技巧等。但是，幼儿教育对象的特殊性使得幼儿教师口语既是一般口语的提高和发展，又是一般口语在幼儿保育教育教学活动中的专业延伸，是幼儿教师进行保育教育教学活动的最基本的工具。

因为幼儿教育相对于其他阶段的教育来说，最大的特点就是教师使用口语特别多。虽然也可以使用手势语、表情语等其他信息传递形式，但最重要、最根本的还是口语。幼儿识字少或不识字，在幼儿园主要通过教师的口耳相传来学习。通过口语与幼儿交流沟通、传情达意是幼儿教师工作的主要方式，幼儿园的活动目标和教育教学任务也主要是通过口语来完成的。幼儿教师具备良好口语水平的重要性不言而喻。

➜ 小示例

来到幼儿园的第一天

冰冰第一天离开妈妈上幼儿园，哭得特别厉害。陈老师把他抱在怀里，轻轻地拍着他的后背说："老师知道你离开妈妈很害怕。你哭吧，哭会让你好受一点。老师陪着你！"冰冰就大声地哭，恐惧随着泪水自然地流淌出来……过了一会儿，陈老师又说："你现在很安全。老师会照顾你，保护你，一直陪着你，不离开你，直到你妈妈来接你。不管你哭多久，老师都会陪着你。"冰冰的哭声明显小了，倚在陈老师的怀里轻轻地啜泣，离开妈妈的恐惧逐步消失了，有的只是离开妈妈的伤心。渐渐地，冰冰的心情开始平复，妈妈的离开也被慢慢接受了。

【分析】　面对小朋友与妈妈分离的焦虑和恐惧，幼儿教师设身处地地思考，通过恰当的口语和孩子交流，理解并接纳孩子的哭闹，让小朋友的情绪得到释放，最终得以平复。

三、幼儿教师口语的作用

幼儿教师主要是吃"口语饭"的。没有好的口才，教育教学的效果一定非常糟糕。夸美纽斯说："一个嗓音动听、语脉清晰的教师，他的声音便像油一样浸入学生心田，把知识一道带进去。"幼儿教师的口语素养直接影响着幼儿教育的质量。

（一）引领幼儿语言能力发展

3～6 岁是幼儿语言特别是口语发展的关键期。幼儿语言大部分是在自然状态下通过观察和模仿习得的，幼儿教师的口语自然而然成为幼儿学习语言的榜样和范例。在幼儿园，幼儿对教师的一词一句、一腔一调甚至某种口头禅都很敏感。无论是在与幼儿的日常交往中，还是在正式的教育教学活动中，教师口语无疑是幼儿模仿的对象，对幼儿的语言发展起到示范作用。

2001 年国家教育部制定颁布的《幼儿园教育指导纲要（试行）》中对幼儿的语言发展提出明确目标："幼儿要乐意与人交流，讲话礼貌；注意倾听对方讲话，能理解日常用语；能清楚地说出自己想说的事，喜欢听故事、看图书；能听懂和会说普通话。"

2012 年教育部颁布的《3～6 岁儿童学习与发展指南》中对有关幼儿语言领域的学习与发展也提出了具体要求：对幼儿讲话时，要用幼儿能听得懂的语言，同时注意结合情境使用丰富的语言，以便幼儿理解；成人注意语言文明，为幼儿做出表率，帮助幼儿养成良好的语言行为习惯等。

由此可见，幼儿语言能力发展的目标和要求对幼儿教师提出了很高的要求。要开发好幼儿的语言能力和思维能力，就要求幼儿教师拥有良好的口语表达能力；要使幼儿有模仿的正确范本，教师就要给予语言方面正确的示范。不仅如此，教师还要引领幼儿语言的发展，帮助幼儿养成良好的语言习惯，学会正确运用词汇、语调、语法等表达自己的想法和感受。

➡ 小示例

某幼儿园课间活动的时候，丽丽蹦蹦跳跳地来到马老师身旁，高兴地对马老师说："老师，告诉你，我妈妈说明天我们去了舅舅家。"马老师意识到孩子语言使用中的错误，于是说："哦，你是说，你和妈妈明天要到舅舅家去呀！"又让丽丽重复了一下："妈妈说，明天我们要到舅舅家去。"

【分析】 马老师意识到小朋友说话时时间概念混淆，对过去时和将来时分不清，立即进行纠正指导，引领孩子学会正确地表达自己的想法。可见，教师语言的引领，对幼儿语言能力和思维能力的发展具有重要意义。

（二）承载幼儿教育的物质"外壳"

口语是幼儿教师展开教育教学工作的基本工具，是承载教学内容的物质"外壳"。3～6 岁的幼儿基本不识字，教师指导幼儿感知和探索世界，引导幼儿了解各种知识，体会和感受各种情感甚至学会各种技能，都依赖于教师口语这种物质"外壳"，这层外壳是做好幼教工作的先决条件，是教师从事教育教学必须使用的特殊工具，贯穿在整个教育教学工作中，并决定着幼儿教育的成败。无论是教学活动中的导入、讲解、过渡等环节，还是教育活动中的表扬、批评、鼓励等，或是与幼儿及家长的沟通、交际，都离不开教师口语这种独特的语言艺术。从某种程度上讲，良好的口语表达技巧、灵活善变的话语反应力、敏捷的思维能力以及高素质的语言修养，决定着幼儿教育质量的高低。

（三）实现幼儿教师专业化的基础

"21 世纪的教师必须是经过专业化训练，有着较高专业素养的教育工作者。"在幼儿教师专业化发展的过程中，教师口语能力的培养在职业能力培养中占有非常重要的地位。我国教育家叶圣陶先生说过："凡是当教师的人，都担负着语言教育的责任。因此，所有的教育工作者都必须学好语言。"幼儿教师语言素质的高低，不仅直接决定幼儿口语交际能力培养的效果,而且关系到幼儿情感、态度、能力、知识、技能等方面的培养与发展。对学前教育专业的学生而言,拥有良好的语言表达能力,才能更好地胜任幼儿教育教学工作,这是实现幼儿教师专业化的基础。

巩固训练

一、什么是口语?口语和书面语有何区别?

二、什么是幼儿教师口语?幼儿教师口语对幼儿语言能力发展有何影响?

三、阅读下面的内容,感受口语的魅力。

主持人修改主持词

为了使节目更贴近百姓生活,易于观众理解,主持人常常把书面化的主持词改得口语化。

敬一丹老师的一期《焦点访谈》节目,当天节目编辑给她的节目开场稿子是这样写的:"语言是人类交流的基本工具,而对于喉癌患者来说,最大的痛苦就是有口难言。"敬一丹老师在节目中并没有完全地照本宣科,她觉得电视应该更像熟人之间的谈话,就是要面对面,要有交流感,于是主持时改成了:"观众朋友,欢迎您收看《焦点访谈》。当我这么说着、您这么听着的时候,我们的交流就开始了,可是在我们看来很正常的交流方式,对于喉癌患者来说,却已经是不可能,他们最大的痛苦就是有口难言……"

倪萍老师则把"邻居是什么?邻居是互相帮助的朋友,是在你困难的时候可以向他求援的伙伴,是你生活中不可缺少的友情,是你生活中互相给予的人们。"改为:"邻居是什么?是你正在炒菜,发现酱油瓶子是空的,于是你就敲门要点酱油的那家人;是你出差了可以帮你看看门锁是否被人撬开的那家人;是你家房子冒烟了能第一个打119的那些人……"

拓展延伸 >>>>>>

对口语的认识误区

第二节　幼儿教师口语的基本特征

案例导学

不乱涂、不乱画

开学不久,王老师就发现暑假里刚粉刷过的墙壁、油漆过的桌椅上,留下了孩子们用彩笔、油画棒画过的痕迹。午休时,王老师把幼儿集中起来,讲了一个故事《小猪找朋友》。故事讲完后,王老师问:"大家说说,小狗、小猫为什么不愿意和小猪做朋友?"

"小猪在小狗、小猫家门口乱画,别人就不喜欢和他做朋友。"

"现在,老师想请小朋友找一找,我们活动室里有没有乱涂乱画的地方。"

孩子们在墙上、桌上找到了乱涂的痕迹,纷纷告诉老师"这里有""这也有"……

"那我们能不能想个办法,把这些脏东西去掉?"

"用毛巾擦。""用洗洁精洗。"……

王老师给每个幼儿一块小抹布,蘸上洗洁精。幼儿发现只有瓷砖上能擦干净,其他地方都不行,就找老师想办法。

"这些痕迹擦不干净了,只能用油漆和涂料重新粉刷,可是这只能等放假的时候才能刷。整洁干净的活动室是老师和小朋友一起学习和游戏的地方,大家都要爱护它。以后,小朋友想画画,请到老师这里来拿纸,画在纸上,我们一起欣赏,好不好?"幼儿听了,纷纷表示再也不乱画了,而且还真做到了。

【分析】　针对孩子们乱涂乱画的不文明行为,王老师运用讲故事的方法,对孩子们进行教育,引导孩子们认识错误,并以平等的口吻心平气和地启发他们想办法解决问题,纠正错误,充分体现出幼儿教师口语的科学性、规范性、教育性和启发性等基本特征。

学海畅游

幼儿教师面对的教育对象有其特殊性,幼儿的年龄、思维等特点决定了幼儿的语言接受能力和理解能力较弱。所以在和幼儿交流中,教师更要注意使用恰当的语言,力求达到最佳的效果。幼儿教师口语具有以下几个特征:

一、形象、生动、有趣

幼儿阶段思维的特点是具体直观,是用形象、声音、色彩和感觉思维的,他们乐于接受具体、可感觉的语言信息。因此,幼儿教师要善于运用语言描摹人或事物的形象、情状、特性等,创造直观形象,把静的变动的、抽象变具体、无形变有形,以此帮助幼儿了解各种抽象的事物、词语、概念。有趣的教师口语要求教师语言活泼、流畅,幽默、诙谐,富有吸引力,语气轻松,有时带有俏皮的游戏色彩,能逗幼儿开心,给幼儿启迪。

形象、生动、有趣味的语言表达需要语流态势的掌控、特殊声音的造型和肢体语言来配合。语流态势的掌控主要落实在停连、重音、语气、语调、节奏方面。常用的特殊声音有气音、颤音、拖腔、泣诉、笑语、拟声、怪调等。肢体语言包括仪态、表情、眼神、手势等,以恰当的肢体语言配合口语表达,以视觉形象辅助听觉形象,起着补充、深化、增强、扩大语言表现力的良好作用。

小示例

有位教师在教幼儿认识钢琴的时候,这样对幼儿说:

"钢琴有个'大嘴巴',这就是琴盖,'大嘴巴'很重,打开要小心,最好让爸爸妈妈或老师帮助打开。钢琴有 88 颗'牙齿',有黑的也有白的,不过黑的可不是蛀牙哦。这 88 颗'牙齿'叫琴键。钢琴的'牙齿'可神奇了,能发出美妙的声音。右边的'牙齿'能发出小鸟唱歌一样的声音,这部分叫高声部;左边的'牙齿'能发出像老黄牛说话的声音,这部分叫低声部;中间的'牙齿'发出的声音,人也能发出来,这部分叫中声部。钢琴的每颗'牙齿'都有名字,最中央的那颗叫中央 C,这是它的名字,我们唱起来的时候唱作 do,就像你的乳名叫童童,学名叫何佳一样。弹琴的时候,人要坐在中央 C 的中间,鼻子正对着它。"

【分析】 这位老师与孩子交流时,语言生动形象,比喻贴切,通俗易懂,且充满童趣,孩子乐意听,也很容易理解。

二、科学、规范、有序

幼儿教师的语言要有充分的科学依据,注意语言的科学性和逻辑性,表达应清楚明白,准确无误,符合客观规律,不要含糊或模棱两可,令人产生歧义。如果幼儿教师的语言缺乏一定的科学性和逻辑性,将会对幼儿产生误导。

"科学规范"是指教师口语必须表达准确、科学合理、合乎事实,符合现代汉语的基本要求,即语音规范、词汇规范、语法规范。语音规范要求使用标准的普通话,发音清晰、吐字准确;词汇规范是不用方言词汇、不杜撰生造词汇等;语法规范是力求避免词类误用、搭配不当、语序失调等不规范现象。

"有序"是指教师口语必须条理清楚,层次分明,结构严谨。注意对幼儿讲话,切不可语言混乱无序,说话不可跑题或随意变更话题,让孩子听了不明就里,也不可信口开河,东拉西扯,把握不住中心。

小示例

金鱼的泡泡

有个幼儿园老师在教小朋友画金鱼的时候,在金鱼的嘴边画了很多气泡,下面的气泡大,上面的气泡小。她还认真地对孩子强调:"气泡刚从金鱼嘴里吹出来的时候,金鱼用的力量大,所以下面的气泡大,气泡往水面上跑的时候,力量越来越小,所以气泡就变得越来越小了。"

游戏导入语

一位幼儿园老师有一次是这样进行教学导入的:"小朋友,今天老师和你们玩一个游戏。大家喜欢不喜欢?老师知道每个小朋友的兴趣爱好不一样,有的喜欢玩捉迷藏,有的喜欢玩丢手绢,有的喜欢玩打沙包,女孩子喜欢玩过家家,男孩子喜欢玩枪战。一说到捉迷藏啊,老师就想起了自己小时候。那时候老师没有你们现在这么多的玩具,你看你们的玩具多多呀,各种各样的布娃娃、绒毛动物、塑料玩具,还有飞机、坦克、火车、各种汽车、各种各样的枪,有的像真的一样,有的甚至有塑料手铐、电话等。总之,真是五花八门,各种各样。可老师小时候玩的游戏只有捉迷藏,又叫'藏猫猫'。有一次呢,……"

【分析】 这是两个幼儿教师口语不够科学、杂乱无序的例子。第一个例子中的老师口语表达缺乏科学性。她向孩子们介绍的气泡大小正好与事实相反:水越深,压力越大,气泡越小;水越浅,压力越小,气泡越大。第二个例子中的老师口语表达混乱无序,信口开河,东拉西扯。她想要导入游戏,却一会儿说兴趣爱好,一会儿说玩具,一会儿又说自己小时候的事情。这样的导入语让孩子们不知所云,听得云里雾里的。

三、通俗、浅显、儿童化

从幼儿口语发展的特点来看,幼儿是先听懂成人的语言,然后学会应用语言进行交际的。一般来说,幼儿所掌握的词汇中,实词多,虚词少;口语词汇多,书面词汇少;表示具体概念的词汇多,表示抽象概念的词汇少;句型结构上单句多,复句少。所以,幼儿教师口语必须通俗浅近、明白易懂,针对幼儿的年龄特点,在词汇、句式的选择上符合幼儿的接受能力,尽量将成人语言改成儿童语言;将幼儿不易理解的书面语尽量口语化;将长句子分割为短句子,修饰成分不宜多;句型简单,使句意清晰明了,便于幼儿理解。然后,在不断丰富幼儿词汇的同时,创造条件让幼儿逐步学会运用语言。

"语言儿童化"是幼儿教师口语不同于其他行业口语的一个明显特点,这是教育对象的特殊性决定的。掌握一种贴近幼儿生活,反映他们要求,表现他们情感,符合幼儿年龄、心理特征和接受水平的语言艺术,是每个幼儿教师必须做到的。教师与幼儿交流时,要运用亲切柔和的语调、委婉坚定的语气、抑扬顿挫的声音、鲜明匀称的节奏、快慢适度的语速等,拉近与孩子的心理距离,便于走进孩子。语言儿童化的关键之处是教师

语言的儿童趣味,即要保持一颗纯真的"童心",从孩子的心理出发,用孩子的眼光去观察周围的一切事物,对表达的内容和形式进行趣味化加工,注入幼儿喜爱的趣味元素,使语言具有童话般斑斓的色彩,更有活力。如某幼儿园在一次午饭时,孩子们叽叽喳喳地吵得很厉害,老师说:"咦,我们教室里什么时候飞进来那么多小蜜蜂,嗡嗡嗡嗡的,多吵呀!我们快把它们请出去,别打扰我们吃饭了。"孩子们听了都笑了起来,笑过之后便安静下来吃饭了。这就是富有儿童趣味性语言的魅力。

🔴 小示例

下面是童话故事《陶罐和铁罐》节选部分:

国王的御橱里有两只罐子:一只是陶的,一只是铁的。骄傲的铁罐看不起陶罐,常常奚落它。

"你敢碰我吗,陶罐子?"铁罐傲慢地问。

"不敢,铁罐兄弟。"谦虚的陶罐回答说。

"我就知道你不敢,懦弱的东西!"铁罐说,带着更加轻蔑的神气。

"我确实不敢碰你,但并不是懦弱。"陶罐争辩说。"我们生来的任务是盛东西,并不是来互相撞碰的。在完成我们的本职任务方面,我不见得就比你差。再说……"

"住嘴!"铁罐愤怒地说,"你怎么敢同我相提并论!你等着吧,要不了几天,你就会破成碎片,消灭了。我却永远在这里,什么也不害怕。"

"何必这样说呢,"陶罐说,"我们还是和睦相处好,吵什么呢!"

【分析】 故事中的"奚落""轻蔑""懦弱""相提并论""和睦"等词语书面色彩浓,如果老师按照原文直接给幼儿讲述,会使幼儿难以理解,不如将之改成"嘲笑""瞧不起""胆小""相比""友好"等,就显得通俗、浅显且口语化,幼儿听了很快就理解了。

四、激励、教育、启发性

对于幼儿来说,教师的鼓励和支持是幼儿进步和发展的重要前提。教师的语言要激励幼儿积极上进,保护幼儿的自尊心。比如在活动中,当有幼儿不敢自己动手操作总想依赖教师时,教师就可以说:"你去尝试一下,失败了也没关系呀!""你试试看""这件事应该难不倒你的。"等这样的语言来激励幼儿,帮助幼儿坚定信心。当幼儿有自己的发现和看法时,教师也应及时鼓励:"嗯,真不错!""你真行!""你的想法很特别!"。这些语言能给幼儿极大的鼓舞,并能激发出他们进一步表现的欲望。

教师的职责是教书育人。以口语作为教书育人主要手段的幼儿教师,其语言中当然也应该始终贯穿着教育性。与孩子说话交流时,要时刻谨记自己是幼儿教师。

启发性语言能够诱发幼儿思考并使其有所领悟,激发幼儿去思考、去探索,一步一步自己去寻求答案,获得经验,从而既增长幼儿知识又发展幼儿智力。比如:

- 你们看到的××是什么样子的?
- 你发现了什么问题呢?
- 你真棒!已经找到了一种方法,再试试,还有其他办法吗?

- 风给我们带来了一些不便,那风有好处吗?它能帮我们做什么呢?
- 请你想一想,还可以怎样唱就能使这首歌变得更好听呢?
- 请你们用每一种材料都去试一试,看看哪种材料做出的效果最好。

 小示例

有趣的沉浮现象

在一次科学探究活动中,教师提供装有水的大盆子、积木、铁制金属、玻璃球、树叶、空瓶、海绵等材料,让幼儿通过操作、观察,探索物体的沉浮现象。当幼儿把这些材料一一放进盆里时,发现有的东西会沉下去,有的却浮在水面上,非常有趣。老师问小朋友:"大家想想可以用什么办法让瓶子和积木也沉下去?也想想有什么办法能让玻璃球也浮在水面上呢?"幼儿又开始想办法操作,有的用手按空瓶子,空瓶子就沉下去了,但一松手,发现空瓶子又浮起来。他们反复操作几次后,发现没有办法解决就寻求老师的帮助,这时老师问:"你知道它为什么会浮起来吗?"幼儿回答:"因为它太轻了。"老师接着又问:"能不能想个办法让它变重呢?"幼儿马上想到在里面装水,装了一半水,放进盆里,看到时沉时浮,孩子们显得特别开心,继续往里面装满水,直至瓶子慢慢地沉下去。整个过程中,孩子们反复地、专心致志地进行实验,在操作中发现了沉与浮的规律。

【分析】 在活动中老师发现幼儿遇到困难时,尽可能地用启发性的语言引导激发幼儿思考,向幼儿多问几个为什么、怎么办,这样幼儿探索事物的兴趣就会越来越浓厚,并能从中体验到成功的快乐。通过启发性提问引导幼儿参与到主题活动中来,不仅可以满足幼儿对事物的新奇、幻想、探究的需要,而且使幼儿在各显其才、各尽所能的创意活动中,促进其思维能力、想象能力的提高。

语言是一门具有无穷魅力的艺术,作为幼儿教师,在掌握规范化语言的基础上,要善于从幼儿的实际出发,抓住幼儿的特点,充分发挥语言的魅力,才能使天真无邪、纯真可爱的孩子们伴着美妙的语言健康快乐地成长。

巩固训练

一、幼儿教师口语有哪些特点?试举例说明。

二、作为一名幼儿老师,你将如何处理下面这件事情?请在全班同学面前模拟幼儿老师处理这个问题,特别要注意你的口语表达。

在幼儿园户外活动中,小刚与小明不知为什么就打起来了。老师见到了,赶紧将他们拉开,并且问他们发生了什么事情。小刚说小明抢了他的玩具,小明说小刚抢了他的玩具。

三、阅读下面一则案例,分析一下文中老师的口语有什么特征。

改掉含手指的坏习惯

"老师,明明在家又含手指了,真拿他没办法。"今天早上入园时,明明妈妈愁眉苦脸地对陈老师说。明明是班上最小的一个孩子,大家都很喜欢他,但他有个含手指的坏习惯,很让人头疼。明明的爸爸妈妈也想了很多办法都不管用。

下午,恰好有一节"认识小手"的活动,陈老师给每个孩子的手指上都画上五官,并起了名字,说:"让我们和手指娃娃做朋友吧,我们可要爱护他们,不能咬也不能含着他们,否则手指娃娃会不舒服的。"接着,陈老师又问:"你们说说看,手指娃娃有哪些本领?"孩子们争先恐后地回答,明明也很积极地回答了。陈老师借此机会接着又问:"手指娃娃做了这么多的事情,那么它的身上脏吗? 在这台显微镜下观察一下就知道了。"孩子们通过观察,发现指甲里藏了许多肉眼看不见的细菌。陈老师告诉大家:"这些细菌吃到嘴里就会生病的,所以呀,我们一定要及时给手指娃娃洗澡,做个讲卫生的好孩子。"

从此以后,明明改掉了含手指的习惯,陈老师还在小朋友面前表扬他:"明明真是个讲卫生的好孩子!"

拓展延伸

>>>>>>

幼儿语言学习的特点

第三节　幼儿教师的口语表达能力

案例导学

游戏活动结束了,但小朋友们还在摆弄玩具,不愿意放下,教师很着急。面对这个情景,不同的教师用语不同。

教师 A：小朋友们,游戏结束了,快把玩具放回原处!

教师 B：小朋友们,玩具小鸭走累了,该休息了。让我们看看哪一只鸭子先回家,好吗?

【分析】　语言是幼儿教师传授知识的基础工具,也是教师和幼儿之间交流沟通的桥梁。幼儿教师的口语表达应该有特殊的魅力,易于吸引幼儿、感染幼儿。幼儿教师须提高自身语言的规范性、科学性、艺术性。

 学海畅游

一、幼儿教师应具备的口语表达能力

幼儿教师口语是开展保育教育教学活动的主要工具，是任何现代化手段都不能完全代替的，是幼儿教师职业能力结构中最基本的能力。

面对识字量很少的幼儿这一特殊教育对象，幼儿教师的口语表达能力有更高的要求。

（一）熟练地使用标准普通话的能力

说一口准确、清晰、流畅的普通话是每一个幼儿教师必备的职业能力。按照国家规定，幼儿教师的普通话必须达到二级甲等以上水平。如果幼儿老师自身普通话不准确，诸如平翘舌音、前后鼻音不分，或词不达意、用词不当，或有语法错误等，将会对幼儿产生误导。因此，一位口齿清楚、发音准确、语言流畅、富于变化的幼儿老师对幼儿的语言发展无疑是很有帮助的。幼儿教师不仅自身普通话水平要高，而且还要具备一定的听音、辨词、辨意能力，能及时纠正幼儿发音、用词和语法错误，为幼儿学好普通话打下良好的基础。

（二）较强的语言示范能力

幼儿是通过观察和模仿学习语言的，幼儿最优化的语言发展，是与尽可能好的语言"模型"进行交流。幼儿教师就是幼儿语言学习的"模型"，应该给幼儿提供正确的模仿榜样。所以，教师首先要注意自身语言的规范化，发音准确，用词确切，语句符合语法规范。其次必须掌握一定的语言表达技巧，并正确熟练地加以运用，使自己的语言具有较强的表现力和感染力。在读儿歌、幼儿诗、故事等幼儿文学作品中，教师应尽可能地用抑扬顿挫、轻重缓急的声音，儿童化的语言，生动形象、绘声绘色地给幼儿示范，尽量少用视频音频，让孩子感受到老师与他们一起在儿歌、幼儿诗文、幼儿故事中获得愉悦，不知不觉中亲近老师，发展语言能力，逐渐形成正确的价值是非观。同时，还要有优秀的教学口语、教育口语运用能力，叙述讲解，活灵活现，情真词切，有声有色，具有表现力和感染力。

（三）灵活的应变能力

在对幼儿教育教学过程中，师幼的双边活动处于错综复杂的状态下，尽管老师事前会考虑到各种情况，但仍然会有意料不到的事情发生，这就要求教师有敏锐的问题发现能力和灵活机智的应变能力，及时地运用应变的语言驾驭对幼儿的教育。具有灵活应变的能力，教师得有敏捷的应变思路，站在幼儿的角度去看问题、想问题，善于顺着孩子考虑问题的轨迹找出原因，因势利导，因材施教，用恰到好处的语言引导孩子，鼓励引导幼儿大胆地去想去说去做。这样，幼儿可以感到很开心，同时对老师也多了一份爱戴与亲近。

（四）丰富的知识储备

当今时代的发展和幼儿的实际情况要求教师必须具备广博而丰富的知识，如此才能教给幼儿必要的知识，激发他们的求知欲望，发展孩子的能力。对于幼儿教师来说，口语表达技巧仅是外在的表达形式，内在的知识储备是至关重要的。幼儿教师尽管面对的是 3～6 岁的孩子，但是涉及的知识却是包罗万象的。要想给幼儿一碗水，教师自己必须有一缸鲜活的水。幼儿有极强的好奇心，对周围事物非常感兴趣，什么都想知道，有提不完的问题。作为幼儿教师，在肯定、鼓励孩子求知探究意识强的同时，更要能帮孩子答疑解惑。这就要求幼儿教师力争做"百科全书"式的人，多向书本学习、多向他人学习、多向实践学习，不断拓宽发展各层次的知识领域，尤其是历史知识、现代科技知识、自然科学知识等，不断更新充实各方面的实践经验，才能为随机应变、临场发挥打下扎实的基础。

二、怎样提高口语表达能力

口语表达能力的提高是一个渐进的过程，非一日之功，没有捷径可走，须注意以下几方面。

（一）口语知识学习和技能训练相结合

首先，幼儿教师提高口语表达能力必须要掌握必要的口语理论知识，包括：口语表达的特点；普通话的语音、词汇、语法等方面知识；科学的发声方法；态势语言的有关知识；一般口语表达各种形式的知识要点；教学口语、教育口语、交际口语的基本要求等。此外，还要了解国家语言文字方针政策，增强语言规范意识，尽量了解有关口语口才方面的最新动态等。

其次，在掌握必要的理论知识同时，配合进行口语表达能力训练：普通话训练尤其是发音训练；科学的发声技能训练；幼儿教师必备的技能诸如朗读、讲故事等训练；教学、教育口语技能训练以及交际口语技能训练，等等。

理论知识的掌握和技能训练，两者缺一不可。理论知识的掌握是科学训练的基础，技能的训练又促进理论知识的理解巩固，二者相辅相成，相得益彰。不可以只顾理论学习或一味盲目训练，只有二者齐头并进，口语表达能力才能逐步提高。

（二）加强心理素质和思维能力训练

口语表达和心理素质及思维品质息息相关，良好的思维能力是口语表达的基础，良好的心理素质是口语表达的保障。

具有相似知识水平和经验水平的表达者，受到不同的心理素质影响，往往有截然不同的表达效果。如果具有较强的心理掌控能力，就可以做到表达流畅、灵活、有说服力、处变不惊；如果心理控制能力差，就会出现慌慌张张、词不达意、语无伦次的情况，使表达成为煎熬。一个人的心理素质差异是由人的遗传因素、知识水平、生活经验等各方面决定的，但是后天因素的影响也很大，只要经过认真的训练，每个人都可以具备良好的心理素质。

语言与思维有着密切的关系,口语表达是一种将内部语言转化为外部语言的过程,而外部语言的表达就是思维的结果。没有清晰的思维,就没有清晰的表达。若表达者思维迟缓,甚至呆滞,就会形成口语的停顿、断断续续、语义中断、语速迟缓等凌乱现象。所以,幼儿教师必须加强思维品质的训练,使思维具有概括性、严密性、条理性和准确性等,以达到口语表达对思维的要求。

(三) 由基础口语向职业口语循序渐进训练

一个人口语表达能力的形成是遵循一般规律的,总是由弱到强,由低到高,由一般到专业。因此在训练过程中必须遵循由易到难、由浅入深、由分解到综合的梯度训练原则。具体说来,幼儿教师口语训练可以由基础的普通话发音、朗读、讲故事等一般口语技能训练,向教育口语、教学口语、交际口语过渡训练;由凭借文字材料的口语表达训练逐步向不凭借文字材料的口语表达训练过渡,从而逐步提高口语表达能力。

口语表达能力的提高是一个长期渐进的过程,没有哪一种技能是简简单单就能达到一定水平的,须持之以恒地长期持久地训练。根据自身实际情况制订训练计划,按部就班地进行,尤其是抓紧课外时间刻苦训练,并注意熟练运用,形成稳定扎实的技能。有条件的可以提前进入幼教角色,走进幼儿园,走进孩子,走进家长,在不同的语言环境中,与不同的交流对象进行交流互动,在大量的实践中逐步提高口语表达能力。相信只要坚持不懈,一定会练好一口出色的教师口语的。

➲ 小示例

从口吃到演说家

德摩斯梯尼是古希腊著名的演说家,但是他小时候却离一名演说家相距甚远:他天生口吃,嗓音微弱,还有耸肩的坏习惯,在常人看来,他似乎没有一点儿当演说家的天赋。为此,德摩斯梯尼付出了艰辛的努力。有一天,爸爸发现小德摩斯梯尼说话总是含含糊糊的,就问他:"你说话怎么越来越不利索了?""爸爸,我在嘴里含了块石头,听说这样可以改变发音呢,我想成为演说家!"爸爸摇头苦笑:"你呀!给我把话说清楚就行啦!"其实爸爸不知道,含着石头说话只是小德摩斯梯尼锻炼自己的方法之一。为了去掉气短的毛病,他常常面对呼啸的海风,不停地吟诗;为了改掉耸肩的坏习惯,他在肩头上方悬挂两柄剑,当他耸肩的时候这两把剑就直接插进了他的皮肉;为了断绝自己经常想出去的念头,就给自己理了个阴阳头,非常丑;为了改变讲话上气不接下气的短处,他就边跑边唱歌,边跑边讲话;……

德摩斯梯尼不仅在训练发音上下了很大的功夫,而且还努力提高自己政治、文学等方面的修养。经过多年的磨炼,他终于成了一位出色的演说家。

【分析】 一个口吃的孩子,经过不懈的努力终于实现了自己的理想,成为一名伟大的演说家。他需要克服的不仅仅是生理上的缺陷,还有"我不行"的心理障碍。这个小故事告诉我们,只要你相信自己,并且愿意为自己的理想付出超乎常人的努力,就一定能成功。

巩固训练

一、幼儿教师应该具备怎样的口语表达能力？

二、你将如何学习和训练幼儿教师口语？请结合本节内容和自身实际情况制订一个学习和训练计划。

三、思维训练:谁是安娜心目中的白马王子？

安娜心中的白马王子的特征是:高个子、黑皮肤、相貌英俊。她认识 A、B、C、D 四位男士,其中只有一人符合她的所有要求:

（1）四位男士中,只有三个是高个子,只有两个是黑皮肤,只有一人相貌英俊。

（2）每位男士都至少符合一个条件。

（3）A 和 B 肤色相同。

（4）B 和 C 身高相同。

（5）B 和 D 并非都是高个子。

拓展延伸 >>>>>>

口语表达训练注意点

第二章

普通话语音训练

《学记》有言："善歌者使人继其声，善教者使人继其志"，说的就是教育的最高境界。要实现教师口语的教育性，教师首先得学好普通话。普通话是现代汉民族的共同语，是人与人之间沟通的桥梁、情感的纽带。党的二十大报告中要求："加大国家通用语言文字的推广力度。"因此，推广全国通用的普通话是现代汉语和时代发展的必然要求。用普通话进行教学是合格教师的必备条件之一。《中华人民共和国国家通用语言文字法》第十九条规定："凡以普通话作为工作语言的岗位，其工作人员应当具备说普通话的能力。"

幼儿教师要把普通话说得字正腔圆，首先必须了解普通话语音的基础知识，掌握普通话声母、韵母和声调的发音要领以及普通话语流音变规律等，通过反复练习，打牢口语表达的基础，达到国家规定的等级要求。

1. 热爱祖国语言，认真学习、积极贯彻国家语言文字工作方针政策，增强语言规范意识。

2. 掌握普通话的概念及推广普通话的意义，了解现代汉语的七大方言区。

3. 掌握普通话声母、韵母和声调的发音要领以及普通话语流音变规律，能准确发准普通话的声母、韵母和声调，读准轻声、儿化、变调及语气词"啊"，并有一定的辨听能力。

4. 明确普通话对幼儿教育的作用，能规范、流畅、熟练地运用普通话开展幼儿教育教学工作。

第一节　普通话是教师的职业语言

案例导学

在某高职院校学前教育专业的一节教师口语课上，同学们在激烈地讨论着普通话和方言之间的关系。一位带着浓厚西南方音的云南籍同学说出心里话：

"我们的方言和普通话之间的差异太大，很难纠正。但为什么一定要我们纠正得那么彻底呢？我觉得我们的家乡话说起来顺溜，听起来悦耳，而且将来我们回到家乡工作，面对的都是家乡人，根本没有什么语言障碍。"

一位贵州籍的同学立即附和道："是呀，我们在家乡的学校，同学和老师彼此大多用方言交流，乡情乡音感觉更亲切。"

其他同学也七嘴八舌地议论着。"老师这样给我们彻底地纠正方音，再经过我们一代一代地传递下去，那方言在将来且不是要被消灭掉？"

"难道传承了几千年的方言有错吗？"……

任课的陈老师在同学们发表完看法之后，笑眯眯地说道："同学们有自己的想法很好！确实，方言本身没有错误，而且，我们国家还在通过各种措施和途径建立各地的方言库，具有很大的研究价值。但是，普通话是我们现代汉民族的共同语，是国家的通用语言。《中华人民共和国宪法》第19条规定：'国家推广全国通用的普通话。'《中华人民共和国民族区域自治法》第37条规定：'小学高年级或者中学设汉语课程，推广全国通用的普通话。'还有，党的二十大报告也号召要'加大国家通用语言文字推广力度'。这些都是将党中央、国务院关于语言文字工作的决策部署落实到师范生的语言教育上，为学前教育的语言服务奠定基础。大家不仅要获得普通话二级甲等的证书，而且还担负着推广普通话的重任，引领幼儿学好汉语说好中国话。大家试想：如果我们做老师的自己普通话不标准，甚至不讲普通话，还怎么去引导孩子呢？国家的推普工作也将受到很大阻碍。"

同学们听了老师的一番话，都明白普通话学习的重要意义了。

【分析】　普通话是教师的职业语言。每个师范生不仅仅要考证考级达到国家规定的要求，更重要的是要明确自己的职责。校园作为推广普通话的主阵地，教师就是推广普通话的主力军，是国家语言文字大政方针落实的践行者。就幼儿教师而言，讲一口流利、标准的普通话，对处于语言学习关键期的3～6岁幼儿的语言能力发展、语言习惯养成，起着不可估量的作用。

 学海畅游

普通话是各级各类学校的教学语言和校园语言，学校和课堂是推广普通话的基础

阵地。以普通话为职业语言的幼儿教师，必须将普通话视为各项技能的重中之重。职业的示范性要求每个教师必须在教育教学活动中使用和推广普通话。

一、普通话是幼儿教师口语的基础

在国家教委颁发的《师范院校"教师口语"课程标准（试行）》中，明确提出了"普通话是教师的职业语言，普通话训练是前提，贯穿本课程始终"。作为幼儿启蒙阶段的老师，学好普通话，熟练、准确、流畅地运用普通话，是拥有良好的口语表达能力的前提。

（一）普通话是有声的教育教学手段

幼儿教师的教育对象是不会认字、不会写字的孩子，幼儿教师教育教学的主要手段就是口语。口语是以普通话语音为载体，由语音表现的音节、词句和语调构成的表音系统，借助语音的快慢强弱、千变万化来表情达意，与孩子口耳相传，实现与幼儿的沟通交流和教育作用。

（二）幼儿教师的普通话具有示范作用

幼儿教师的语言对幼儿语言的发展有着重要的影响。幼儿语言的发展大部分是通过没有外界压力的自然观察和模仿而习得的。幼儿教师的普通话无疑是幼儿模仿的对象和学习的典范。幼儿教师的普通话客观上具有很强的示范性，若幼儿学语言的最佳年龄受到方言的影响，一旦形成方言语音、语感的定式，就很难矫正。只有良好的语言示范才能对幼儿语言的发展、良好语言习惯的形成起到积极的促进作用。

➲ 小示例

明明从幼儿园回到家，妈妈问他："今天在幼儿园学什么了？"明明神气地说："我们学了一首古诗(shí)，叫《咏鹅(né)》。"妈妈惊讶地问："什么鼓室？"明明诧异地看看妈妈，又重复了一遍："老师教我们读古诗(shí)——《咏鹅(né)》，鹅(né)鹅(né)鹅(né)，曲项向天歌……"妈妈这才恍然大悟。后来明明的妈妈打听到，原来明明的老师是河北人，她的普通话里有浓重的河北方音，渐渐地，孩子们也跟着老师学了。

【分析】 善于模仿是孩子的天性，老师的普通话水平直接影响着幼儿的语言发展。只有纯正、标准、流畅的普通话才能对孩子的语言学习起到积极的引导作用。示例中明明的老师方音浓郁，给孩子们带来了负面的影响。

二、关于普通话水平测试

2000 年 9 月 23 日中华人民共和国教育部第 10 号令"《教师资格条例》实施办法"第八条规定，申请认定教师资格者"普通话水平应当达到国家语言文字工作委员会颁布的《普通话水平测试等级标准》二级乙等以上标准"。幼儿教师资格对普通话水平的要求更高。

（一）普通话水平测试的概念

普通话水平测试的汉语拼音大写格式为 PUTONGHUA SHUIPING CESHI（缩写为 PSC）。1994 年，原国家语委、国家教委、广电部下发了《关于开展普通话水平测试工作的决定》，对普通话水平测试的管理、具体操作等提出了明确的要求。根据中华人民共和国教育部、国家语委发教语用〔2003〕2 号文件《普通话水平测试大纲》（以下简称《大纲》）阐述，普通话水平测试是一

普通话水平测试

种测查应试人的普通话规范程度、熟练程度，确定其普通话水平等级的标准参照性应试，是一种国家级考试。

（二）普通话水平测试的内容、范围和方式

普通话水平测试的内容包括普通话语音、词汇和语法。具体内容包括四项：单音节字词、多音节词语、短文朗读和命题说话。

普通话水平测试的范围是国家测试机构编制的《普通话水平测试用普通话词语表》《普通话水平测试用朗读作品》《普通话水平测试用话题》《普通话水平测试用轻声词语表》《普通话水平测试用儿化词语表》等。

普通话水平测试以口试方式进行，采用人机对话的形式。目前评分主要采用电脑评分和测试员人工评分相结合的方法。

（三）普通话水平测试的等级标准

普通话水平测试计分采用百分制，根据得分划分为三个级别，每个级别内划分两个等次，共三级六等：

97 分及其以上，为一级甲等；

92 分及其以上但不足 97 分，为一级乙等；

87 分及其以上但不足 92 分，为二级甲等；

80 分及其以上但不足 87 分，为二级乙等；

70 分及其以上但不足 80 分，为三级甲等；

60 分及其以上但不足 70 分，为三级乙等。

巩固训练

一、普通话水平测试的等级如何界定？你将要达到哪种等级？给自己确定一个努力的目标。

二、试着用普通话读下面的单字和词语，参考后面"拓展延伸"里的评分标准，看看自己目前的普通话语音标准度如何。

1. 单音节字词

瑞　版　眸　杜　腮　串　丢　窖　破　荆
热　须　扰　刷　统　勿　纱　我　枪　笔
儒　内　闸　冰　您　莫　拦　锥　雄　历
团　吼　眯　水　词　五　腔　顾　歪　夏
窖　卦　吮　爱　揉　象　撅　球　库　悬
袜　缫　慎　肘　锐　齐　垄　缘　君　女
攥　洒　臣　每　绳　惯　绝　遮　总　浮
若　蒸　合　绕　她　自　满　穴　早　白
柴　索　避　塔　蹭　雕　确　铡　取　帆
柄　戴　陇　夏　狗　尘　孤　软　崩　攥

2. 多音节词语

啄木鸟　作者　群体　钻头　收成　孙女　水鸟　关卡
送信儿　疯狂　妥当　作品　客气　天鹅　花瓶　消灭
工程师　富翁　大娘　钉子　姑娘　奔跑　横扫　累赘
办公室　谬论　苍穹　难怪　首尾　婴儿　高昂　换算
责任感　疼痛　场所　今日　念叨　科学　仍然　佛寺
录音机　少女　钢铁　国王　审美　出类拔萃

拓展延伸

 >>>>>>

普通话水平测试各项评分标准

第二节　普通话概述

✎ **案例导学**

【分析】　我国是个民族众多、人口庞杂、方言纷繁的国家。汉语的方言体系十分复杂,每种方言内部的分歧也十分严重。方言尤其是方言的语音给人们的交流带来很大的障碍。国家推广全国通用的普通话,但同时也要保护好方言。

 学海畅游

一、什么是普通话

普通话是"以北京语音为标准音,以北方话为基础方言,以典范的现代白话文著作为语法规范"的现代汉民族共同语,这是 1955 年的全国文字改革会议和现代汉语规范化问题学术会议上确定的。这个定义从语音、词汇、语法三个方面提出了普通话的标准。

"以北京语音为标准音",指的是以北京话的语音系统为标准,并不是把北京话一切读法全部照搬,普通话并不等于北京话。北京话有许多土音,比如:老北京人把"蝴蝶(húdié)"说成"húdiěr",把"告诉(gàosu)"说成"gàosong",这些方音,并没有吸收进普通话中。另外,北京话里还有异读音现象,例如"侵略"一词,有人念"qīnlüè",也有人念成"qǐnlüè";"附近"一词,有人念"fùjìn",也有人念成"fǔjìn",这也给普通话的推广带来许多麻烦。从 1956 年开始,国家对北京土话的字音进行了多次审订,制定了普通话的标准读音。1958 年国务院下达指示,编纂《现代汉语词典》,"为推广普通话,服务汉语规范化服务。"普通话的语音标准,应该以 1985 年公布的《普通话异读词审音表》以及 2016 年版的《现代汉语词典(第七版)》为规范。

就词汇标准来看,普通话"以北方话为基础方言",指的是以广大北方话地区普遍通行的说法为准,同时也要从其他方言吸取所需的词语。北方话词语中也有许多北方各地的土语,例如北京人把"傍晚"说成"晚半晌",把"斥责"说成"呲儿",把"吝啬"说成"抠门儿";北方不少地区将"玉米"称为"棒子",将"肥皂"称为"胰子",将"馒头"称为"馍馍"。所以,不能把所有北方话的词汇都作为普通话的词汇,要有一个选择。有的非北方话地区的方言词有特殊的意义和表达力,北方话里没有相应的同义词,这样的词语可以吸收到普通话词汇中来。例如"搞""垃圾""尴尬""噱头"等词已经在书面语中经常出现,早已加入了普通话词汇行列。普通话所选择的词汇,一般都是流行较广而且早就用于书面上的词语。

普通话的语法标准是"以典范的现代白话文著作作为语法规范",这个标准包括四个方面意思:"典范"就是排除不典范的现代白话文著作;"白话文"就是排除文言文;"现代白话文"就是排除"五四运动"的早期白话文;"著作"就是指普通话的书面形式,它建立在口语基础上,但又不等于一般的口语,而是经过加工、提炼的语言。

普通话语音系统主要包括声母、韵母、声调、音节,以及变调、轻声、儿化、语气词"啊"的音变等。

二、普通话与方言

汉语发展到现在,虽然已有了汉民族的共同语——普通话,但仍然存在方言。方言是一种语言的地域变体。汉族的先民开始使用的汉语比较单纯,随着社会的发展,不断扩展和迁徙,与异族人的接触也不断深入,汉语逐渐分化,产生了分布在不同地域上的方言。汉语方言分布区域辽阔,差异较大,情况复杂的地区主要集中在长江以南。汉语一般有七大方言区。

(一) 北方方言

又称北方话,以北京话为代表,是普通话的基础方言,通行于长江以北地区,镇江以西、九江以东的长江南岸沿江地带,中国北方地区各省区,四川、云南、贵州、湖北(东南角除外)等省,湖南西北角、广西西北部。在汉语各方言中分布地区最广,使用人口最多,占汉族人口总数的70%以上。北方方言分为四个次方言区:

1. 华北、东北方言

通行于北京、天津、河南、河北、山东、东北三省以及内蒙古的一部分地区。其中吉林、辽宁、黑龙江三省方言最接近北京话。

2. 西北方言

通行于山西、陕西、甘肃、内蒙古、宁夏一部分、青海一部分及新疆等六省一区。

3. 西南方言

通行于四川、贵州、云南三省及湖北大部分地区。还有湖南西北角、广西西北部边沿地区。

4. 江淮方言

俗称下江官话,分布在安徽、江苏两省的长江以北、淮河以南地区(徐州、蚌埠一带属华北、东北方言,不包括在内),此外,镇江以西、九江以东的长江南岸的沿江一带(如南京、镇江等地)。

(二) 吴方言

吴方言又称江浙话或江南话。过去以苏州话为代表,现今随着上海市的经济发展,上海话使用的人口不断增多,通晓上海话的人也逐渐增多。因此,现今吴方言的代表是上海话。通行地域主要是上海市、江苏省长江以南镇江以东(镇江不在内)、南通小部分,浙江省的大部分地区、江西东北部、安徽南部和福建西北角。使用人口占汉族总人数的8%左右。可分为八个次方言区:(1) 以上海话为代表的太湖片,通行地域包括常州、苏沪嘉、湖州、杭州、临绍、宁波小片;(2) 以临海话为代表的台州片;(3) 以温州话为代表的瓯江片;(4) 以金华话为代表婺州片;(5) 以丽水话为代表的处衢片;(6) 宣州片;(7) 严州片;(8) 徽州片。

(三) 赣方言

赣方言又称江西话、赣语,以南昌话为代表,通行于江西省大部分地区(东北沿江地区和南部除外)和湖北东南、福建西北、安徽西南、湖南东部部分地区。赣方言使用人口占汉族总人数的 3.2% 左右。

（四）湘方言

湘方言又称湖南话或湖湘话,以长沙话为代表,分布在湖南省大部分地区(西北角除外)、广西北部四个县。湘方言从内部语音差异上看,又有新湘语和老湘语的分别。湘方言使用人口占汉族总人数的 3.2% 左右。

（五）客家方言

客家方言又称客话,以广东梅县话为代表,主要通行于广东、广西、福建、江西、台湾等省的部分地区和湖南、四川的少数地区。使用人口占汉族总人数的 4% 左右。

（六）闽方言

闽方言又称福建话或福佬话,过去以福州话为代表,现今一般以闽南方言的厦门话为代表。使用人口占汉族总人数的 5.6% 左右。闽方言内部分歧比较大,通常分为:(1)以福州话为代表的闽东片;(2)以厦门话为代表的闽南片;(3)以建瓯话为代表的闽北片;(4)以永安话为代表的闽中片;(5)以莆田话为代表的莆仙片;(6)琼文片;(7)雷州片;(8)邵江片。

（七）粤方言

粤方言又称粤语或广东话,以广州话为代表。通行于广东省大部分地区,广西自治区的南和东部及港澳地区。粤方言使用人口占汉族总人数的 4.1%。

小示例

北方有些地区人不喜欢听别人讲什么东西很"水"。他们觉得"水"是不好的意思,如:水货指次品、仿冒品。如果是闽南人一个劲地夸人家北方小姑娘长得"水",穿的衣服"水"⋯⋯可能要招别人骂了不说,还要被人家往身上泼一盆水。

在福建闽南地区,"水"的意思与有些北方地区说"水"的意思恰恰相反。那是赞美的意思:漂亮、美丽(水当当)。要是有人说你今天的发型丫水",衣服"丫水",鞋子"水",人也长得"水",你可要笑得合不拢嘴了。如果是夸奖人家卖的商品"水",人家也是很乐呵的。

【分析】 示例说明了汉语方言在词汇语义层面的差异。方言的差异主要在语音、词汇和语法等方面,其中语音方面差别最为明显,词汇次之,语法结构相对稳定,差别较小。

三、普通话语音基本概念

对一种语言的语音系统进行分析,可以得出大小不等的语音单位。

（一）音素

音素是最小的语音单位,它是从音色角度划分出来的。"最小"是指从切分上说不能进一步分析了,如:"nà"可以分成两个因素"n"和"a"。普通话语音系统有 32 个音素。如果从发音器官的变化上看，一个音素就是发音器官一次变化活动所发出的音。

音素可以分为元音和辅音。这是根据发音时气流是否受到阻碍来划分的。

1. 元音

元音是发音时气流不受阻碍的音，发音时声带振动。汉语传统上称为"母音"。现代汉语普通话中有 10 个元音音素，分别是：a、o、e、i、u、ü、ê、er、-i(前)、-i(后)。

2. 辅音

辅音是发音时气流受到阻碍的音，传统上称"子音"。辅音可以根据发音时声带是否振动分为清辅音和浊辅音。清辅音是发音时声带不振动的辅音，汉语里 b、p、d、t、zh、ch、sh 等辅音多是清辅音。浊辅音是发音时声带振动的音，汉语里只有 m、n、ng、r、l 几个。

辅音与元音的区别是：

（1）辅音发音时一定是气流受到不同程度的阻碍，而元音发音时气流不受阻碍。

（2）辅音发音时，形成阻碍的地方特别紧张，而元音发音时各部位则保持均衡紧张状态。

（3）辅音发音气流较强，元音发音气流较弱。

（4）辅音发音时声带不一定振动，元音发音时声带振动。因此，元音发音比辅音响亮。

（二）音节

音节是语音的自然单位，即听觉上最容易分辨出来的语音单位。一般地说，发一个音节发音器官的肌肉（特别是喉部的肌肉）经历一次从紧张到松弛的过程。如：方案（fāng'àn）—反感（fǎn gǎn），两个词的构成成分音素是相同的，但是，我们一听就知道它们分别是由两个不同的音节构成的。

就普通话汉字与音节关系看，一般地，一个汉字就代表一个音节。如："创造历史"（四个字四个音节）。但是，音节与汉字并不是严格一一对应的，有时一个音节通常写成两个汉字，如：玩儿（wánr）、花儿（huār）；还有的汉字包含不止一个音节，如：瓩（qiān wǎ）（千瓦的旧称）。

我们知道音节是由音素构成的，构成音节的音素有多有少，普通话的音节多由两个或两个以上音素构成。

（三）声母、韵母、声调

普通话音节结构通常分三部分，即声母、韵母、声调。

声母是汉语音节开头的辅音部分，如"nà"中的"n"就是声母。普通话共有 21 个辅音声母，另外还有零声母。

韵母是声母后面的部分，它是汉语音节中不可缺少的组成部分。比如"pǔtōnghuà"（普通话）三个音节中的"u、ong、ua"就是韵母。普通话里有 39 个韵母。

声调是具有区别意义作用的音节的高低升降方面的变化。普通话里有四种声调，分别是阴平、阳平、上声、去声，简称"四声"。

四、《汉语拼音方案》

《汉语拼音方案》是用拉丁字母拼写普通话语音（记录普通话语音系统）的方案。中华人民共和国成立以后，我国语言工作者总结了我国注音识字和拼音字母运动的经验，参考了世界各国拼音文字的长处，于 1956 年 2 月制定了《汉语拼音方案（草案）》，经讨论、修订后，于 1958 年 2 月由第一届全国人民代表大会第五次会议批准作为正式方案推行。《汉语拼音方案》是注音识字的有效工具，是进行普通话教学、推广普通话的有效工具，可以作为我国各少数民族创制和改革文字的共同基础，可以帮助外国人学汉语，促进我国和世界人民的友好交流和往来，可以音译人名、地名和科学术语，以及用来编制索引和代号等。《汉语拼音方案》还是将来走向世界共同的拼音文字的基础。

《汉语拼音方案》内容包括《字母表》《声母表》《韵母表》和"声调符号""隔音符号"五部分。

（一）字母表

字母	名称	字母	名称	字母	名称	字母	名称
Aa	ㄚ	Hh	ㄏㄚ	Oo	ㄛ	Uu	ㄨ
Bb	ㄅㄝ	Ii	ㄧ	Pp	ㄆㄝ	Vv	万ㄝ
Cc	ㄘㄝ	Jj	ㄐㄧㄝ	Qq	ㄑㄧㄡ	Ww	ㄨㄚ
Dd	ㄉㄝ	Kk	ㄎㄝ	Rr	ㄚㄦ	Xx	ㄒㄧ
Ee	ㄜ	Ll	ㄝㄌ	Ss	ㄝㄙ	Yy	ㄧㄚ
Ff	ㄝㄈ	Mm	ㄝㄇ	Tt	ㄊㄝ	Zz	ㄗㄝ
Gg	ㄍㄝ	Nn	ㄋㄝ				

V 只用来拼写外来语、少数民族语言和方言。

字母的手写体依照拉丁字母的一般书写习惯。

（二）声母表

b ㄅ 玻	p ㄆ 坡	m ㄇ 摸	f ㄈ 佛	d ㄉ 得	t ㄊ 特	n ㄋ 讷	l ㄌ 勒
g ㄍ 哥	k ㄎ 科	h ㄏ 喝		j ㄐ 基	q ㄑ 欺	x ㄒ 希	
zh ㄓ 知	ch ㄔ 吃	sh ㄕ 诗	r ㄖ 日	z ㄗ 资	c ㄘ 此	s ㄙ 思	

（三）韵母表

	i｜衣	uㄨ乌	yuㄩ迂
aㄚ啊	iaㄧㄚ呀	uaㄨㄚ蛙	
oㄛ喔		uoㄨㄛ窝	
eㄜ鹅	ieㄧㄝ耶		yueㄩㄝ约
aiㄞ哀		uaiㄨㄞ歪	
eiㄟ诶		uiㄨㄟ威	
aoㄠ熬	iaoㄧㄠ腰		
ouㄡ欧	iouㄧㄡ忧		
anㄢ安	ianㄧㄢ烟	uanㄨㄢ弯	yuanㄩㄢ冤
enㄣ恩	inㄧㄣ因	unㄨㄣ温	yunㄩㄣ晕
angㄤ昂	iangㄧㄤ央	uangㄨㄤ汪	
engㄥ亨的韵母	ingㄧㄥ英	uengㄨㄥ翁	
ang ㄨㄥ轰的韵母	yongㄩㄥ雍		

1.“知、吃、诗、日、资、雌、思”等字的韵母用 i，即：知、吃、诗、日、资、雌、思等字拼作 zhi，chi，shi，ri，zi，ci，si。

2.韵母儿写成 er，用作韵尾的时候写成 r。例如：“儿童”拼作 ertong，“花儿”拼作 huar。

3.韵母ㄝ单用的时候写成 ê。

4.i 列的韵母，前面没有声母的时候，写成 yi(衣)，ya(呀)，ye(耶)，yao(腰)，you(忧)，yan(烟)，yin(因)，yang(央)，ying(英)，yong(雍)。

u 列的韵母，前面没有声母的时候，写成 wu(乌)，wa(蛙)，wo(窝)，wai(歪)，wei(威)，wan(弯)，wen(温)，wang(汪)，weng(翁)。

ü 列的韵母，前面没有声母的时候，写成 yu(迂)，yue(约)，yuan(冤)，yun(晕)，ü上两点省略。

ü 列的韵母跟声母 j，q，x 拼的时候，写成 ju(居)，qu(区)，xu(虚)，ü上两点省略；但是跟声母 n，l 拼的时候，仍然写成 nü(女)，lü(吕)。

5.iou、uei、uen 前面加声母的时候，写成 iu，ui，un。例如 niu(牛)，gui(归)，lun(论)。

6.在给汉字注音的时候，为了使拼音简短，ng 可以省作 ŋ。

（四）声调符号

一声 ˉ	二声 ˊ	三声 ˇ	四声 ˋ

声调符号标在音节的主要母音上或音节后。轻声不标。例如：

妈 mā	麻 má	马 mǎ	骂 mà	吗 ma
一声	二声	三声	四声	轻声

（五）隔音符号

a、o、e 开头的音节连接在其它音节后面的时候，如果音节的界限发生混淆，用隔音符号（'）隔开，例如：pi'ao（皮袄）。

巩固训练

一、什么是普通话？普通话和方言的关系如何？

二、从语音和词汇两方面列举自己的方言与普通话的差别。

三、普通话对幼儿教育具有怎样的作用？

四、大声朗读下面的短文，体会普通话语音抑扬顿挫的特点。

海滨仲夏夜

扫码听朗读

夕阳落山不久，西方的天空，还燃烧着一片橘红色的晚霞。大海，也被这霞光染成了红色，而且比天空的景色更要壮观。因为它是活动的，每当一排排波浪涌起的时候，那映照在浪峰上的霞光，又红又亮，简直就像一片片霍霍燃烧着的火焰，闪烁着，消失了。而后面的一排，又闪烁着，滚动着，涌了过来。

天空的霞光渐渐地淡下去了，深红的颜色变成了绯红，绯红又变为浅红。最后，当这一切红光都消失了的时候，那突然显得高而远了的天空，则呈现出一片肃穆的神色。最早出现的启明星，在这蓝色的天幕上闪烁起来了。它是那么大，那么亮，整个广漠的天幕上只有它在那里放射着令人注目的光辉，活像一盏悬挂在高空的明灯。

夜色加浓，苍空中的"明灯"越来越多了。而城市各处的真的灯火也次第亮了起来，尤其是围绕在海港周围山坡上的那一片灯光，从半空倒映在乌蓝的海面上，随着波浪，晃动着，闪烁着，像一串流动着的珍珠，和那一片片密布在苍穹里的星斗互相辉映，煞是好看。

在这幽美的夜色中，我踏着软绵绵的沙滩，沿着海边，慢慢地向前走去。海水，轻轻地抚摸着细软的沙滩，发出温柔的刷刷声。晚来的海风，清新而又凉爽。我的心里，有着说不出的兴奋和愉快。

夜风轻飘飘地吹拂着，空气中飘荡着一种大海和田禾相混合的香味儿，柔软的沙滩上还残留着白天太阳炙晒的余温。那些在各个工作岗位上劳动了一天的人们，三三两两地来到这软绵绵的沙滩上，他们浴着凉爽的海风，望着那缀满了星星的夜空，尽情地说笑，尽情地休憩。

——节选自峻青《海滨仲夏夜》

拓展延伸

>>>>>>

推广普通话就是要消灭方言吗?

第三节　普通话声母

 案例导学

北方一新兵入伍,大家一起拉歌,可是他总是唱"团结就是你娘,你娘是铁,你娘是钢……",n、l不分,把"力量"发成"你娘",搞得全队哄堂大笑。一天部队放假,他到广州某公园打听"缆车"在哪儿,按当地人热心的回答寻去,结果找到的是"男厕",求这位兵哥的心理阴影面积。

与n、l不分的人相处久了,你会发现他们过着常人想象不到的艰辛生活。吃方便面,加的是调尿(料)包,锅里涮的是火锅底尿(料),有时候还要蘸双份的小尿(料)。发誓时经常说:今天我把话尿(撂)在这儿。过生日送她礼物,她会说,很喜欢,真的没有尿(料)到……

【分析】许多方言的差别都是因为声母的发声不同引起的。如果声母发不准,就很可能导致词意的混乱,让人啼笑皆非,还可能引起不必要的误会。

学海畅游

声母是汉语音节开头的辅音。普通话有22个辅音,除"ng"只作韵尾外,其余21个辅音都可作声母。普通话声母中还有一种零声母,就是"没有辅音声母",音节中只有韵母。

一、普通话声母的发音与分类

不同的声母是由不同的发音部位和发音方法决定的。发音部位指气流受到阻碍的位置,发音方法是指阻碍气流和解除阻碍的方式、发音时声带是否颤动、气流的强弱等。

(一)根据发音时声带是否颤动分

1. 清音(17个)

发音时,声带不颤动,透出的气流不带音,如:b、p、f、d、t、g、k、h、j、q、x、zh、ch、sh、z、c、s共十七个声母。

2. 浊音(4个)

发音时,声带颤动,透出的气流带音,如:m、n、l、r四个声母(ng虽然也是浊音,但不是声母)。

(二) 按发音部位分

发音部位是指发辅音时,发音器官形成阻碍的部位。

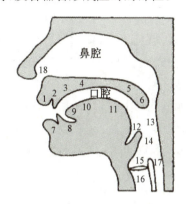

口腔和鼻腔的示意图

1. 上唇;2. 上齿;3. 齿龈;4. 硬颚;5. 软颚;6. 小舌;7. 下唇;8. 下齿;9. 舌尖;
10. 舌面;11. 舌根;12. 咽腔;13. 咽壁;14. 喉盖;15. 声带;16. 气管;17. 食道;18. 鼻孔

1. 双唇音(3个)

b 发音时,双唇闭合,软腭上升,堵塞鼻腔通路,声带不颤动,较弱的气流冲破双唇的阻碍,迸裂而出,爆发成音。如"播报""斑驳"的声母。

p 发音的状况与 b 相近,只是发 p 时有一股较强的气流冲开双唇。如"乒乓""批评"的声母。

m 发音时,双唇闭合,软腭下降,气流振动声带从鼻腔通过。如"美妙""弥漫"的声母。

【单词读音练习】

标本	辨别	褒贬	报表	奔波	禀报	碧波	标榜
攀爬	瓢泼	澎湃	偏旁	琵琶	铺平	排炮	评判
明媚	蒙名	描摹	盲目	埋没	麦苗	美满	面貌

【绕口令练习】

1. 八百标兵奔北坡,炮兵并排北边跑,炮兵怕把标兵碰,标兵怕碰炮兵炮。

2. 白庙外蹲一只白猫,白庙里有一只白帽,白庙外的白猫看见了白庙里的白帽,叼着白帽跑出了白庙。

3. 扁担长,板凳宽,扁担没有板凳宽,板凳不如扁担长;扁担绑在板凳上,板凳不让扁担绑在板凳上,扁担偏要绑在板凳上。

2. 唇齿音(1个)

f 发音时,下唇接近上齿,形成窄缝,气流从唇齿间摩擦出来,声带不颤动。如"发放""夫妇"的声母。

【单词读音练习】

反复	方法	肺腑	纷繁	反腐	佛法	发奋	凡夫
丰富	非分	芬芳	付费	风范	仿佛	福分	蜂房

3. 舌尖中音(4个)

d 发音时,舌尖抵住上齿龈,软腭上升,堵塞鼻腔通路,声带不颤动,较弱的气流冲破舌尖的阻碍,迸裂而出,爆发成声。如"等待""定夺"的声母。

t 发音的状况与 d 相近,只是发 t 时气流较强。如"淘汰""团体"的声母。

n 发音时,舌尖抵住上齿龈,软腭下降,打开鼻腔通路,气流振动声带,从鼻腔通过。如:"能耐""泥泞"的声母。

l 发音时,舌尖抵住上齿龈,软腭上升,堵塞鼻腔通路,气流振动声带,从舌头两边通过。如"玲珑""嘹亮"的声母。

【单词读音练习】

大度	丢掉	蹲点	顶端	调度	妥帖	探讨
疼痛	坍塌	调停	铁塔	淘汰	能耐	难能
忸怩	牛奶	呢喃	伶俐	力量	来路	联络

【绕口令练习】

1. 调到敌岛打特盗,特盗太叼投短刀。挡推顶打短刀掉,踏盗得刀盗打倒。

2. 老脑筋,新脑筋。老脑筋可以学成新脑筋,新脑筋不学习就成了老脑筋。

4. 舌根音(3个)

g 发音时,舌根抵住软腭,软腭后部上升,堵塞鼻腔通路,声带不颤动,较弱的气流冲破舌根的阻碍,爆发成声。如"巩固""改革"的声母。

k 发音的状况与 g 相近,只是气流较强。如"宽阔""刻苦"的声母。

h 发音时,舌根接近软腭,留出窄缝,软腭上升,堵塞鼻腔通路,声带不颤动,气流从窄缝中摩擦出来。如"欢呼""辉煌"的声母。

ng 也是舌根音,但在普通话中不作声母,只作韵尾。

【单词读音练习】

灌溉	高贵	拐棍	感光	果敢	巩固	古怪
挂钩	刻苦	空旷	慷慨	矿坑	卡扣	科考
可靠	困苦	开课	恍惚	回合	和会	困惑

【绕口令练习】

1. 哥挎瓜筐过宽沟,赶快过沟看怪狗。光看怪狗瓜筐扣,瓜滚筐空哥怪狗。

2. 古老街前胡古老,古老街后古老胡,都说自己最古老。不知是胡古老比古老胡古老,还是古老胡比胡古老古老。

5. 舌面音(3个)

j 发音时,舌面前部抵住硬腭前部,软腭上升堵塞鼻腔通路,声带不颤动,较弱的气流将阻碍冲开,形成一条窄缝,气流从窄缝中挤出,摩擦成声。如"境界""将就"的声母。

q 发音的状况与和 j 相近,只是气流较强。如"秋千""亲切"的声母。

x 发音时,舌面前部接近硬腭前部,留出窄缝,软腭上升,堵塞鼻腔通路,声带不颤动,气流从窄缝中挤出,摩擦成声。如"形象""虚心"的声母。

【单词读音练习】

习性	显现	闲暇	休闲	纪检	将就	拒绝
京剧	境界	基金	家具	气球	全勤	虚心
轻骑	清泉	侵权	亲戚	强求	秋千	信息

6. 舌尖后音(4个)

zh 发音时,舌尖上翘,抵住硬腭前部,软腭上升,堵塞鼻腔通路,声带不颤动。较弱的气流将阻碍冲开一条窄缝,从窄缝中挤出,摩擦成声。如"庄重""主张"的声母。

ch 发音的状况与 zh 相近,只是气流较强。如"车床""长城"的声母。

sh 发音时,舌尖上翘接近硬腭前部,留出窄缝,气流从缝间挤出,摩擦成声,声带不颤动。如"闪烁""山水"的声母。

r 发音状况与 sh 相近,只是声带颤动。如"容忍""柔软"的声母。

【单词读音练习】

抓住	褶皱	忠贞	真挚	茁壮	周折	追逐
整治	专职	重唱	惆怅	唇齿	抽查	驰骋
铲除	充斥	乘车	称臣	舒适	税收	收拾
审视	说书	赏识	生疏	神圣	杀伤	长城

【绕口令练习】

树上结了四十四个涩柿子,树下蹲着四十四只石狮子。树下四十四只石狮子,要吃树上四十四个涩柿子;树上四十四个涩柿子,不让树下四十四只石狮子吃树上四十四个涩柿子,树下四十四只石狮子偏要吃树上四十四个涩柿子。

7. 舌尖前音(3个)

z 发音时,舌尖平伸,抵住上齿背,软腭上升,堵塞鼻腔通路,声带不颤动,较弱的气流将阻碍冲开一条窄缝,从窄缝中挤出,摩擦成声。如"总则""自在"的声母。

c 和 z 的发音区别不大,不同的地方在于 c 气流较强。如"粗糙""参差"的声母。

s 发音时,舌尖接近上齿背。气流从窄缝中挤出,摩擦成声,声带不颤动。如"思索""松散"的声母。

【单词读音练习】

祖宗	崽子	最早	栽赃	曾祖	走卒	遭罪
宗族	自尊	草丛	摧残	层次	仓促	猜测
从此	寸草	曹操	措辞	色素	四岁	琐碎
随俗	速算	诉讼	搜索	送死	洒扫	思索

【绕口令练习】

1. 三月三，小三练登山。上山又下山，下山又上山。登了三次山，跑了三里三，出了一身汗，湿了三件衫。小三山上大声喊："离天只有三尺三！"

2. 山前有个崔粗腿，山后有个崔腿粗。二人山前来比腿，不知是崔粗腿比崔腿粗的腿粗，还是崔腿粗比崔粗腿的腿粗？

（三）按发音方法分

辅音的发音可以分为成阻、持阻、除阻三个阶段。

成阻阶段（音首）指阻碍的形成，发音器官的两部分开始闭合或接近，形成阻碍。持阻阶段（音干）指阻碍的持续，发音器官紧张，气流受到不同程度的阻碍，或者完全被堵塞不能出来，或者从发音器官的共鸣腔（口腔或鼻腔）徐徐流出。只要发音器官保持紧张，呼气不停，阻碍就一直持续。这是构成辅音的主要阶段。除阻阶段（音尾）指阻碍的消除。发音器官的两部分离开，阻碍消除，发音器官停止紧张，恢复到原来的位置，这是发音的结束阶段。

1. 塞音（6个）

发音时，成阻时发音部位闭塞起来，小舌和软腭上升，堵住气流通往鼻腔的通道，气流冲破阻碍，从口腔中爆破而出，又叫"爆破音"。整个过程为：成阻（准备）→持阻（蓄气）→除阻（成声）。

普通话里有6个塞音，又可以分为两类：一类不送气，即b、d、g；另一类送气，即p、t、k。这六个塞音发音时声带都不颤动，是"清音"。

2. 擦音（6个）

发音时，形成阻碍的两个发音部位接近，形成一条窄缝，小舌和软腭上升，堵住气流通往鼻腔的通道，气流从窄缝中流出，摩擦成音，又称"摩擦音"，如：f、h、x、s、sh、r六个声母。

3. 塞擦音（6个）

发音时，两个发音部位先紧紧闭合，小舌和软腭上升，堵住气流通往鼻腔的气流，然后，形成阻碍的发音器官中间张开，形成一条缝隙，气流从缝隙中摩擦而出，形成一个先阻塞后摩擦的音，是综合前两种发音方法控制气流而发出的音。如：j、q、zh、ch、z、c六个声母。

4. 鼻音（2个）

发音时，口腔的两个发音部位完全闭合，软腭下垂，打开鼻腔通道，使气流完全从鼻腔流出成音，一般鼻音发音时声带要颤动。如：m、n两个声母。

5. 边音（1个）

发音时，舌尖抵住上齿龈，软腭和小舌上升，阻塞鼻腔通道，让气流从舌头两边流出成音，一般的边音发声时声带要颤动。如：l。

（四）根据塞音和塞擦音发音时气流强弱不同分

1. 送气音

发音时，口腔呼出的气流比较强，形成送气音，如：p、t、k、q、ch、c。

2. 不送气音

发音时，口腔呼出的气流比较弱，形成不送气音，如：b、d、g、j、zh、z。

以上两种分类只涉及塞音和塞擦音。

综合上述分类，可以列出普通话声母发音部位、发音方法一览表。

表1　普通话声母发音要领表

发音部位	塞　音		塞擦音		擦　音		鼻　音	边　音
	清　音		清　音		清音	浊音	浊音	浊音
	不送气	送气	不送气	送气				
双唇音	b	p						m
唇齿音					f			
舌尖前音			z	c	s			
舌尖中音	d	t					n	l
舌尖后音			zh	ch	sh	r		
舌面音			j	q	x			
舌根音	g	k			h		(ng)	

二、普通话声母辨正

方言区的人要学好普通话，就要找准普通话与自己方言在语音上的异同，以普通话语音为标准进行正音，这就是"辨正"。下面就一些常见的容易混淆的声母发音进行分析。

（一）f和h的辨正

湘、赣、客家、闽、粤等方言分不清声母f和h，北方方言、江淮方言及西南方言也存在f和h混读的现象。

发f音时，上齿要与下唇相接触，唇形不要拢成圆形，舌面后部不要抬高。发h音时，一定不要让上齿与下唇接触，而舌面后部则要抬高，与硬腭后部靠近。

【单字对比练习】

会—费　　　哈—发　　　　汗—饭　　　　横—冯　　　　杭—房

很—粉　　　黑—飞　　　　换—范　　　　或—佛　　　　否—吼

【词语对比练习】

舅父—救护　　　仿佛—恍惚　　　飞机—灰鸡　　　复员—互援

奋战—混战	防虫—蝗虫	非凡—辉煌	方地—荒地
附注—互助	防止—黄纸	发话—发慌	反悔—繁华

【绕口令练习】

丰丰和芳芳,上街买混纺。红混纺,粉混纺,黄混纺,灰混纺,红花混纺做裙子,粉花混纺做衣裳。红、粉、灰、黄花样多,五颜六色好混纺。

(二)n 和 l 的辨正

在许多方言中,n、l 不分是个普遍现象,比如"您"说成"林","龙"说成"农","河南"说成"荷兰","男人"说成"蓝人"。n 是鼻音,发音时声带颤动,声音是从鼻腔通过而发出的;l 是边音,发音时声带颤动,但气息是从舌的两边通过而发出的声音,鼻腔是关闭的,没有气息出来。

【单字对比练习】

浓—龙	鸟—了	娘—凉	宁—陵	年—连	牛—留	脑—老
内—累	耐—赖	诺—落	聂—列	女—吕	你—里	奴—炉

【词语对比练习】

大怒—大陆	女客—旅客	浓重—隆重	男鞋—蓝鞋
脑子—老子	老农—老龙	水牛—水流	难住—拦住
黄泥—黄梨	允诺—陨落	门内—门类	无奈—无赖

奶酪	耐劳	脑力	凝练	扭力	农历	浓烈
女郎	暖流	年历	老娘	烂泥	来年	靓女
留念	流年	遛鸟	理念	拉牛	老年	努力

【绕口令练习】

念一念,练一练,n、l 发音要分辨,l 是边音软腭升,n 是鼻音舌靠前。你来练,我来念,不怕累,不怕难,齐努力,攻难关。

(三)zh、ch、sh 和 z、c、s 的辨正

由于发声母 zh、ch、sh 的时候,舌尖上翘,所以又叫翘舌音,发声母 z、c、s 的时候,舌尖平伸,所以又叫平舌音。全国很多方言区都会出现平翘舌不分,如"开始"读成"开死"。发音辨析时要注意舌位的变化。

【同音对比练习】

自愿—志愿	鱼刺—鱼翅	私人—诗人	仿造—仿照
粗布—初步	姿势—知识	新村—新春	宗旨—中止
资助—支柱	自动—制动	物资—物质	糟了—招了
近似—近视	搜集—收集	增订—征订	从来—重来

【单词对比练习】

振作	正宗	赈灾	职责	沼泽	制作	杂志
栽种	增长	自制	自重	差错	陈醋	成材
出操	除草	贮藏	资助	财产	采茶	残喘

| 操场 | 磁场 | 促成 | 上司 | 哨所 | 深思 | 生死 |
| 绳索 | 石笋 | 散失 | 扫射 | 四声 | 宿舍 | 随时 |

【绕口令练习】

四是四,十是十;十四是十四,四十是四十;别把四十说细席,别把十四说席细。要想说好四和十,全靠舌头和牙齿。要想说对四,舌头碰牙齿;要想说对十,舌头别伸直。认真学,常练习,十四、四十、四十四。

(四) j、q、x 的辨正

在粤方言里,与 j、q、x 相关的字的声母常常由 g、k、h 或 z、c、s 或 zh、ch、sh 代替。如把"自己"说成"记己","记录"说成"给录","希望"说成"黑望","知道"说成"几道","旗子"说成"池子","小序"说成"少数"等。

【单字对比练习】

话—下	跨—恰	挂—家	杀—瞎	扎—掐	扎—假
洽—擦	加—杂	夕—亏	其—黑	记—给	洗—使
气—斥	级—值	西—司	起—此	几—资	霞—洒

【词语对比练习】

困难—殉难	肯定—心境	根基—紧急	宽带—前来
欢呼—选股	刚果—浆果	资本—基本	角度—早读
玉石—预习	深圳—新进	细细—事实	生气—星期

【绕口令练习】

小强个人专长是砌砖墙和烧窑,昼夜操劳、生活艰辛却逍遥。

(五) g、k、h 的辨正

有些方言区,当声母 g、k、h 和 u 开头的韵母相拼时容易出错。如:怪、快、坏,管、款、缓等经常容易混淆。

发 g、k、h 音的区别很轻微很细小,主要是发音时用力的大小不同、气息不同。g 是不送气清塞音,k 是送气清塞音,两者的区别在于送气和不送气;h 是清擦音,发音时气流是摩擦而出。同 g、k 相比,h 发音时,舌头基本上是不动的;而 g、k 发音时,舌面后部要用力弹开。

【单字对比练习】

关—宽—欢	共—控—讧	贵—愧—会	滚—捆—混	光—狂—黄
耿—坑—横	跟—肯—很	告—靠—浩	瓜—夸—花	刚—康—航
敢—砍—喊	国—括—活	古—苦—虎	歌—苛—喝	改—凯—害

【词语对比练习】

| 苦瓜—胡瓜 | 公开—轰开 | 光环—狂欢 | 快回—怪会 |
| 高考—好考 | 河谷—刻骨 | 开盖—还该 | 孤苦—古湖 |

【绕口令练习】

哥哥过河捉个鸽,回家杀鸽来请客,客人喝酒吃鸽肉,哥哥请客乐呵呵。

巩固训练

一、不同发音部位的单字练习,先注音,后朗读,注意读准字音。

拔　拍　盆　打　塔　都　通　那　拉　乌　练
纪　前　现　飞　粉　分　凤　苏　资　聪　散
初　专　输　日　入　热　细　序　平　双　普
科　海　航　吃　者　秀　朗　先　内　静　给

二、双音节词语练习,先注音,后朗读,注意读准字音。

缉私　　老弱　　其次　　袖子　　下策　　习字　　戏词
资金　　历任　　字据　　乱扔　　自觉　　瓷器　　刺激
思绪　　私情　　来日　　利润　　司机　　丝线　　四季
剪除　　精致　　趋势　　消失　　秩序　　沉寂　　深浅
审讯　　少将　　机器　　急切　　军区　　求救　　迁就
劝酒　　礼让　　懦弱　　男人　　热闹　　内燃　　能人

三、不同发音部位的四字成语综合练习,先注音,后朗读。

风和日丽　　　　先入为主　　　　天罗地网　　　　张灯结彩
古往今来　　　　张三李四　　　　南来北往　　　　取长补短
热火朝天　　　　春暖花开　　　　无影无踪　　　　冷言冷语
助人为乐　　　　瓜田李下　　　　白日做梦　　　　春风化雨
青山绿水　　　　不以为然　　　　莺歌燕舞　　　　面目全非

四、绕口令练习

1. 打南边来了两队篮球运动员,一队是穿蓝球衣的男运动员,一队是穿绿球衣的女运动员。男女运动员都来练投篮,不怕累,不怕难,努力练投篮。

2. 一班有个黄贺,二班有个王克,黄贺、王克俩人搞创作,黄贺搞木刻,王克写诗歌。黄贺帮助王克写诗歌,王克帮助黄贺搞木刻。由于俩人搞协作,黄贺完成了木刻,王克写好了诗歌。

3. 三哥三嫂子,借我三斗三升酸枣子,等我上山摘了酸枣子,再奉还三哥三嫂子的三斗三升酸枣子。

4. 我们要学理化,他们要学理发。理化不是理发,理发也不是理化。学会理化不一定会理发,学会理发也不见得懂理化。

拓展延伸

>>>>>>>

zh、ch、sh 与 z、c、s 对照辨音字表

n 和 l 的对照辨音字表

第四节　普通话韵母

案例导学

有一对农民兄妹用板车拉着小麦到市场去卖,一个南方人来到他们兄妹跟前,问:"大哥,你的小妹(小麦)怎么卖呀?"大哥气得额头上青筋暴突。

卖了小麦,妹妹去储蓄所汇钱给读书的弟弟。营业员说:"大姐,您纯情(存钱)吗?"妹妹说:"我要汇钱给人。"营业员说:"你要会情(钱)人,他的卡号是多少?"妹妹脸涨得通红。营业员说:"我不是那意思,我知道您是要激情(寄钱)。"妹妹这才明白她把"钱"发成"情"了。

【分析】　上例是方言中韵母 ai 和 ei、ian 和 ing 不分而产生的误会。韵母的发音涉及多方面,哪部分发音不到位,就可能在表意上发生歧义。

学海畅游

一、普通话韵母概述

韵母是指一个音节中声母后面的部分。普通话里有 39 个韵母。

(一)韵母的结构

一个音节中的韵母,通常可以分为韵头、韵腹和韵尾三部分。

韵头介于声母和韵腹之间,所以也叫介音或介母。韵头是音节中主要元音前面的元音,起前导作用,由 i、u、ü 充当,发音总是轻又短,往往迅速带过。例如:ia、ua、uo、ie、üe、iao、uai、uei、üan、ian、uan、iou 中的 i、u、ü。

韵腹是韵母中的主要元音。韵腹是一个韵母的主要构成部分,是韵母发音的关键。与韵头、韵尾相比,韵母发音时,韵腹部分口腔肌肉最紧张,发音最响亮,声音最清晰,所以韵腹也叫"响音"。它们分别是 a、o、e、ê、i、u、ü、-i(前)、-i(后)、er。

韵母中只有一个元音时,这个元音就是韵腹;有 2～3 个元音时,那个开口度最大、声音最响亮的元音就是韵腹。韵腹前面的元音是韵头,后面的元音或辅音是韵尾。一个韵母可以没有韵头或韵尾,但是不可以没有韵腹。

韵尾又叫尾音,是韵腹后面起收尾作用的音素。发音要求比较模糊和含混,指示韵母滑动的方向,但务求发到位。韵尾由 i、u 或鼻辅音 n、ng 充当。

(二)韵母的分类

根据不同的标准,普通话韵母可以划分出不同的类型。

1. 根据开头元音的发音口型分

（1）开口呼（16个）

凡开头元音不是i[i]、u[u]、ü[y]的韵母属于开口呼。普通话拼音中，有16个韵母属于开口呼，分别是-i（前、后）、a、o、e、ê、er、ai、ei、ao、ou、an、en、ang、eng、ong。

（2）齐齿呼（10个）

单韵母i及以i开头的韵母属于齐齿呼。发音时，上下齿几乎是对齐的，因此叫齐齿呼。普通话中，有10个韵母属于齐齿呼，分别是i、ia、ie、iao、iou、ian、in、iang、ing、iong。

（3）合口呼（9个）

发音时双唇合拢，呈圆形，所以叫合口呼。单韵母u和以韵母u开头的全部复韵母、鼻韵母，称为合口呼韵母。普通话中，有9个韵母属于合口呼，分别是：u、ua、uo、uai、uei、uan、uen、uang、ueng。

（4）撮口呼（4个）

单韵母ü及以ü开头的韵母叫撮口呼。普通话中，有4个属于撮口呼的韵母，分别是ü、üe、üan、ün。

2. 根据韵母的结构特点分

（1）单韵母（10个）

由一个元音构成的韵母叫单韵母，又叫单元音韵母。普通话中单韵母共有十个：a、o、e、ê、i、u、ü、-i（前）、-i（后）、er。

（2）复韵母（13个）

由两个或三个元音结合而成的韵母叫复韵母。普通话共有十三个复韵母：ai、ei、ao、ou、ia、ie、ua、uo、üe、iao、iou、uai、uei。

（3）鼻韵母（16个）

由一个或两个元音后面带上鼻辅音构成的韵母叫鼻韵母。鼻韵母共有十六个：an、ian、uan、üan、en、in、uen、ün、ang、iang、uang、eng、ing、ueng、ong、iong。

二、普通话韵母的发音

（一）单韵母的发音

单韵母只有韵腹，发音特点是：发音部位不变，自始至终口形不变，舌位不移动。单韵母根据舌位可分为舌面韵母、舌尖韵母、卷舌韵母。

1. 舌面韵母

a 发音时，口腔大开，舌头前伸，舌位低，舌头居中，嘴唇呈自然状态。如"沙发""打靶"的韵母。

o 发音时，口腔半合，舌位半高，舌头后缩，嘴唇拢圆。如"波""泼"的韵母。

e 发音状况大体像o，只是双唇自然展开成扁形。如"歌""苛""喝"的韵母。

ê发音时,口腔半开,舌位半低,舌头前伸,舌尖抵住下齿背,嘴角向两边自然展开,唇形不圆。在普通话里,ê很少单独使用,经常出现在i、ü的后面,在i、ü后面时,书写要省去符号"Λ"。

i发音时,口腔开度很小,舌头前伸,前舌面上升接近硬腭,气流通路狭窄,但不发生摩擦,嘴角向两边展开,呈扁平状。如"低""体"的韵母。

u发音时,口腔开度很小,舌头后缩,后舌面上升接近硬腭,气流通路狭窄,但不发生摩擦,嘴唇拢圆成一小孔。如"书""助"的韵母。

ü发音时,口腔开度很小,舌头前伸,前舌面上升接近硬腭,但气流通过时不发生摩擦,嘴唇拢圆成一小孔。发音情况和i基本相同,区别是ü嘴唇是圆的,i嘴唇是扁的。如"语句""须臾"的韵母。

2. 舌尖韵母

-i(前)发音时,舌尖前伸,对着上齿背形成狭窄的通道,气流通过不发生摩擦,嘴唇向两边展开。用普通话念"私"并延长,字音后面的部分便是-i(前)。这个韵母只跟z、c、s配合,不和任何其他声母相拼,也不能自成音节。如"资""此""思"的韵母。

-i(后)发音时,舌尖上翘,对着硬腭形成狭窄的通道,气流通过不发生摩擦,嘴角向两边展开。用普通话念"师"并延长,字音后面的部分便是-i(后)。这个韵母只跟zh、ch、sh、r配合,不与其他声母相拼,也不能自成音节。如"知""吃""诗"的韵母。

3. 卷舌韵母

er发音时,口腔半开,开口度比ê略小,舌位居中,稍后缩,唇形不圆。在发e的同时,舌尖向硬腭轻轻卷起,不是先发e,然后卷舌,而是发e的同时舌尖卷起。"er"中的r不代表音素,只是表示卷舌动作的符号。er只能自成音节,不和任何声母相拼。如"儿""耳""二"字的韵母。

【单词练习】

a	腊八	沙发	发达	大厦	妈妈	哈达
o	薄膜	规模	观摩	爬坡	摸索	破格
e	折射	隔阂	特色	客车	合辙	苛刻
i	机器	意义	记忆	提议	笔记	汽笛
u	幅度	嘱咐	户主	粗鲁	读书	突出
ü	须臾	区域	语序	豫剧	局域	趋于
-i(前)	自私	此次	次子	私自	字词	相似
-i(后)	智齿	日食	指示	值日	事实	咫尺
er	儿孙	诱饵	而且	耳朵	遐迩	洱海

【对比辨音练习】

脖子—老婆　　蘑菇—鸟窝　　伯父—哥哥　　天鹅—河水　　毒蛇—记者
叵测—波折　　恶魔—刻薄　　生育—生意　　居住—记住　　聚会—忌讳
取名—起名　　于是—仪式　　名誉—名义　　遇见—意见　　舆论—议论

【绕口令练习】

哥哥弟弟坡前坐,坡上卧着一只鹅,坡下流着一条河,哥哥说:宽宽的河,弟弟说:肥肥的鹅。鹅要过河,河要渡鹅。不知是鹅过河,还是河渡鹅。

(二)复韵母的发音

根据主要元音所处的位置,复韵母可分为前响复韵母、后响复韵母和中响复韵母。

1. 前响复韵母

有的韵母没有韵头,发这类韵母时,较响亮的音在前,因此叫作前响复韵母。前响复韵母有 ai、ei、ao 和 ou。

发音要领:第一个元音清晰响亮,而后口型舌位渐渐滑动,过渡到后一元音,韵尾音色模糊。

2. 后响复韵母

有的韵母只有韵头和韵腹,发音时有一个发音部位的转换,因为发这类韵母时,较响亮的音在后,因此叫作后响复韵母。后响复韵母有 ia、ie、ua、uo 和 üe。

发音要领:发音时第一元音轻而急,后一元音清晰响亮,口腔由小渐渐张大,舌位由高渐渐降低。

3. 中响复韵母

有的韵母,韵头、韵腹、韵尾三部分兼备,发这类韵母时,较响亮的音在中间,因此叫作中响复韵母。中响复韵母有 iao、iou、uai 和 uei。

发音要领:发音时口型、舌位渐渐滑动,韵头较短,韵腹洪亮,韵尾轻而模糊。

【对比练习】

1. ai 和 ei

| 白费 | 败北 | 代培 | 败类 | 海类 | 悲哀 | 黑白 | 擂台 | 内海 | 内债 |

2. ao 和 ou

| 保守 | 刀口 | 稿酬 | 毛豆 | 矛头 | 酬劳 | 逗号 | 漏勺 | 柔道 | 手套 |

3. ia 和 ie

| 家业 | 佳节 | 假借 | 嫁接 | 恰切 | 接洽 | 野鸭 | 截下 | 跌价 | 铁侠 |

4. ie 和 üe

| 解决 | 孑孓 | 谢绝 | 灭绝 | 捏穴 | 月夜 | 确切 | 学业 | 决裂 | 缺列 |

5. ua 和 uo、o

| 花朵 | 话说 | 划拨 | 华佗 | 瓜果 | 帛画 | 国画 | 火化 | 说话 | 落花 |

6. iao 和 iou

| 交流 | 娇羞 | 料酒 | 校友 | 要求 | 丢掉 | 柳条 | 牛角 | 袖标 | 油条 |

7. uai 和 uei

| 怪罪 | 快慰 | 快嘴 | 衰退 | 外汇 | 对外 | 鬼怪 | 追怀 | 毁坏 | 崔嵬 |

（三）鼻韵母的发音

鼻韵母可以分为前鼻韵母和后鼻韵母。

1. 前鼻韵母

前鼻韵母以 n 为结尾，韵尾鼻音/n/发音时，舌尖抵住上齿龈，然后让气流在鼻腔形成共鸣。由于发音时舌尖起主要作用，因此，这一类韵母被称为前鼻韵母。

发音注意点：一是要注意开头元音的起点位置；二是在发音结束时，舌尖抵住上齿龈，n 音逐渐增强。

an 发音时，先发 a，然后舌尖向上齿龈移动，最后抵住上齿龈，发前鼻音 n。如"感叹""灿烂"的韵母。

en 发音时，先发 e，然后舌尖向上齿龈移动，抵住上齿龈发鼻音 n。如"认真""根本"的韵母。

in 发音时，先发 i，然后舌尖向上齿龈移动，抵住上齿龈，发鼻音 n。如"拼音""尽心"的韵母。

ün 发音时，先发 ü，舌尖向上齿龈移动，抵住上齿龈，气流从鼻腔通过。如"均匀""军训"的韵母。

in、ün 自成音节时，写成 yin（音）、yun（晕）。

ian 发音时，先发 i，i 轻短，接着发 an，i 与 an 结合得很紧密。如"偏见""先天"的韵母。

uan 发音时，先发 u，紧接着发 an，u 与 an 结合成一个整体。如"贯穿""转弯"的韵母。

uen 发音时，先发 u，紧接着发 en，u 与 en 结合成一个整体。如"春笋""温存"的韵母。

üan 发音时，先发 ü，紧接着发 an，ü 与 an 结合成一个整体。如"轩辕""全权"的韵母。

ian、uan、uen、üan 自成音节时，写成 yan（烟）、wan（弯）、wen（温）、yuan（冤）。另外，uen 跟声母相拼时，省写作 un。例如 lun（伦）、chun（春）。uen 自成音节时，仍按照拼写规则，写作 wen（温）。

【单词练习】

an	参展	烂漫	坦然	赞叹	贪婪	暗淡	男篮	缠绵	三餐
en	门诊	认真	深沉	振奋	人参	根本	身份	粉尘	审慎
in	薪金	拼音	聘金	殷勤	贫民	信心	亲临	音频	临近
ün	军训	循循	均匀	菌群	逡巡	芸芸	群君	醺醺	熏晕
ian	田间	前线	渐变	艰险	浅显	脸面	年检	牵连	艳美
uan	婉转	全传	专款	换算	官官	贯穿	传唤	转弯	酸软
uen	昆仑	温存	馄饨	谆谆	春笋	伦敦	温润	困顿	论文
üan	全权	渊源	轩辕	源泉	涓涓	眷权	劝选	愿捐	全员

【绕口令练习】

1. 扁担长,板凳宽,扁担没有板凳宽,板凳没有扁担长。扁担绑在板凳上,板凳不让扁担绑在板凳上。

2. 山前有个严圆眼,山后有个严眼圆,二人山前来比眼,不知是严圆眼的眼圆,还是严眼圆比严圆眼的眼圆?

2. 后鼻韵母

在发-ng 时,软腭下垂,舌根隆起抵住软腭,封闭气流的口腔通路,气流从鼻腔泄出,同时振动声带成声。-ng 是舌根浊鼻音,在普通话中仅作为后鼻韵母的韵尾。

发音注意点:注意开头元音的起点位置,然后舌根往软腭移动,发出 ng 音。

ang 发音时,先发 a。舌头逐渐后缩,舌根抵住软腭,气流从鼻腔通过。如"厂房""沧桑"的韵母。

eng 发音时,先发 e,舌根向软腭移动,抵住软腭,气流从鼻腔通过。如"更正""生冷"的韵母。

ong 发音时,舌根抬高抵住软腭,发后鼻音 ng。如"工农""红松"的韵母。

ing 发音时,先发 i,舌头后缩,舌根抵住软腭,发后鼻音 ng。如"定型""命令"的韵母。ing 自成音节时,作 ying(英)。

iang 发音时,先发 i,接着发 ang,使二者结合成一个整体。如"亮相""想象"的韵母。

uang 发音时,先发 u,接着发 ang,由 u 和 ang 紧密结合而成。如"状况""双簧"的韵母。

ueng 发音时,先发 u,接着发 eng,由 u 和 eng 紧密结合而成。ueng 自成音节,不拼声母。如"翁""瓮"。

iong 发音时,先发 i,接着发 ong,二者结合成一个整体。如"汹涌""穷凶"的韵母。

iang、iong、uang、ueng 自成音节时,韵头 i、u 改写成 y、w。

【单词练习】

ang	螳螂	帮忙	厂房	沧桑	浪荡	烫伤	盲肠	丧葬	当场	商场
eng	猛增	丰盛	乘胜	升腾	奉承	风筝	萌生	更正	逞能	鹏程
ong	从容	红肿	公众	同宗	弄懂	冲动	童工	肿痛	轰隆	瞳孔
ing	明镜	评定	蜻蜓	性情	病情	庆幸	影评	宁静	姓名	定型
iang	香江	想象	响亮	奖项	良将	强项	酱香	踉跄	亮相	向阳
uang	装潢	双亡	网状	狂妄	窗框	往往	撞窗	状况	双簧	黄光
ueng	渔翁	蓊郁	嗡嗡	瓮城	老翁	蕹菜	水瓮	小瓮儿		
iong	雍容	炯炯	汹涌	琼浆	穷困	窘境	汹汹	平庸		

【对比辨音练习】

ang—an	浪漫—烂漫	盎然—黯然	朗读—懒读	旁支—盘枝
	仿佛—反复	方脸—翻脸	刚劲—干劲	盲人—蛮人
eng—en	成就—陈旧	上升—上身	成风—晨风	烹香—喷香

出生—出身　　疯子—分子　　正中—震中　　省市—审视

蒸汽—真气　　人生—人参　　同盟—同门　　讽刺—粉刺

整段—诊断　　睁眼—针眼　　刮风—瓜分　　花棚—花盆

真诚　　本能　　成本　　承认　　奔腾　　神圣

ing—in　　心情　　品行　　金星　　精心　　亲情　　省亲

ueng—uen　　老翁—老温　　蓊郁—温玉　　嗡嗡—闻闻

三、普通话韵母的辨正

(一) 前后鼻韵母辨正

前后鼻韵母辨正的关键在于:把握发音要领,并根据规律记住容易混淆的前后鼻韵母常用字。

【单字对比练习】

an—ang	善—尚	蛮—忙	蓝—狼	滩—汤	沾—张
en—eng	跟—梗	恨—横	纷—风	门—蒙	喷—砰
in—ing	银—营	彬—兵	品—凭	敏—名	邻—铃
ian—iang	减—奖	牵—枪	线—项	蔫—娘	联—凉
uan—uang	弯—汪	专—庄	川—窗	栓—双	赚—装
uen—ong	蹲—冬	臀—同	轮—龙	捆—控	混—红
ün—iong	云—用	军—窘	群—穷	训—胸	俊—炯

【词语对比练习】

泛滥—放浪	寒天—航天	翻番—芳芳	饭碗—放网
陈旧—成就	真气—蒸汽	诊断—整段	上身—上升
红心—红星	人民—人名	信服—幸福	劲头—镜头

担当	班长	繁忙	反抗	擅长	商贩	当然	傍晚
真正	人生	神圣	奔腾	深层	纷争	本能	文风
心境	任命	亲生	新星	进行	精心	平心	轻声
健将	相片	边疆	养颜	烟枪	凉面	抢粮	乡贤
观光	光环	灌装	宽广	慌乱	壮观	端庄	双关

【绕口令练习】

孙伦打靶真叫准,半蹲射击特别神,本是半路出家人,摸爬滚打练成神。

王庄卖筐,匡庄卖网,王庄卖筐不卖网,匡庄卖网不卖筐。你要买筐别去王庄,你要买网别去王庄去匡庄。

(二) e、o 和 uo 的辨正

首先要把握发音要领,发准 e、o、uo。e 是单元音韵母,发音时口腔半开,舌位半高,舌头略后缩,双唇展开成扁形。o 也是单韵母,发音部位与 e 基本相同,只是嘴要拢圆。uo 则是一个复韵母,发音是一个从 u 到 o 的滑动过程。

其次要根据声韵配合规律来辨析。在普通话里,o 韵母与 b、p、m、f 四个辅音声母相拼,而 e 韵母则不与 b、p、m(除"么"外)、f 相拼。

最后,要按规律记住一些容易混淆的常用字。

【词语练习】

舍得	各个	特色	这么	折合	色泽	折射	塞责	薄膜
磨破	哆嗦	堕落	骆驼	脱落	胳膊	折磨	隔膜	刻薄
合作	伯乐	波折	墨盒	博得	薄弱	摸索	挫折	火车
活泼	萝卜	唾沫	琢磨	佛陀	或者	菠萝	所得	车祸

【绕口令练习】

南边儿来了个老伯,提着一面铜锣;北边儿来了个老婆儿,挎着一篮香蘑。卖铜锣的老伯要拿铜锣换卖香蘑的老婆儿的香蘑,卖香蘑的老婆儿不愿拿香蘑换卖铜锣老伯的铜锣。卖铜锣的老伯生气敲铜锣,卖香蘑的老婆儿含笑卖香蘑,老伯敲破了铜锣,老婆儿卖完了香蘑。

(三) er 和 ao 的辨正

er 是一个卷舌元音。发音时,口腔半开,开口度较小,舌位高低居中,稍后缩,发音的同时,舌尖向硬腭轻轻卷起。

ao 由 a 和 o 复合而成。a 为韵腹,清晰响亮,口腔打开,开口度较大。o 为韵尾,短而模糊。

发 ao 时舌头没什么变化,口型变化较大,而发 er 的过程开口度较小,口型变化不大,主要是舌根后缩。

【词语练习】

而且	耳朵	儿女	幼儿	遐迩	洱海	儿孙	耳鸣	诱饵
高潮	操劳	招考	牢靠	吵闹	唠叨	逃跑	懊恼	冒号

【绕口令练习】

1. 二伯的儿子去洱海买银耳。然而名闻遐迩的洱海没有银耳,只有木耳。二伯的儿子只好买木耳不买银耳。

2. 东边庙里有个猫,两边树梢有只鸟。猫鸟天天闹,不知是猫闹树上鸟,还是鸟闹庙里猫。

(四) iao 和 iou 的辨正

有人将"优秀"说成"妖校","姚明"说成"游明","妙计"说成"谬计",主要是因为 iao 和 iou 的发音方法没掌握。发 iao 时整个舌头和唇形的动作都要比 iou 要大。

【单字对比练习】

流—聊	庙—谬	球—桥	叼—丢	油—摇	笑—秀	摇—由
幼—要	敲—秋	脚—九	燎—流	桥—求	忧—妖	鸠—浇
萧—修	胶—鸠	药—右	尿—拗	敲—秋	妙—谬	撂—遛

【词语对比练习】

旧友—教友	消息—休息	料理—六里	诱骗—药片
铁桥—铁球	悠久—药酒	出游—出窑	游动—摇动
生效—生锈	右眼—耀眼	秀丽—效力	谣言—油盐

【绕口令练习】

老姥姥问姥姥，姥姥老问老姥姥。小娇娇老吃饺饺，娇娇老吃小饺饺。

一葫芦酒，九斤六，一葫芦油，六斤九，六斤九的油，要换九斤六的酒，九斤六的酒，不换六斤九的油。

巩固训练

一、单字综合练习，先注音，后朗读，注意读准韵母。

瞥	既	要	用	群	尚	柔	耕	蚕	眨
帛	枪	鳞	松	膜	袄	瘤	稿	凝	蔗
袜	白	小	聂	说	洞	宝	凑	斑	跃
穷	赖	您	用	魂	届	盆	跳	纺	运
忘	酸	粤	兜	悬	扯	弓	喂	从	眨
选	辉	万	柯	烫	窄	蹼	训	呆	拔
雄	豆	糊	抠	窃	波	盆	丢	耳	滨
末	该	次	鼻	跟	饶	恐	台	艘	迟
此	滩	虫	土	瓢	瑟	托	耳	堆	挡
柴	有	悦	家	控	贼	川	恒	尊	拔

二、双音节词语练习，先注音，后朗读，注意读准韵母。

凉爽	硫酸	双亲	挂帅	飞快	涅槃	恰好	遵循	愿意	定律
废水	波长	吵嘴	诚恳	摧毁	健全	群众	苗头	爱国	温柔
抢险	偶尔	报废	红娘	编写	偶尔	扯皮	封闭	地层	然而
悲哀	元素	未遂	财政	辨证	干脆	打击	快速	群体	杀害
赔偿	超额	质量	区别	虐待	仍然	将军	感慨	血管	人才
侨眷	允许	夏天	思索						

三、绕口令练习。

1. 颠倒话，话颠倒，石榴树上结辣椒。东西大路南北走，碰见兔子去咬狗。拿住狗，打砖头，砖头咬住我的手。

2. 白石白又滑，搬来白石搭白塔。白石塔，白石搭，白石搭石塔，白塔白石搭。搭好白石塔，白塔白又滑。

3. 墙上一个窗，窗上一支枪，窗下一箩糠。枪落进了糠，糠埋住了枪。窗要糠让枪，糠要枪上墙，墙要枪上窗。互相不退让，糠赶不走枪，枪也上不了窗和墙。

4. 板凳宽，扁担长，板凳比扁担宽，扁担比板凳长，扁担要绑在板凳上，板凳不让扁担绑在板凳上,扁担偏要板凳让扁担绑在板凳上。

四、朗读儿童诗。

蘑 菇

林　良

蘑菇是
寂寞的小亭子。
只有雨天
青蛙才来躲雨。
晴天青蛙走了,
亭子里冷冷清清。

五、朗读古诗。

题西林壁

苏　轼

扫码听朗读

横看成岭侧成峰,远近高低各不同。
不识庐山真面目,只缘身在此山中。

枫桥夜泊

张　继

月落乌啼霜满天,江枫渔火对愁眠。
姑苏城外寒山寺,夜半钟声到客船。

望庐山瀑布

李　白

日照香炉生紫烟,遥看瀑布挂前川。
飞流直下三千尺,疑是银河落九天。

六、朗读作品,注意发准每个音节的韵母。

繁 星

　　我爱月夜,但我也爱星天。从前在家乡七八月的夜晚在庭院里纳凉的时候,我最爱看天上密密麻麻的繁星。望着星天,我就会忘记一切,仿佛回到了母亲的怀里似的。

　　三年前在南京我住的地方有一道后门,我打开后门,便看见一个静寂的夜。下面是一片菜园,上面是星群密布的蓝天。星光在我们的肉眼里虽然微小,然而它使我们觉得光明无处不在。那时候我正在读一些天文学的书,也认得一些星星,好像它们就是我的朋友,它们常常在和我谈话一样。

　　如今在海上,和繁星相对,我把它们认得很熟了。我躺在舱面上,仰望天空。深蓝色的天空里悬着无数半明半昧的星。船在动,星也在动,它们是这样低,真是摇摇欲坠呢。渐渐地我的眼睛模糊了,我好像看见无数萤火虫在我的周围飞舞。海上的夜是柔和的,是静寂的,是梦幻的。我望着许多认识的星,我仿佛看见它们在对我眨眼,我仿佛听见它们在小声说话。这时我忘记了一切。在星的怀抱中我微笑着,我沉睡着。我觉得自己是一个小孩子,现在睡在母亲的怀里了。

有一夜,那个在哥伦波上船的英国人指给我看天上的巨人。他用手指着:那四颗明亮的星是头,下面的几颗是身子,这几颗是手,那几颗是腿和脚,还有三颗星算是腰带。经他这一番指点。我果然看清楚了那个天上的巨人。看,那个巨人还在跑呢。

——节选自巴金《繁星》

拓展延伸 >>>>>>

en 和 eng、in 和 ing 对照辨音字表

第五节　普通话声调

**案例导学**

一个外国人到中国来,自认为已经把汉语学得很纯熟,但还是被一些句子绕得云里雾里,不知所云,比如:舅舅九点来酒店和你聊久点,再比如:从山西运来一火车松树,从陕西运来一货车松鼠。

【分析】　外国人学中文,最大的难点就是声调。上述句子里,困扰外国人的词语声韵基本相同,但声调不同,意义大相径庭。声调是汉语表达中最独特的语音现象。

学海畅游

一、普通话声调概述

声调是音节中具有区别意义作用的高低升降的变化。音高是声调的主要特征,音长是次要的伴随性特征。同一个人不同音高的变化,是由其控制声带的松紧决定的。声带越松,声调越低;声带越紧,声调越高。

(一) 声调的性质

声调的性质主要取决于整个音节的音高变化。发同一声调,不同的人绝对音高不同,例如女性和小孩的绝对音高就高于成年男子,但这并没有区别意义的作用。声调的音高是相对的,不是绝对的;声调的升降变化是滑动的,不像从一个音阶到另一个音阶

那样跳跃式地移动。

(二)声调的作用

在普通话里,声调和语义关系很大。一个音节或同样的两个音节,由于声调的不同就完全可以表示两种甚至更多的意思。比如:"知道"和"指导","砍树"和"看书","理解"和"历届"等。可见,声调的主要作用在于区别意义。

此外,汉字因为有了抑扬顿挫的声调变化,音韵美才得以体现,表情达意的功能才得以发挥。声调还可以用来调节气息,纯正字音。

二、调值和调类

(一)调值

调值是指音节高低、升降、曲直、长短的变化,即声调的实际读音。为了把调值具体地描写出来,一般采用五度标记法。所谓五度标记法,就是用五度竖标来表示调值的相对音高的一种方法。普通话四声的调值分别是阴平:55,阳平:35,上声:214,去声:51。

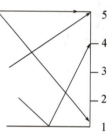

五度标调法示意图

(二)调类

调类是把调值相同的字归在一起所建立的类。从上图可以看出普通话语音有四种调类:

1. 阴平

念高平,用五度标记法来表示,是从 5 到 5,写作 55。例如:

青春光辉　　　　春天花开　　　　公司通知　　　　新屋出租

2. 阳平

念高升(或中升),用五度标记法来表示,是从 3 到 5,写作 35。例如:

人民银行　　　　连年和平　　　　农民犁田　　　　圆形循环

3. 上(shǎng)声

念降升,是从 2 降到 1 再升到 4,写作 214。例如:

彼此理解　　　　理想美满　　　　永远友好　　　　管理很好

4. 去声

念高降(或全降),用五度标记法表示,是从 5 降到 1,写作 51。例如:

下次注意　　　　世界教育　　　　报告胜利　　　　创造利润

三、声调的发音

1. 阴平

高平调,调值为 55。发音时,声带绷到最紧,起音高平,气势平均不紧张,始终没有明显变化,保持高音。

【词语练习】

芭蕉	冰川	波涛	炊烟	鲜花	芳香	讴歌	青春	金光
丰收	珍惜	诗歌	功勋	分工	机关	播音	村庄	纱窗

2. 阳平

高升调(或中升调),调值为35。发音时,声带从不松不紧开始,从中起音向上走,气息由弱到强,逐渐绷紧,到最紧为止,声音由不低不高升到最高。

【词语练习】

红旗	翱翔	文学	驰名	纯洁	繁荣	人民	重逢	陀螺
蓬勃	勤劳	原籍	轮流	垂直	岩石	团结	黎明	前途

3. 上声

降升调,调值为214。发音时,声带从略微有些紧张开始,立刻松弛下来,稍稍延长,然后迅速绷紧,但没有绷到最紧,声音先降后转上挑再扬上去,气息要稳住上奏,并逐渐增强。发音过程中,音高最低(声音在低音段1~2度之间),音长最长,这两点成为上声的基本特征。

【词语练习】

古典	辅导	处理	简谱	玛瑙	展览	舞蹈	影响	水果
理想	领导	海岛	手掌	老友	冷暖	买米	选举	土改

4. 去声

高降调(或全降调),调值为51。发音时,声带从紧开始,到完全松弛为止。声音由最高到最低,气息从强到弱,要通畅,走到最低处,气息要托住。去声的音长在普通话4个声调中是最短的。

【词语练习】

热爱	缔造	荡漾	胜利	照耀	伴奏	建设	倡议
锐利	魅力	锻炼	见面	路费	办事	破例	降落

巩固训练

一、给下面的词语注音,再朗读,注意读准声调。

悲哀	崩溃	妇女	眷恋	窘迫	策略	中外	牛顿
串联	开会	政权	荒谬	婴儿	英雄	恰当	灾难
盎然	群众	专门	红娘	黄昏	人群	上吊	紧缺
开业	牛犊	怀念	话筒	差额	繁殖	奔涌	国王
夸张	以外	土匪	根据	定律	罚款	少女	周年
抓获	佛经	面孔	双亲	个别	如下	民间	财产

二、先标出声调符号，再熟读下列词语。

山穷水尽	阴阳上去	心明眼亮	花红柳绿	深谋远虑
山河锦绣	坚持努力	高朋满座	英雄好汉	光明磊落
优柔寡断	非常好记	大显身手	逆水行舟	驷马难追
兔死狐悲	异口同声	背井离乡	智勇双全	妙手回春
挥汗如雨	虚怀若谷	轻描淡写	班门弄斧	龙飞凤舞
举足轻重	乔装打扮	别有天地	营私舞弊	恬不知耻

三、诗词朗读练习，体会抑扬顿挫的声调美。

江南春

杜　牧

千里莺啼绿映红，水村山郭酒旗风。

南朝四百八十寺，多少楼台烟雨中。

水调歌头·明月几时有

苏　轼

明月几时有？把酒问青天。不知天上宫阙，今夕是何年。我欲乘风归去，又恐琼楼玉宇，高处不胜寒。起舞弄清影，何似在人间？

转朱阁，低绮户，照无眠。不应有恨，何事长向别时圆？人有悲欢离合，月有阴晴圆缺，此事古难全。但愿人长久，千里共婵娟。

四、练习绕口令，注意声调变化。

1. 京剧是京剧，警句是警句。京剧不能叫警句，警句不能叫京剧。

2. 司小四和史小世，四月十四日十四时四十上集市，司小四买了四十四斤四两西红柿，史小世买了十四斤四两细蚕丝。司小四要拿四十四斤四两西红柿换史小世十四斤四两细蚕丝。史小世十四斤四两细蚕丝不换司小四四十四斤四两西红柿。司小四说我四十四斤四两西红柿可以增加营养防近视，史小世说我十四斤四两细蚕丝可以织绸织缎又抽丝。

五、朗读短文，体会声调的变化。

提醒幸福

扫码听朗读

享受幸福是需要学习的，当它即将来临的时刻需要提醒。人可以自然而然地学会感官的享乐，却无法天生地掌握幸福的韵律。灵魂的快意同器官的舒适像一对孪生兄弟，时而相傍相依，时而南辕北辙。

幸福是一种心灵的震颤。它像会倾听音乐的耳朵一样，需要不断地训练。

简而言之，幸福就是没有痛苦的时刻。它出现的频率并不像我们想象的那样少。人们常常只是在幸福的金马车已经驶过去很远时，才捡起地上的金鬃毛说，原来我见过它。

人们喜爱回味幸福的标本,却忽略它披着露水散发清香的时刻。那时候我们往往步履匆匆,瞻前顾后不知在忙着什么。

　　世上有预报台风的,有预报蝗灾的,有预报瘟疫的,有预报地震的。没有人预报幸福。

　　其实幸福和世界万物一样,有它的征兆。

　　幸福常常是朦胧的,很有节制地向我们喷洒甘霖。你不要总希望轰轰烈烈的幸福,它多半只是悄悄地扑面而来。你也不要企图把水龙头拧得更大,那样它会很快地流失。你需要静静地以平和之心,体验它的真谛。

　　幸福绝大多数是朴素的。它不会像信号弹似的,在很高的天际闪烁红色的光芒。它披着本色的外衣,亲切温暖地包裹起我们。

——节选自毕淑敏《提醒幸福》

拓展延伸 >>>>>>

巧记汉语拼音调号
汉语拼音声调标注位置口诀

第六节　普通话语流音变

案例导学

　　大家想一想,下面这句话怎么读?

　　"兄弟,这么久没个信儿,想死我了! 今天,你从哪儿来啊? 在哪儿住啊? 有什么事啊? 到我这儿碰碰运气,行不行啊?"

　　一考生在普通话测试中,说了上面看似简单的几句话,错了八个字音,失分严重。具体表现是他发错了两个轻声词语"兄弟"和"运气",一个儿化词语"信儿",四个"啊"的音变,一个"不"的音变。

学海畅游

　　我们读书、说话时,不是孤立地发出一个个音素或音节,而是连续发出许多音素或音节,形成语流。在这个过程中,音素之间或音节之间会相互影响,产生语音的变化,这就是音变现象。普通话中音变现象主要有:

一、轻声

　　普通话的每一个音节都有它的声调,可是在词或句子里许多音节常常失去它原有

的声调而读得较轻、轻短,这种音变现象就是轻声。例如:头(tóu),原是阳平,可在"石头""木头"这两个词中,失去了原来的声调,就成了一个轻声音节。

注意:在普通话中没有轻声这一独立的声调,它只不过是在语流中连读时产生的一种音变现象。《汉语拼音方案》规定轻声不标调。

(一)轻声的读法

轻声与一般声调不同。一般声调的性质主要决定于相对音高,轻声则主要决定于音强。轻声的特点是发音时用力特别小,音强特别弱,音长也较短。但由于轻声音节受前面音节声调的影响,轻声音节也有音高的差别。一般说来:

阴平后轻声的音高为2度,如"天上"(tiānshang);

阳平后轻声的音高为3度,如"红的"(hóngde);

上声后轻声的音高为4度,如"早上"(zǎoshang);

去声后轻声的音高为1度,如"地上"(dìshang)。

轻声在音色方面特点是有的轻声音节的声母、韵母会发生变化,如韵母脱落等。例如:"豆腐"音为:dòuf。

(二)轻声的作用

在普通话中轻声的主要作用是区别意义和词性,例如:

兄弟 xiōngdi(弟弟)　　　　　　兄弟 xiōngdì(哥哥和弟弟)

是非 shìfei(纠纷)　　　　　　是非 shìfēi(正确和错误)

对头 duìtou(冤家、名词)　　　　对头 duìtóu(正确,形象词)

练习 liànxi(动词)　　　　　　练习 liànxí(名词)

运气 yùnqi(名词,幸运)　　　　运气 yùnqì(武术、气功的一种炼身方法)

言语 yányu(动词,开口、招呼)　　言语 yányǔ(名词,指所说的话)

(三)轻声的朗读规律

普通话多数轻声同词汇、语法有密切联系:

(1)语气助词"啊、呀、哇、哪、吧、呢、吗、啦、呗"等,例如:

是啊　阿姨呀　好哇　看哪　吃吧　书呢　在家吗　毕业啦　看呗

(2)助词"着、了、过、的、地、得"等,例如:

说过　　忙着　　来了　　我的书　　拿得动箱子　　迅速地走了

(3)构词用的虚语素"子、头、巴、么"和表示复数的"们",例如:

桌子　椅子　本子　孩子　锄头　石头　木头　来头　干巴

结巴　尾巴　多么　什么　怎么　他们　我们　你们　老师们

(4)方位词"里、上、下、边、面"等,例如:

家里　河里　桌上　天上　地下　底下　那边　左边　外面

(5)叠音词和动词的重叠形式后面的音节,例如:

说说　看看　想想　谈谈　试试　听听　写写　聊聊

走走　弟弟　奶奶　宝宝　公公　姥姥　叔叔　头头

（6）用在动词、形容词后面表示趋向的词，例如：

上来　　出来　　过来　　下去　　进去　　站起来　　走进来　　取回来　　冷下去

（7）作宾语的人称代词，例如：

找我　　　　请你　　　　叫他　　　　　　揍它

（8）量词"个"常读轻声，例如：

这个　　　　哪个　　　　那个

（9）某些常用的双音节词的第二个音节习惯上读轻声，例如：

明白　　暖和　　萝卜　　玻璃　　葡萄　　知道　　事情　　衣服　　眼睛

编辑　　闺女　　苍蝇　　柴火　　打听　　忘记　　规矩　　本事　　大夫

二、儿化

er 在普通话里是一个比较特殊的韵母，它不同声母相拼，也不能同其他音素组合成复合韵母，可以自成音节。普通话里单独念"er"韵的字很少，常用的只有"儿、而、耳、饵、尔、二、贰、迩"等几个。"er"这个音可以同其他韵母结合起来，变更原来韵母的音色，使前一个音节的韵母带上一个卷舌动作的尾音，这种音变现象就叫作"儿化"。儿化后的韵母称儿化韵。

儿化韵里的"儿"不是一个单独的音节，而是在一个音节上附加的卷舌动作，使那个音节因儿化而发生音变。普通话的韵母除 ê、er 以外都可以儿化。

带儿化的韵母的音节，一般用两个汉字来表示，注音时在原韵母之后加上一个 r，如花儿（huār）、心眼儿（xīnyǎnr）。

（一）儿化的作用

儿化不仅是纯粹的语音现象，在表达词语的语法意义和修辞色彩上都起着积极的作用。

（1）区别词性，例如：

盖（动）—盖儿（名词）　　　　　　画（动）—画儿（名词）

错（形）—错儿（名词）　　　　　　尖（形）—尖儿（名词）

破烂（形）—破烂儿（名词）　　　　个（量词）—个儿（名词）

（2）区别词义，例如：

信（信件）—信儿（消息）　　　　　末（最后）—末儿（细碎的或呈粉状的东西）

眼（眼睛）—眼儿（小孔）　　　　　头（头部）—头儿（上司）

（3）表示"可爱""亲切""诙谐"等喜爱温婉的感情色彩，例如：

小孩儿　　老头儿　　碗儿　　玩儿　　脸蛋儿

来玩儿　　慢慢儿走　　大婶儿　　花儿　　小曲儿

（4）表示细、小、轻微的性状特征，例如：

小鱼儿　　门缝儿　　一会儿　　办事儿　　头发丝儿

（二）儿化韵的发音规律

儿化是有规律的，儿化的基本特征就是卷舌。韵母儿化后，读音也发生相应的变化,并且这种变化是很明显的。如果原韵母的发音动作同卷舌动作不冲突,儿化时就可以直接卷舌;如果韵母同卷舌动作有冲突,就要变更原来韵母的发音,以适应卷舌的要求。

(1) 韵母的最后一个音素为 a、o、e、u、ê 的,儿化后主要元音基本不变,后面直接加上表示卷舌动作的"r",例如:

号码儿	山坡儿	饭盒儿	水珠儿	豆芽儿	酒窝儿	锯末儿
小车儿	山歌儿	麻雀儿	土豆儿	眼珠儿	主角儿	面条儿
一下儿	鲜花儿	手稿儿	封口儿	知了儿	小牛儿	小说儿

(2) 韵母是 i、ü 的,儿化后在原韵母后加上 er,i、ü 仍保留,例如:

小米儿	有趣儿	金鱼儿	果皮儿	小曲儿	打气儿
毛驴儿	没趣儿	摸底儿	马驹儿	玩意儿	青梨儿

(3) 韵母 -i(前、后)儿化后失去原韵母,把韵母改为 er,例如:

戏词儿	果汁儿	三十儿	没词儿	石子儿
血丝儿	树枝儿	锯齿儿	有事儿	小字儿

(4) 韵尾是 i 或 n 的韵母,儿化后丢掉韵尾,主要元音后加 r,例如:

一块儿	树根儿	饭馆儿	盖盖儿	宝贝儿	耳坠儿
圆圈儿	花园儿	饭碗儿	乖乖儿	脸盆儿	冰棍儿

但 in、ün 这两个韵母,丢掉韵尾,在主要元音后加 er,例如:

使劲儿	口信儿	红裙儿	脚印儿	菜心儿	小军儿

(5) 以 ng 为韵尾的韵母,儿化后丢掉韵尾 ng,主要元音鼻化,同时在鼻化元音后加上 r,例如:

瓜瓢儿	板凳儿	帮忙儿	药方儿	照亮儿	山梁儿
相框儿	红绳儿	胡同儿	电影儿	小熊儿	天窗儿

需要注意的是:由于韵母儿化时,有的韵母改变了发音,所以造成原来不同音的韵母,儿化后变得相同了。例如:

银牌儿—银盘儿	大块儿—大款儿	小辈儿—小本儿
打鬼儿—打滚儿	山歌儿—山根儿	有趣儿—红裙儿

三、变调

在语流中,有些音节的声调起了一定的变化,与单读时调值不同,这种变化叫变调。音节变调多数是受后一个音节的影响引起的。在普通话中,常见的变调有以下几种:

(一) 上声的变调

上声在阴平、阳平、上声、去声前都会产生变调,读完全的上声原调的情况很少,只有在单念或处在词语、句子的末尾才能读原调。具体情况有以下几种:

(1) 两个上声音节相连时,前面的上声变成阳平(或近似阳平),调值变为 35,即上声(214)+上声(214)→阳平(35)+上声(214)。例如:

党委 dǎngwěi—dángwěi　　　　领导 lǐngdǎo—língdǎo

理想 lǐxiǎng—líxiǎng　　　　　美好 měihǎo—méihǎo

厂长 chǎngzhǎng—chángzhǎng　　好歹 hǎodǎi—háodǎi

（2）上声在阴平、阳平、去声、轻声前，即在非上声前，变为半上，调值由214变为半上声211（21），即上声（214）＋非上声→半上（21）＋非上声。例如：

在阴平字前：老师、小说、始终、每天

在阳平字前：小船、旅行、改良、每年

在去声字前：土地、晚饭、感谢、每月

在轻声字前：首饰、脑袋、比方、喇叭

（3）上声与上声变来的轻声音节连读，有两种情况：后字固定读轻声的，前字多读半上；后字可轻可不轻或是重叠式动词，前字多读阳平。

① 上声（214）＋轻声→半上（21）＋轻声，例如：

姐姐　小子　椅子　奶奶　宝宝　婶婶　耳朵　马虎

② 上声（214）＋轻声→阳平（35）＋轻声，例如：

法子　响起　把手　哪里　讲法　写起　水里　走走　洗洗

（4）三个上声字连读，有以下两种情况：

单双格：当词语的结构是"单音节＋双音节"，开头音节处在被强调的逻辑重音上时，开头音节读成半上（调值211），中间的音节变为阳平（调值35）。例如：

女选手　　　　好厂长　　　　小老虎

双单格：当词语的结构是"双音节＋单音节"时，开头、中间的上声音节的调值都变为阳平（调值35）。例如：

展览馆　　　演讲稿　　　狗尾草

（5）如果连读的上声字不止两三个，则可据词意进行分组，按上述规则变调。例如：

永远友好（永远/友好）

我很理解柳组长。（我/很理解/柳组长）

（二）"一""不"的变调

"一""不"是古入声音节，在普通话里变调现象比较突出。

（1）不变："一""不"在单念或用在词句末尾时，及"一"在序数中声调不变，读原调，"一"读阴平（yī），调值是55，"不"读去声（bù），调值是51。例如：

三七二十一　　　天下第一　　　万一　　　　始终如一

绝不　　　　　　偏不　　　　　决不　　　　就不

（2）"一""不"在去声前一律变成阳平。例如：

一样　　　一向　　　一半　　　一定　　　一步

不怕　　　不去　　　不对　　　不适　　　不露声色

（3）"一""不"在非去声前一律读去声。例如：

一头　　一年　　一言　　一天　　一直　　一根　　一般化

不多　　不高　　不成　　不好　　不少　　不同意　　不拘一格

（4）当"一"嵌在重叠式的动词之间，"不"夹在动词或形容词之间，或夹在动词和补语之间时，均变读轻声。例如：

| 看一看 | 试一试 | 想一想 | 讲一讲 | 说不说 | 肯不肯 |
| 听不听 | 来不来 | 差不多 | 用不着 | 挡不住 | 对不起 |

以表格形式表示"一""不"变调情况如下：

表 2 "一"的变调情况表

原调	单念或在 末尾念原调	在去声前 变阳平	在非去声前 变去声	夹在词语中间 念轻声
yī 一 （阴平）	一、二、三 第一 三十一	一个 一日 一万	一天 一年 一起	想一想 听一听

表 3 "不"的变调情况表

原调	单念、词句末尾或在非去声前念原调	在去声前变阳平	夹在词语中间 念轻声
bù 不 （去声）	不！（单念）我不！（句末） 不说（阴平前） 不来（阳平前） 不好（上声前）	不去 不对 不怕	来不来 用不着 差不多

（三）去声的变调

两个去声音节相连，前面的去声变调为"半去"，不降到底。后面的去声起点比第一个去声略低。若三个去声音节相连时，前面两个去声都变调为半去，最后的去声音节读原调。例如：

笑料	立刻	电扇	大会	电话	炸药	赤道	号召	跳跃
气力	介绍	照相	教室	算术	借鉴	故旧	概要	跃进
看电视	卖设备	奥运会	大陆架	扩大会	炮舰队	录像带

（四）重叠式形容词的变调

普通话叠声形容词大体有三种构成形式：AA 式、ABB 式、AABB 式。这些形容词在实际应用时调值也会发生变化。

1. AA 式叠声词

一般情况下不变调，只有当儿化时，第二个音节变为阴平（55）。如：好好儿、慢慢儿、远远儿。

当是"AA＋儿＋的（地）"形式时，其第二个 A 音节声调也必须变为阴平。如：饱饱儿的、快快儿的。

当是"AA＋的（地）"形式时，其第二个 A 音节的声调有的可以变，也可以不变；如：美美地（měiměide）→（měimēide）（变调）、美美地（měiměide）→（měiměide）（不变）。有的则只能读原调，不能变调。如：大大的（dàdàde）、白白的（báibáide）、绿绿的

(lùlùde)、红红的(hónghóngde)。

当 AA 式后面不加儿化也不加"的"时,如同"AA＋的"的形式可变可不变。如:满满(mǎnmǎn)→(mǎnmān)(变调)、满满(mǎnmǎn)→(mǎnmǎn)(不变)。也有读原调不能变调的,如:黄黄(huánghuáng)、白白(báibái)、蓝蓝(lánlán)、绿绿(lùlù)等。

2. ABB 式叠声形容词

它的变调发生在 BB 两个音节上,同 AA 式一样,有的需要变,有的不能变。需要变调的,不论其第二个音节的原声调是什么一律变为阴平(55)。如:毛茸茸(máorōngrōng)、红彤彤(hóngtōngtōng)。不能变调的如:阴沉沉(yīnchénchén)、金灿灿(jīncàncàn)。(白茫茫:新《大纲》规定,两可)

3. AABB 式叠声形容词

它的变调也发生在 BB 两个音节上,同 ABB 式一样,有的需要变,有的不能变。需要变调的,不论其第二个音节的原声调是什么一律变为阴平,如:马马虎虎(mǎmǎhūhū)、热热闹闹(rèrènāonāo)。不能变调的如:干干净净(gāngānjìngjìng)、认认真真(rènrènzhēnzhēn)、蹦蹦跳跳(bèngbèngtiàotiào)、甜甜蜜蜜(tiántiánmìmì)。

四、语气词"啊"的音变

"啊"本身有两种词性。一般地,如果"啊"作为叹词单独使用时,或用在句子开头、中间和末尾,不和其他音节连续时,一般都发[a]音。因为"啊"是个多音字,所以可以发 ā、á、ǎ、à。例如:

小伙子,动作要快,啊!(ā)

啊,我当时惊呆了,一时不知说什么好!(á)

请等一下,让我想一想,啊,记起来了。(ǎ)

小华认真地答应:"啊!"(à)

当"啊"作为语气词用在句尾或句中时,由于受到前面一个音节末尾音素的影响,常常发生音变现象。在不同的语音环境中,"啊"的读音有不同的变化形式,可用相应的汉字来表示。但用汉语拼音拼写音节时,"啊"仍写作 a,不必写出音变情况。

(1)"啊"前面音节的韵母或韵母的尾音是 i、ü、a、o(不包括 ao、iao)、e、ê 时,读成"呀"(ya)。例如:

你可要拿定主意呀!

你从哪儿来呀?

天不会下雨呀!

我来买些鱼呀!

我说的就是他呀!

怎么给我这么多呀!

你去说呀!

天气好热呀!

这里凝聚着他的心血呀!

赶紧向他道谢呀!

(2)"啊"前面音节的韵母或韵母尾音是 u(包括 ao、iao,因为 ao、iao 最后一个音素的实际发音就是 u)时,读成"哇"(wa)。例如:

你在那儿住哇?

写得多么好哇!

口气可真不小哇!

(3)"啊"前面音节的末尾音素是 n 的,读成"哪"(na)。例如:

这花多鲜艳哪!

早晨的空气多清新哪!

多好的人哪!

你猜得真准哪!

(4)"啊"前面音节的末尾音素是 ng 时,读成"nga",汉字仍写"啊",例如:

大家尽情地唱啊!

这样做行不行啊?

这幅图真漂亮啊!

注意听啊!

最近太忙啊!

(5)"啊"前面的音素是-i(后)、er 时,读成"ra",汉字仍写"啊"。例如:

多么好的同志啊!

这究竟是怎么回事啊?

你有什么事啊?

你怎么撕了一地纸啊?

他是王小二啊!

(6)"啊"前面的音素是-i(前)时,读成:"za",汉字仍写"啊"。例如:

这是谁写的字啊?

这是个什么词啊?

今天来回几次啊?

上面"啊"的音变可以归纳成下表:

表 4　语气词"啊"的音变情况一览表

前面音节末尾音素	音变情况	举　例	汉字写法
a、o(ao、iao 除外) e、i、ê、ü	ya	拉呀　过呀　喝呀 写呀　比呀　举呀	呀
u(包括 ao、iao)	wa	苦哇　少哇 笑哇　跳哇	哇
n	na	演哪　看哪	哪

（续表）

前面音节末尾音素	音变情况	举　例	汉字写法
ng	nga	唱啊　听啊	啊
-i(前)	[za]	丝啊　字啊　词啊	啊
-i(后)或 er	ra	吃啊　儿啊	啊

巩固训练

一、读下列轻声词语，注意区别每组的词义。

兄弟 xiōng·di/xiōngdì　　　　买卖 mǎi·mai/mǎimài

地道 dì·dao/dìdào　　　　　老子 lǎo·zi/lǎozǐ

利害 lì·hai/lìhài　　　　　　大意 dà·yi/dàyì

东西 dong·xi/dōngxī　　　　实在 shí·zai/shízài

大爷 dà·ye/dàyé　　　　　　本事 běn·shi/běnshì

对头 duì·tou/duìtóu　　　　　东家 dōog·jia/dōngjiā

犯人 fàn·ren/fànrén　　　　　门道 mén·dao/méndào

报告 bào·gao/bàogào　　　　多少 duō·shao/duōshǎo

二、读下列各组轻声词语，体会调值的变化。

1. 阴平＋轻声

槟榔	差事	掺和	风筝	玻璃	巴掌	巴结	家伙	胳膊
嘀咕	衣服	芝麻	周到	思量	舒服	休息	张罗	八哥
交情	作坊	妖精	公家	稀罕	生日	秧歌	哆嗦	先生
支吾	招呼	花哨	家伙	邋遢	包袱	烧饼	薪水	折腾

2. 阳平＋轻声

节气	匀称	妯娌	年月	盘算	枇杷	篱笆	活泼	玄乎
狐狸	学生	挪动	年成	麻烦	神仙	蛤蟆	石榴	葫芦
玫瑰	凉快	萝卜	棉花	黏糊	朋友	奴才	云彩	成分
笤帚	行李	折磨	蘑菇	能耐	财主	柴火	得罪	门面

3. 上声＋轻声

扭捏	脑袋	口袋	老爷	老婆	摆布	嘴巴	指头	尺寸
晓得	已经	指甲	主意	属相	喇叭	讲究	打发	打听
打量	嘱咐	喜欢	体面	稳当	点心	伙计	打扮	哑巴
女婿	首饰	爽快	养活	洒脱	眼睛	牡丹	耳朵	马虎

4. 去声＋轻声

自在	伺候	吓唬	相公	力气	漂亮	笑话	队伍	地方
豆腐	面子	痛快	念叨	护士	热乎	丈夫	志气	钥匙

月亮　　正经　　栅栏　　位置　　秀气　　上司　　报酬　　客气　　厚道

动静　　热闹　　便当　　下场　　屁股　　利落　　阔气　　亲家　　意思

三、读下列各组儿化音节，注意发音，体会规律。

1. a→ar：哪儿 nǎr　　　　　　　　手把儿 shǒubàr

　　ia→iar：叶芽儿 yèyár　　　　　　钱夹儿 qiánjiār

　　ua→uar：画儿 huàr　　　　　　　浪花儿 lànghuār

　　o→or：粉末儿 fěnmòr　　　　　　竹膜儿 zhúmór

　　uo→uor：眼窝儿 yǎnwōr　　　　　大伙儿 dàhuǒr

　　e→er：小盒儿 xiǎohér　　　　　　硬壳儿 yìngkér

　　ue→uer：主角儿 zhǔjuér　　　　　木橛儿 mùjuér

　　ie→ier：石阶儿 shíjiēr　　　　　　字帖儿 zìtiěr

　　u→ur：泪珠儿 lèizhūr　　　　　　离谱儿 lípǔr

　　ao→aor：小道儿 xiǎodàor　　　　荷包儿 hébāor

　　ou→our：老头儿 lǎotóur　　　　　路口儿 lùkǒur

　　iao→iaor：小调儿 xiǎodiàor　　　嘴角儿 zuǐjiǎor

　　iou→iour：小球儿 xiǎoqiúr　　　　顶牛儿 dǐngniúr

2. i→ier：锅底儿 guōdǐr　　　　　　玩意儿 wányìr

　　ü→üer：小曲儿 xiǎoqǔr　　　　　毛驴儿 máolúr

3. ai→ar 大牌儿 dàpáir　　　　　　窗台儿 chuāngtáir

　　ei→er：同辈儿 tóngbèir　　　　　宝贝儿 bǎobèir

　　uai→uar：糖块儿 tángkuàir　　　一块儿 yīkuàir

　　uei→uer：口味儿 kǒuwèir　　　　一对儿 yīduìr

4. an→ar：顶班儿 dǐngbānr　　　　传单儿 chuándānr

　　en→er：亏本儿 kuīběnr　　　　　命根儿 mìnggēnr

　　ian→iar：鸡眼儿 jīyǎnr　　　　　路边儿 lùbiānr

　　in→iar：用劲儿 yòngjìnr　　　　　手印儿 shǒuyìnr

　　uan→uar：好玩儿 hǎowánr　　　　拐弯儿 guǎiwānr

　　uen→uer：皱纹儿 zhòuwénr　　　　开春儿 kāichūnr

　　üan→üar：圆圈儿 yuánquānr　　　手绢儿 shǒujuànr

　　ün→üer：合群儿 héqúnr　　　　　花裙儿 huāqúnr

5. -i(前)→er：找刺儿 zhǎocìr　　　　柳丝儿 liǔsīr

　　-i(后)→er：树枝儿 shùzhīr　　　　找事儿 zhǎoshìr

6. ang→ãr：茶缸儿 chágāngr　　　　药方儿 yàofāngr

　　iang→iãr：小羊儿 xiǎoyángr　　　菜秧儿 càiyāngr

　　uang→uãr：蛋黄儿 dànhuángr　　天窗儿 tiānchuāngr

　　eng→ẽr：裤缝儿 kùfèngr　　　　　发愣儿 fālèngr

　　ong→õr：抽空儿 chōukòngr　　　酒盅儿 jiǔzhōngr

iong→iõr：小熊儿 xiǎoxióngr

四、读下列上声音变词语，体会变化。

1. 上声＋阴平

首都	眼镜	火车	礼花	雨衣	省心	警花	捕捞
老师	主编	把关	贬低	饼干	补充	打针	产生
取消	法规	反思	感激	广播	海滨	抹杀	领先
法官	纺织	厂商	北京	表彰	启发	紧张	减轻

2. 上声＋阳平

古人	祖国	补偿	乞求	可能	厂房	起床	品尝
旅行	举行	火柴	海洋	典型	导游	表达	狠毒
打球	斧头	漂白	改革	抢夺	简洁	取材	语言
赌博	搞活	考察	企图	可怜	解答	理由	反常

3. 上声＋去声

本质	法律	北部	百货	小麦	讲话	美术	狡辩
稿件	保证	保护	宝贝	女士	反对	理发	呕吐
女士	美丽	法院	跑步	野兔	鼓励	可是	采购
请假	恐吓	渴望	暖气	改变	腐败	巩固	马路

4. 上声＋轻声

口气	奶奶	姥姥	嫂嫂	马虎	打扮	本钱	耳朵
底下	里面	好的	主子	影子	本事	姐姐	讲究
点心	脸面	暖和	骨头	伙计	买卖	点缀	脑袋
喜欢	老婆	老爷	老实	枕头	晚上	早晨	爽快

5. "上声＋上声"→"阳平＋上声"

保险	保养	党委	尽管	老板	本领	引导	古老
敏感	鼓舞	产品	永远	语法	口语	岛屿	保姆
远景	北海	首长	母语	小姐	懒散	水井	厂长
拇指	古典	简短	饱满	感慨	辅导	粉笔	反感

6. 三个上声相连的变调

（1）"双＋单"结构：

| 演讲稿 | 跑马场 | 展览馆 | 管理组 | 水彩笔 | 蒙古语 |
| 选举法 | 古典舞 | 虎骨酒 | 洗脸水 | 往北走 | |

（2）"单＋双"结构：

| 史小姐 | 党小组 | 好小伙 | 跑百米 | 纸老虎 | 李厂长 |
| 老保姆 | 小两口 | 冷处理 | 很友好 | 好勇敢 | |

五、读下面"一"和"不"变调的词语，体会变化规律。

| 不露声色 | 不可一世 | 不明不白 | 不偏不倚 | 不大不小 |
| 不痛不痒 | 不计其数 | 不打自招 | 不置可否 | 不即不离 |

不郎不秀	不毛之地	不上不下	不共戴天	不伦不类
不卑不亢	不折不扣	不屈不挠	一朝一夕	一丝不挂
一丝不苟	一五一十	一窍不通	一尘不染	一蹶不振
一文不值	一手一足	一起一落	一去不返	一字不漏
不见得	不晓得	不值钱	不像话	不自量	不成器
不等式	不要紧	不锈钢	不过意	不动产	不成文

六、练习绕口令

1. 我们那儿有个王小三儿,在门口儿摆着一个小杂货摊儿,卖的是酱油、火柴和烟卷儿、草纸,还有关东烟儿,红糖、白糖、花椒、大料瓣儿,鸡子儿、挂面、酱、醋和油盐,冰糖葫芦一串儿又一串儿,花生、瓜子儿还有酸杏干儿。王小三儿,不识字儿,算账、记账,他净闹稀罕事儿,街坊买了他六个大鸡子儿,他就在账本上画了六个大圆圈儿。过了两天,人家还了他的账,他又在圆圈上画了一大道儿,可到了年底他又跟人家去讨账钱儿,鸡子儿的事早就忘在脑后边儿。人家说:"我们还了账。"他说人家欠了他一串儿糖葫芦儿,没有给他钱儿。

2. 一二三,三二一,一二三四五六七,七六五四三二一。一个姑娘来摘李,一个小孩来摘栗,一个小伙儿来摘梨。三个人一齐出大力,收完李子、栗子和梨,一起提到集市里。

3. 小哥俩儿,红脸蛋儿,手拉手儿,一块儿玩儿。小哥俩儿,一个班儿,一路上学唱着歌儿。学造句,一串串儿,唱新歌儿,一段段儿,学画画儿,不贪玩儿。画小猫儿,钻圆圈儿,画小狗儿,蹲庙台儿,画只小鸡儿吃小米儿,画条小鱼儿吐水泡儿。小哥俩,对脾气儿,上学念书不费劲儿,真是父母的好宝贝儿。

七、朗读短文,体会在语流中各种音变现象。

济南的冬天

扫码听朗读

对于一个在北平住惯的人,像我,冬天要是不刮风,便觉得是奇迹;济南的冬天是没有风声的。对于一个刚由伦敦回来的人,像我,冬天要能看得见日光,便觉得是怪事;济南的冬天是响晴的。自然,在热带的地方,日光永远是那么毒,响亮的天气,反有点儿叫人害怕可是,在北方的冬天,而能有温晴的天气,济南真得算个宝地。

设若单单是有阳光,那也算不了出奇。请闭上眼睛想:一个老城,有山有水,全在天底下晒着阳光,暖和安适地睡着,只等春风来把它们唤醒,这是不是理想的境界?小山把济南围了个圈儿,只有北边缺着点口儿。这一圈小山在冬天特别可爱,好像是把济南放在一个小摇篮里,它们安静不动地低声地说:"你们放心吧,这儿准保暖和。"真的,济南的人们在冬天是面上含笑的。他们一看那些小山,心中便觉得有了着落,有了依靠。他们由天上看到山上,便不知不觉地想起:明天也许就是春天了吧?这样的温暖,今天夜里山草也许就绿起来了吧?就是这点儿幻想不能一时实现,他们也并不着急,因为这样慈善的冬天,干什么还希望别的呢!

最妙的是下点儿小雪呀。看吧，山上的矮松越发的青黑，树尖儿上顶着一髻儿白花，好像日本看护妇。山尖儿全白了，给蓝天镶上一道银边。山坡上，有的地方雪厚点儿，有的地方草色还露着；这样，一道儿白，一道儿暗黄，给山们穿上一件带水纹儿的花衣；看着看着，这件花衣好像被风儿吹动，叫你希望看见一点儿更美的山的肌肤。等到快日落的时候，微黄的阳光斜射在山腰上，那点儿薄雪好像忽然害羞，微微露出点儿粉色。就是下小雪吧，济南是受不住大雪的，那些小山太秀气。

——节选自老舍《济南的冬天》

拓展延伸

 >>>>>>

普通话水平测试用必读轻声词语表（新大纲）

第三章
普通话科学发声训练

教师是一种"舌耕"职业,主要依靠口语进行传道、授业、解惑。为了有效塑造教师个性的声音特质,形成教师个性的语言风格,教师需要积极参与科学发声训练,形成良好的发声状态。幼儿教师更应如此。除了在日常教学中形成自己的声音特色外,还需要在朗读、讲故事等的教学中通过科学发声,用声音塑造不同的人物形象,展示不同的人物性格特征,表达人物不同的情感变化,以吸引儿童的注意力、好奇心,激发儿童的想象力、求知欲,提升儿童的语言表达能力。科学发声训练重点分为用气发声、吐字归音、共鸣控制训练三个方面。

1. 掌握科学的用气发声理论,知晓科学发声方法,形成自己的声音特色。

2. 熟练把握吐字归音和共鸣控制的发声要领,形成发声过程中自我控制与自我完善的能力,提高发声质量。

3. 熟练运用不同的气息控制模式改变音色,成功塑造口语表达中各种角色形象。

第一节　科学发声概述

✎ 案例导学

夏老师是一名幼儿园实习老师。刚一进园,便逢着园里开展"六一儿童节"活动。整场活动在市演艺中心进行,夏老师被安排在候场区,主要负责维护候场室里小演员的秩序及安全。候场的时候,孩子们因为开心变得异常吵闹,有的大声说话,有的趁老师不注意在候场室跑来跑去,有的还动手打闹。用夏老师的话来讲,按下了葫芦起来个瓢,从不间断。从上午彩排开始到下午整场活动结束,夏老师要不停地喊:"小朋友们看谁坐得最正,看谁最安静,看谁表现最棒……"活动到下午五点结束后,夏老师发现自己的嗓子非常沙哑,多说一句话都显得累。在总结会上,她和其他老师进行了简单交流,老教师对她说:"从早到晚,你一直在喊,且完全是用声带在喊,喊时间久了自然会出现哑音的状态,你要学会用气息发声,用气息发声可以减少声带压力,还能够美化声音,让声音听起来更响亮、更圆润、更饱满。"

【分析】 幼儿教师主要靠口语进行教育教学活动,长时间用嗓子就得要学会用气发声。"气者,音之帅也",没有气息,声带就不能振动发声。示例中的夏老师就是因为没能掌握科学发声方法,导致嗓子沙哑。

 学海畅游

一、学习科学发声的意义

一个人的嗓音之所以富于弹性、耐久,其实和源源不断供给声带的气流有着直接的关系。然而,人们日常的呼吸比较平稳、比较浅,远远不能满足教师长时间的发声需要,导致声带疲劳。因此,教师必须通过学习锻炼,掌握科学的呼吸方法,不断提高自己的气息控制能力,并通过气息的支持使声音达到圆润、动听的效果。幼儿教师职业因工作的特殊性对声音有更高层次的审美要求。

幼儿教师在教育教学过程中要靠声音来传递信息,在幼儿语言能力提升关键期中更是要通过大量丰富、生动的故事讲述、幼儿文学作品诵读等来调动孩子们学习的热情。因此要逐步掌握和运用科学的发声方法,掌握语言发声的基本原理,追求声音的美及声音的变化,激发孩子们获得知识的欲望。声音美化、声音变化都要求幼儿教师要掌握一定的发声技巧,以实现工作中声音的美感及艺术性。

二、发声基础

(一) 发声的物理基础

语音具有一切声音所共有的物理属性,即声音是由音高、音强、音长、音色四个要素构成。

1. 音高

音高就是声音的高低。它取决于发音体在单位时间内振动次数的多少(频率),振动次数多,频率大,声音就高,振动次数少,频率小,声音就低。就语音来说,频率大小取决于声带的长短、厚薄、松紧。女子、儿童声带较短、较薄,发音时频率大,声音高;男子声带较长、较厚,发音时频率小,声音低。

音高决定于声波频率高低,它可以扩展我们的音域。同一个人能够控制自己的声

带改变音域,使声音产生高低曲折的变化。如:mā(紧)、má(松—紧)、mǎ(紧—松—紧)、mà(紧—松)。

2. 音强

音强指声音的强弱,它取决于声波振幅的大小,体现在我们对音量大小变化的控制。振幅小,声音弱;振幅大,声音强。振幅大小又取决于发音时用力的大小,用力大,呼出的气流对发音器官的冲击就强,声波振幅就大,声音就强,反之则弱。

3. 音长

音长就是声音的长短,它取决于发音体振动时间的久暂,体现声音持久与否的控制力。在语音中,发音体振动时间持续的久暂又取决于发音动作延续时间的长短,延续时间长,发音体振动的时间就长,声音就长,反之则短。

4. 音色

音色也叫音质,指声音的特色和本质,是声音的个性特征。音色取决于声音振动形式的异同,表现为声音虚实的变化。语音中音色的变化,主要受发音器官状况的不同和发音方法的变化影响。

(二) 发声的生理基础

发音器官是我们在说话过程中参与发音动作的器官,这些在发音中起着不同作用的器官按呼出气流的方向自下而上分成三个系统:

1. 动力系统(动力区)

指为人体发音提供动力的系统,主要由肺、气管、横膈膜以及相关肌肉组成。通过胸廓的运动、膈肌的运动来改变胸腔的周围径和上下径,使处于胸腔中的肺吸进和呼出气流。

2. 声源系统(声源区)

主要指喉和声带。由肺呼出的气流经过气管通过喉部时,处于喉部的声带在气流的作用下产生振动,发出声音。由于喉部肌肉的运动使喉部的状态发生变化,从而使声带的长短、厚薄发声改变,致使发出声音的音高、音色产生变化。

3. 成音系统(调音区)

即共鸣系统。声道在喉以上主要有喉腔、咽腔、口腔、鼻腔;喉以下有胸腔。

声带振动发出的声音我们称为喉原音。喉原音很微弱,但经过共鸣后声音得到美化,会形成不同的语音音色,也就会

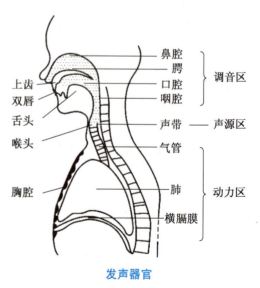

发声器官

有不同的声音色彩。

（三）发声的心理基础

教师授课发声不同于一般的语言发声过程，它涉及听觉机制产生的一系列信息在神经、大脑中的反应和感知，这是发声的心理基础。

一个命题在说话人大脑中产生到被听话人理解，整个过程可以分为言语的产生、传输和感知。这个过程有些是物理基础决定的，比如声波的传输；有些是生理基础决定的，比如发音器官的运动，而决定说什么，怎么说，对方感知并做出回应，我们自己感知自己的声音，并判断说话内容对错，都是由心理基础决定的。

三、幼儿教师职业发声特点

幼儿教师的职业发声，整体上以实声为主、虚实结合。口语化用声，状态自如、声音流畅、清晰圆润，声音变化幅度不大，但层次丰富，表情达意准确。

 巩固训练

一、声音的物理属性有几个要素？每个要素各取决于什么？
二、人体的发音器官有哪几个系统？各有什么作用？
三、幼儿教师职业发声特点是什么？
四、大声朗读诗词、短文和幼儿故事，注意体会语音四要素的变化。

浪淘沙·九曲黄河万里沙

刘禹锡

九曲黄河万里沙，
浪淘风簸自天涯。
如今直上银河去，
同到牵牛织女家。

校园早晨

沿着校园熟悉的小路，清晨来到树下读书，初升的太阳照在脸上，也照着身旁这棵小树。亲爱的伙伴，亲爱的小树，和我共享阳光雨露，请我们记住这美好时光，直到长成参天大树。

三只小猪上幼儿园

牧场里开满了花朵，蜜蜂嗡嗡地飞来飞去。就在这个时候，三只小猪——木木、花花和嗡嗡出生了。

三只小猪每天在牧场里跑来跑去，调皮捣蛋。三只小猪也想帮忙做家务事，但是你看，他们就是这样子！猪妈妈和猪爸爸商量道："送孩子们到幼儿园去吧，怎么样？"

"嗯……"猪爸爸想了想说:"那样也好。"

第二天早上,木木、花花和嗡嗡就跟着妈妈到小猪幼儿园去了。"哇,这么多小猪呀!"三只小猪吓了一大跳。"来,大家先来打个招呼。""老师早!""小朋友早!"忽然,木木大声哭了起来,边哭边说:"妈妈不见啦。"花花和嗡嗡听见后也跟着哭了起来:"妈妈……"其他小朋友们很开心地开始做体操了,只有三只小猪一直向着牧场那边望。

"嘟——"老师吹起了哨子。她对木木、花花、嗡嗡说:"快来,快来,跟大家一起来赛跑吧,要摸一下白杨树,才能跑回来喔,看看谁能跑第一! 来,站在我旁边。排在这里。这儿有空位……"老师指导三只小猪排好了队。"预备——跑!"真快! 真快! 三只小猪都跑得特别快。大家都休息了,可三只小猪却精神抖擞地又跑了一圈。

放学了,妈妈来接三只小猪啦。"老师,再见!""小朋友,再见!"三只小猪告诉老师和朋友们说:"我们明天还来玩,我们喜欢上幼儿园了。"木木、花花和嗡嗡,三只小猪一路赛跑回牧场去了。

拓展延伸

保护嗓子的方法

第二节　用气发声训练

案例导学

马老师是一名刚工作的新老师,园长让她上一堂主题活动课,课程的名称是《桃树下的小白兔》。夏老师准备很充分,它把故事读了很多遍,又准备了挂图、装有桃花瓣的信封等。课开始了,她先是通过桃花引出故事,然后带着同学们欣赏故事,可是在她讲述故事的过程中小朋友们听得心不在焉,有的小朋友甚至跑到她面前拿走了装有桃花瓣的信封。下课后园长把她喊到办公室,对她的课进行了指导,谈到讲故事环节,园长给了她一个建议,告诉她讲故事时一定要注意故事中角色的转换,不同的角色要用不同的声音,例如:小兔子的声音可以细一些,老山羊的声音可以粗一些,这一切可以通过气息去调节。夏老师回家后感到很苦恼,因为她根本不懂气息,要怎么样用气息才能让声音有多种变化。

学海畅游

一、呼吸的基本方法

常见的呼吸方法有三种,即胸式呼吸、腹式呼吸和胸腹式联合呼吸。

(一)胸式呼吸

胸式呼吸,又叫浅呼吸。它主要靠上体肋骨扩大胸腔的水平度来呼吸,吸气时横膈膜下降程度很小,腹肌基本没有运动;呼气时,只把肌肉放松以恢复原状。这种呼吸,吸入的气流量少,气息浅。发高音时,显得中气不足,容易造成喉头及颈部肌肉的紧张,声音干瘪,缺乏弹性。在讲故事中模仿一些声音比较尖、细的小动物声音时适用。

(二)腹式呼吸

腹式呼吸,又叫深呼吸。这种呼吸法的特点为吸气时腹部明显凸起,由于它主要靠膈肌升降完成呼吸运动,因而胸廓周围径基本不变。腹式呼吸法,吸入气流量较多,呼气发声时呼出气流量较多,气流强度、流量有一定幅度的变化。从发声角度分析,采用腹式呼吸法时声音往往显得深、重、低、沉。在教学讲故事中一些粗犷、深沉的声音可以采用此种呼吸方式,例如:模仿老人的声音,大熊、猪等高大或憨厚的动物的声音可采用腹式呼吸法。

(三)胸腹式联合呼吸

胸腹式联合呼吸,也称胸部与横膈膜并用式呼吸。它不是简单的胸式呼吸法和腹式呼吸法,而是指胸、腹所有呼气器官都参与了呼吸运动,使胸廓、横膈膜及腹部肌肉控制呼吸的能力得到合作,不但扩大胸腔的周围径而且扩大胸廓的上下径,因而能吸入足够的气息,气息的容量大,也就是我们艺术发声中所说的"气沉丹田"。另外,由于能够稳定地保持住两肋及横膈膜的张力和来自小腹收缩力量形成的均衡对抗,有利于形成对声音的支持力量。

二、用气发声训练

(一)吸气要领及训练

1. 吸气要领

吸入肺底,两肋打开,腹壁站定。"吸入肺底"是指找到吸到肺底的感觉,引导气息通达体内深部,使膈肌明显收缩下降,有效地增加进气量。"两肋打开"是吸气时在肩胸放松的情况下使下肋得到较为充分的扩展,此时,膈肌与胸廓的运动产生联系。一般感觉两肋打开,以左右的平衡运动为主,尤其后腰部感觉较为明显。

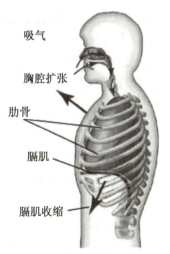

吸气

胸腔扩张

肋骨

膈肌

膈肌收缩

吸气过程

"腹壁站定"是吸气时在胸部扩张的同时,应使腹部肌肉向小腹"丹田"位置(肚脐下方三个手指处)收缩,上腹壁保持不凸不凹的状态。

2. 吸气训练法

(1)闻花香:平稳地坐于凳子上,闭上双眼,双手轻轻放在腰部两侧,想象面前有一束鲜花,深吸一口气,将香气全部吸进来,吸气时肩膀不上抬,胸口不紧绷,腹部慢慢扩张,吸气沉入腹部。

(2)半打哈欠:不张大嘴打哈欠,气息瞬间进入,腹部膨胀,胸腔扩张,腰带周围也有胀满的感觉。

(3)快速吸气:想象自己急于要找的人突然就出现在前方,准备呼喊,这时两肋会快速提起,迅速吸气。此刻吸气类似于倒吸气,气息在不知不觉中迅速吸入肺底。快吸时要注意保持慢吸时"两肋打开、吸入肺底、腹壁站定"的基本状态,只是将慢慢吸气改为在不经意间一张嘴的一瞬间立即吸气到位。

(二)呼气要领及训练

1. 呼气要领

产生稳劲的状态,保持气息持久力,熟练掌握调节方法,使呼吸运动自如。"产生稳劲状态"是指呼气时仍适当保持吸气感觉,用吸气肌肉群的力量抵挡呼气肌肉群的力量,使呼气变得规则、均匀,达到稳劲控制呼气的目的。"保持持久力"是指呼气维持时间长。它有两层含义:一是一口气能维持多久,发出多长的音节;二是长时间保持良好的呼吸状态。要想呼气保持持久须积极锻炼。

2. 呼气训练法

(1)吹灰练习:假设面前有一张桌子,上面布满灰尘,请将上面灰尘吹掉。吹气时要缓缓地、有力地吹,找到吹灰过程中腹部收缩、紧绷的感觉。

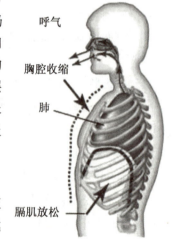

呼气过程

(2)自行车漏气法:深吸气后均匀吐气,吐气时不间断发"si"的声音,流出的气流要匀量匀速。反复练习后一口气吐出时应能持续30～40秒的时间。

(三)呼吸发声综合训练

1. 腹肌的发声训练

(1)站立发声法:站立,喉部放松,用腹肌爆发力将气集中成束送至口腔前部,有力发出"哈嘿嚯呵",体会腹肌弹发力量。

(2)平躺练习法:平躺在地面上,在腹部上放一摞书,先做慢吸慢呼动作,使腹部缓缓地起落,反复几遍之后,做快吸慢呼动作。快吸时,我们能体会到腹肌迅速向丹田位置收缩,而且不能使书本倾倒,慢呼时自然地、轻松地带出平稳的"鱼"音。

2. 膈肌的发声训练

小狗喘气发声练习:

(1)变开口为闭口,吐气时可发"si"的音,这样可以减轻气流对喉部的摩擦,通过练习体会膈肌弹发的感觉。

(2)变无声为有声。在呼气同时发"嘿"音。发这个音的步骤分为两步:第一步深吸气先发一个扎实的"嘿"音,发音时喉咙放松,声音会宽厚圆润、洪亮有底气。第二步是在膈肌单声强发状态稳定下,增加连续发音的次数:"嘿嘿嘿嘿嘿……",感受腹部和膈肌的力量带动发声的状态。如此经常练习可以使我们的呼气和发声更好地挂钩在一起,也能通过发声让我们感受到气息对于声音支持的稳劲的力度。

3. 呼吸运用综合性训练

(1)慢吸慢呼:用深吸气的方式吸入气息,发元音"a"的延长音。用自己最舒服的声音,声音逐渐由小到大,由低到高,由近到远,由弱到强。喉部放松,气息要通畅自如,气流集中地打到硬腭前发出。

(2)慢吸快呼:保持深呼吸吸气的正确状态,吸气之后,用一口气尽量说又多又快的话,可以用简单重复的绕口令来练习。如:吃葡萄不吐葡萄皮……,班干部不管班干部……。

(3)快吸慢呼:用快速吸气法吸气,并保持住气息,呼气时缓缓呼出,配合声音,平稳均匀。例如:阿毛在远处,你发现了他,你抢吸一口气,然后拖长腔去喊他:"阿——毛——"呼喊时声音要真实,不要太假。当气息不够时停下来,重新换气再喊。

(4)快吸快呼:用快速吸气法吸气,吸完就用,呼出时速度要快,有意识感受膈肌弹发的感觉,可采用快板书进行训练。

➡ 小示例

快板《道德规范说一点儿》

甲:来到学校文明点儿,见到老师礼貌点儿。

　　帮助同学热情点儿,对小朋友关心点儿。

　　听讲时专心点儿,学习上认真点儿。

　　写作业干净点儿,成绩就会提高点儿。

乙:粗话脏话禁止点儿,随地吐痰监督点儿。

　　公共设施爱惜点儿,不在墙上画一点儿。

　　花草树木保护点儿,环境才会美一点儿。

甲:听一点儿,记一点儿,交通规则遵守点儿。

　　过马路小心点儿,公路上少玩点儿。

　　这样才会安全点儿,家庭就会幸福点儿。

乙:对待老人孝敬点儿,接人待物热情点儿。

心里自然愉快点儿,身体就会健康点儿。

公民爱国守法点儿,城市道德规范点儿。

社会环境优美点儿,对人诚实守信点儿,家庭就会和睦点儿。

甲:最后再来补充点儿,文明点儿,礼貌点儿。

乙:宽容点儿,自信点儿,热情点儿,道德点儿。

甲:爱国点儿,守法点儿,明理点儿,诚信点儿。

乙:勤俭点儿,自理点儿,敬业点儿,奉献点儿。

甲、乙:说完了,意见您就少提点儿。

【分析】 说快板是训练气息的"快吸快呼"最有效的方式,训练中甲、乙两人交替进行,有助于气息的快速训练和气息的调整。

(四)换气训练

幼儿教师在从事教育教学活动过程中,尤其是诗文诵读、讲故事等教学活动中,为了更好地表情达意,抒发情感,需要进行换气处理。通过有效的换气处理,使声音更加圆润饱满,使言语内容更具有艺术性、审美性,使情感表达更加灵活,更加真实。

1. 换气要领

句首换气应无声到位,句子当中应小量补充,句子之间应从容换气,句子结尾应余气托送。

2. 换气的基本方法

(1) 偷气:以极隐蔽的方式,不为人察觉地迅速进气,偷气是腹肌在一瞬间的松弛动作。偷气常用于语句中的小量补气和紧凑的句子换气之时。例如:

北京人民广播电台。//各位听众,现在播送//北京市气象台/今天晚上六点钟发布的北京地区天气预报。

(2) 抢气:抢气有抢夺的感觉,为了情感和内容表达的需要,专门让人知道换气,不顾及有没有杂音,明抢气口。例如:

她噙着泪水/说出了藏在心里的话:"//离家前,//妈妈嘱咐我://'大城市的人/好欺负乡下人,//一个山里妹子/更得处处留心。'/可在北京,//我却遇到了这么多好心人。"(《情满区委大院》)

(3) 就气:就气听感上有停顿且实际上不进气,运用体内余气予以补贴。往往有一种腹肌往外推的感觉,实际上就是我们声断气不断的状态。例如:

她名叫胡春荣,//是四川省东部山区/来京服务的/小保姆,年仅十八岁。[①]

3. 换气训练

(1) 绕口令练习

出东门,过大桥,大桥前面一树枣,拿着竿子去打枣,青的多,红的少,一个枣儿、两个枣儿、三个枣儿、四个枣儿、五个枣儿……十个枣儿,十个枣儿、九个枣儿、八个枣

---

① 说明:"//"表示从容换气,"/"在不同的小类中分别表示偷气、抢气、就气。

儿……一个枣儿。

（2）新闻稿件换气练习

在国务院新闻办今天召开的新闻发布会上，国家统计局发布了前 5 个月我国经济运行的情况，各项数据表明，前 5 个月，国民经济运行延续了稳中向好的态势，国民经济发展的协调性和稳定性增强。

（五）气息与情感

1. 情感种类

人的情感大致可以分为喜、怒、忧、思、悲、恐、惊等几种。幼儿教师在教育教学过程中，可以通过气息调节表达这几种情感。这就要求教师须掌握气息与情感变化处理的基本规律，以此来实现情与气的有机结合，更好地传递情感。

2. 情感与气息呈现关系

（1）当人们欢悦、激动的时候，多半是提气的状态，气满而声高。

（2）当人们气愤、恼怒的时候，多半是憋气的状态，气粗而声重。

（3）当人们悲伤、失望的时候，多半是长呼气的状态，气缓而声沉。

（4）当人们惊慌、恐惧的时候，多半是倒吸一口气状态，气提而声促。

（5）当人们思念、赞美的时候，多半是托气的状态，气缓而声柔。

小示例

桃树下的小白兔

小白兔的家在一棵桃树下，那儿有草地、鲜花，还有一条小溪，整天叮叮咚咚响。

春天，桃树开花了。暖和的风吹过，花瓣落下来，好像下了一场粉红色的雪。

小白兔捡起花瓣，想起许多朋友：“我要把这些花瓣寄给我的朋友。”小白兔把花瓣放进信封里，往天上一撒，说：“飞吧，飞吧，快飞到朋友们的身边去。”

老山羊收到了信，他说：“啊，这是一张多么美丽的书签哪！”小猫收到了信，她说：“这是一只多么漂亮的发夹呀！”小松鼠收到了信，他说：“这是一把有香味儿的扇子呢！”小蚂蚁也收到了信，她把花瓣当成了船，乘着船儿在水里荡呀荡呀，真是美极了。

收到礼物的动物们一起去看望小白兔，看到桃树时，动物们都惊奇地喊起来：“呀！小白兔送的礼物，原来是桃花呀！”

小白兔说：“欢迎，欢迎，欢迎大家来做客。”大家围着桃树，唱起了春天的歌，跳起了欢快的舞。

【分析】　这个故事讲述的是：春天来了，小白兔将花瓣寄给自己的朋友们，和朋友们一起分享她的快乐。朗读故事时要采用上扬的语调和兴奋的语气，根据情感主要采用气满而声高、气缓声柔的气息处理模式，既表现出小动物们欢快、激动的心情，也表现出小动物们赞美与陶醉的情感。同时，在故事讲述中要通过声音的粗细、刚柔、虚实变化区分小动物们的角色。

 巩固训练

一、什么是胸腹式联合呼吸？这种呼吸法有什么特点？

二、吸气与呼气的要领各是什么？请结合要领加强吸气和呼气练习。

三、换气方式有几种？每种方式如何处理？

四、根据情感提示，朗读下面几句话，注意科学地使用气息表达情感。

表示欢快之情：妈妈，妈妈，你今天真漂亮！

表示恼怒之情：谁让你动我的东西？

表示悲伤之情：哎，又没考好！

表示惊慌恐惧：谁？谁在外边？

表示思念之情：去年的生日是妈妈陪我一起过的。

五、感受分析朱自清先生散文《春》的思想情感，思考采用怎样的气息来表情达意，并大声朗读这篇散文。

春

朱自清

盼望着，盼望着，东风来了，春天的脚步近了。

一切都像刚睡醒的样子，欣欣然张开了眼。山朗润起来了，水涨起来了，太阳的脸红起来了。

小草偷偷地从土里钻出来，嫩嫩的，绿绿的。园子里，田野里，瞧去，一大片一大片满是的。坐着，躺着，打两个滚，踢几脚球，赛几趟跑，捉几回迷藏。风轻悄悄的，草软绵绵的。

桃树、杏树、梨树，你不让我，我不让你，都开满了花赶趟儿。红的像火，粉的像霞，白的像雪。花里带着甜味儿；闭了眼，树上仿佛已经满是桃儿、杏儿、梨儿。花下成千成百的蜜蜂嗡嗡地闹着，大大小小的蝴蝶飞来飞去。野花遍地是：杂样儿，有名字的，没名字的，散在草丛里，像眼睛，像星星，还眨呀眨的。

"吹面不寒杨柳风"，不错的，像母亲的手抚摸着你。风里带来些新翻的泥土的气息，混着青草味儿，还有各种花的香，都在微微润湿的空气里酝酿。鸟儿将巢安在繁花嫩叶当中，高兴起来了，呼朋引伴地卖弄清脆的喉咙，唱出婉转的曲子，跟轻风流水应和着。牛背上牧童的短笛，这时候也成天嘹亮地响着。

雨是最寻常的，一下就是三两天。可别恼。看，像牛毛，像花针，像细丝，密密地斜织着，人家屋顶上全笼着一层薄烟。树叶儿却绿得发亮，小草儿也青得逼你的眼。傍晚时候，上灯了，一点点黄晕的光，烘托出一片安静而和平的夜。在乡下，小路上，石桥边，有撑起伞慢慢走着的人，地里还有工作的农民，披着蓑戴着笠。他们的房屋，稀稀疏疏的，在雨里静默着。

天上风筝渐渐多了，地上孩子也多了。城里乡下，家家户户，老老小小，也赶趟儿似的,一个个都出来了。舒活舒活筋骨,抖擞抖擞精神,各做各的一份儿事去。"一年之计在于春",刚起头儿,有的是工夫,有的是希望。

春天像刚落地的娃娃,从头到脚都是新的,它生长着。

春天像小姑娘,花枝招展的,笑着,走着。

春天像健壮的青年,有铁一般的胳膊和腰脚,领着我们上前去。

【分析】 作品展现的是一个欣欣向荣、多姿多彩、全方位的春景图。前一部分作者以欢快的情感描述了春的画面,后半部分作品欢快的调子则变得舒缓而沉静,因此在朗诵时应注意气息的控制,时而是气满而升高,时而是气缓而声柔,但声音变化幅度不宜太大,层次要丰富。

拓展延伸

>>>>>>

打开喉咙发声

第三节　吐字归音训练

案例导学

曾有一位学生向老师倾诉:自己很努力学习普通话,经常请同学们帮忙指导,声母、韵母以及声调也没有问题,但就是没能通过普通话水平测试,这让她很郁闷。老师认真听完她的倾诉后指出了几个问题。例如:减(jiǎn),她在发音时发出的音类似于紧(jǐn),闯(chuǎng)的发音重点听到了"ang"的音,而"chu"的音很弱,老师告诉该同学,她存在的问题重点在于吐字归音不好,圆唇音不归音,字头叼不住,字腹立不起。

学海畅游

吐字归音是我国传统说唱理论中提及咬字方法时所用的一个术语。从汉语音节特点出发,把汉字一个音节的发音过程分为字头(字头＝声母＋韵头)、字腹(字腹＝韵腹)、字尾(字尾＝韵尾)三个阶段。吐字归音训练就是要将以上三个阶段发声到位,以实现字正腔圆。

一、吐字归音要领

尽量将每个字发音过程处理成"枣核型",字头为一端,字尾为一端,字腹为核心。这要求我们要掌握吐字归音的发音要领。

"枣核型"发音

1. 出字(字头):部位准确,叼住弹出

出字是指声母成阻、持阻阶段的发音特点,它要求成阻要有一定的力度,成阻部位的肌肉一定要有紧张度,出气要有力。成阻的力量不是"咬"住,因此成阻要用巧劲而不要用拙劲。

2. 立字(字腹):拉开立起,圆润饱满

立字部分是吐字归音的核心部分。从吐字的枣核型来看,字腹部分须做到拉开立起。拉开是指时间上的感觉,立起是空间上的感觉,通过拉开立起使发音到位、充分、饱满、响亮、圆润。复韵母发音时舌位的移动和唇形的变化要做到快速而自然。

3. 归音(字尾):弱收到位,趋势鲜明

字尾归音处于音节发音的最后阶段,对于音节发音的完整性很重要,无论有无韵尾的音节都有归音的问题,所以对于字尾的归音要求是要弱收到位。"弱收"是指音节结尾的发音要做到气渐弱,力渐松,尾音轻短,这样便于音节发音的完整和音节之间的区分。"到位"是指有韵尾的音节,字尾音素的舌位发音时要达到规定的位置,干净利落收住。

二、吐字归音训练

(一)口腔控制练习

1. 开口训练

(1)打开牙关。打开牙关是指打开后槽牙,打开时要有弹性,不要太僵硬。训练时可采用咬苹果的方式进行体会。

(2)提起颧肌。两嘴角向斜上方抬起,口腔前部及上颚有展宽的感觉,上唇与上齿较为贴合。

(3)挺起软腭。挺起软腭可以增加口腔后部的空间,减少气流过多灌入鼻腔,避免造成鼻音。训练时可寻找半打哈欠的感觉。

(4)放松下巴。打开口腔时,下巴一定要放松,否则会导致喉部紧张疲劳。训练时可用手扶住下巴,然后慢慢抬头打开口腔,再缓缓低头关闭口腔。

2. 唇部力量训练

双唇是咬字的器官,唇的控制对吐字质量有明显的影响。在发音时加强唇的力量可以使声音清晰、集中,双唇松懒声音发出来则散漫、无力,唇形不正确还会使字音出错,影响语义。

(1)咧:双唇紧闭再用力向前撅起,然后将嘴角用力向两边伸展。嘴唇要有始终抓

住牙齿运动的感觉,也就是唇齿相依。练习过程中寻找向前撅起是"点",向两边伸展是条"线"的感觉。

（2）绕:双唇闭紧向前撅起,沿唇部的上、左、下、右方向转动,做完 360 度再反方向转,然后反复转动。

（3）喷:双唇紧闭,将唇的力量集中于唇中央三分之一处,堵住气流,唇齿相依,不裹唇,突然连续喷气出声,发出 p 的音。

3. 舌部力量训练

（1）刮舌:舌尖抵在下齿背,上齿背接触舌前部,随着嘴的张开,上齿背沿舌面中纵线从前往后刮动,注意舌面中纵线一定要明显隆起与上门齿接触刮动。口腔开度不好,舌面音 j、q、x 发音有问题的同学可以多做此练习。

（2）顶舌:首先闭起双唇,用舌尖顶住左内颊,用力顶,然后再用舌尖顶住右内颊,左右交替做同样的练习。

（3）立舌:将舌尖向后,贴住左侧槽牙齿背,然后将舌沿齿背推至门齿中缝,使舌尖向右侧力翻,接着做相反方向的练习。这一练习对改变边音 l 的发音有益。

（4）转舌:首先要闭起双唇,然后将舌尖放置于唇内齿外,可以顺时针或逆时针进行 360 度转动。

（5）伸舌:把口张开,鼻孔会有微张的感觉,然后将舌头努力向外伸,舌尖越尖越好,伸完后再缩回来,最大限度缩回,如此反复练习。

（6）舌打响:将舌尖顶住硬腭,用力持阻,然后突然弹开,发出类似"de"的响声。

（二）训练注意点

吐字的综合感觉可以概括为:拢、弹、滑、挂、流。"拢"指发音有关部位着力点向口腔中部集中;"弹"指字音从口腔出去时灵活轻快、弹发有力;"滑"指吐字过程中唇舌对音素的过渡要有滑动感;"挂"指字音出口前要"挂"在硬腭前部;"流"指字音在口腔内要有沿中纵线向前流动的感觉。

发音吐字为了达到上述感觉,须注意以下几点:

第一,要把"字头"部位找准确,在准确部位上适当用力,用"字头"力量来带动整个字音的响度,字头不能太长,这是字正的基础。

第二,"字腹"是字音里最长的一段。要"字腹"响亮就要适当地扩大声腔,一般开口度和深度要比日常语言略大、略后。

第三,"字尾"要根据声音的高低和升降决定收音的宽窄。高音和升调收得宽,低音和降调收得窄些。从"字腹"过渡到"字尾"气流要逐渐地由强到弱,口腔肌肉由紧逐步放松。这样才能恰如其分地归音到位。

（三）吐字归音练习

【词语练习】

版本	报表	白班	被窝	辨别	必备	兵变
方法	丰富	夫妇	肺腑	纷繁	防范	复方

到底	低调	懂得	独到	对待	定点	断电
可靠	开阔	扣款	困苦	空壳	克扣	开垦
前期	请求	全权	轻巧	鹊桥	亲情	气球
种植	庄重	政治	战争	支招	珍珠	着重
最早	脏字	总则	曾祖	藏族	做作	自责
安然	凹凸	暗示	爱好	挨打	奥运	昂头
雅言	延长	月光	一场	叶子	友人	勇气
慰问	委婉	往外	玩完	无我	文物	外围
缘分	雨花	预习	语感	孕育	远方	云朵

【绕口令练习】

1. 粉红墙上画凤凰,凤凰画在粉红墙。红凤凰,粉凤凰,红粉凤凰,花凤凰。

2. 太阳从西往东落,听我唱个颠倒歌。天上打雷没有响,地上石头滚上坡。江里骆驼会下蛋,山上鲤鱼搭成窝。腊月炎热直流汗,六月寒冷打哆嗦。妹照镜子头梳手,门外口袋把驴驮。

3. 六十六岁刘老六,修了六十六座走马楼,楼上摆了六十六瓶苏合油,门前栽了六十六棵垂杨柳,柳上拴了六十六个大马猴。忽然一阵狂风起,吹倒了六十六座走马楼,打翻了六十六瓶苏合油,压倒了六十六棵垂杨柳,吓跑了六十六个大马猴,气死了六十六岁刘老六。

4. 你会糊我的粉红活佛,来糊我的粉红活佛,你不会糊我的粉红活佛,别胡糊乱糊糊坏了我的粉红活佛。

巩固训练

一、吐字归音要领是什么?

二、唇、舌部训练有哪几种方法?

三、朗读韵文《笠翁对韵》,注意每个音节的吐字归音。

天对地,雨对风,大陆对长空。山花对海树,赤日对苍穹。

雷隐隐,雾蒙蒙,日下对天中。风高秋月白,雨霁晚霞红。

牛女二星河左右,参商两曜斗西东。

十月塞边,飒飒寒霜惊戍旅;三冬江上,漫漫朔雪冷渔翁。

河对汉,绿对红,雨伯对雷公。烟楼对雪洞,月殿对天宫。

云叆叇,日曈朦,腊屐对渔蓬。过天星似箭,吐魂月如弓。

驿旅客逢梅子雨,池亭人把藕花风。

茅店村前,皓月坠林鸡唱韵;板桥路上,青霜锁道马行踪。

山对海,华对嵩,四岳对三公。宫花对禁柳,塞雁对江龙。

清暑殿,广寒宫,拾翠对题红。庄周梦化蝶,吕望兆飞熊。

北牖当风停夏扇,南帘曝日省冬烘。

鹤舞楼头,玉笛弄残仙子月;凤翔台上,紫箫吹断美人风。

拓展延伸

>>>>>

歌唱中的咬字、吐字

第四节　共鸣控制训练

案例导学

　　洋洋同学每次上课最讨厌的事情就是被老师提问,她讨厌的原因不是因为老师提问的问题她不会,她讨厌的是不管哪个老师都会不约而同地对她说一句:"请你把刚才的答案再重复一遍好吗? 刚才我没听清楚。"她很奇怪,她每次发言声音都很大,为什么老师们都会说没听清楚呢? 终于有一天,口语老师为她指出了问题所在,让她茅塞顿开。老师对她说:"洋洋同学,你说话的时候口腔开合度不够,音含在了嘴里。还有,因为口腔不开,导致气流大都从鼻腔中流出,使你在发音时鼻腔共鸣过重,让声音变得很浑浊,就像堵在那里一样,听你讲话的人经常会听不清你在说什么。你可以试着张开嘴说话,这样就可以减弱你的鼻腔共鸣,更多使用口腔共鸣,你的声音就会变得饱满、响亮、清晰一些。"在老师的指导下,洋洋开始进行练习,果然,她的声音有了很大的变化。

学海畅游

一、共鸣含义

　　共鸣是指物体因共振而发声的现象。共振是指两个振动频率相同的物体,当一个发声振动时,引起另一个物体振动。当人们说话时,声带因振动而发出的声音叫基音,基音是单薄无力的,它的声波能引起人体内各个共鸣体发生共振,产生泛音。基音在共鸣腔内引起的共振就是人声的共鸣。

二、共鸣腔体及其作用

　　共鸣腔体自下而上分别是胸腔、喉腔、咽腔、口腔、鼻腔、头腔。

(一)胸腔

　　胸腔是由肋骨支撑的胸廓,它包括气管、支气管和整个肺部。由于胸腔容积较大,而且体积较固定,所以它是不可调节共鸣。胸腔共鸣作用时,胸部会有明显的振动感,它对低音声波共鸣的作用比较明显，所以胸腔共鸣会使声音听起来浑厚、结实。

（二）喉腔

喉腔是我们喉原音发出后经过的第一个共鸣腔，它的状况会直接影响到声音的质量。在发声时，喉头要放松，喉头若束紧，喉腔会被挤扁，声音就会偏扁，不利于形成喉腔共鸣。

（三）咽腔

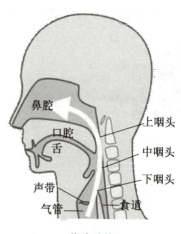

咽腔也叫作咽管，它是一个前后稍扁的漏斗状肌管。咽腔是一个重要的共鸣腔，是重要的共鸣交通区，对于扩大音量、润色音色起着重要的作用。

共鸣腔体

（四）口腔

口腔是咬字和吐字的重要器官，是发声过程中最灵活的可以调节的腔体，它可以根据舌位、唇形的改变而获得不同的音色，是最重要的共鸣腔。良好的口腔共鸣可以使我们的字音明亮结实，圆润动听。

（五）鼻腔

鼻腔共鸣是声波在鼻骨上的振动，也就是将声音的焦点定位在鼻腔，因此声音会显得明亮、高亢，但若过度使用鼻腔共鸣会降低语音的清晰度，使音色浑浊。

（六）头腔

头腔包括鼻腔、鼻咽腔和鼻窦等，它们属于固定空间，声波共振属于无气息的共鸣。由于体积小，位置高，这种共鸣色彩明亮，声音集中而柔和，因此头腔共鸣也叫作高音共鸣，它在声乐中比较常用到。

三、共鸣控制训练

（一）口腔共鸣控制训练

口腔是发音器官中最复杂、动作最灵活的腔体，口腔共鸣的训练可以使我们的声音变得更加明朗、圆润、集中。发音时要注意鼻腔关闭，不要产生鼻泄露。

（1）bā—dā—gā　pā—tā—kā

（2）发复韵母 ai、ei、ao、ou 音，口腔自然上下打开，牙关打开，笑肌微提，声波沿口腔上颚的中线向前滑，朝着上牙齿齿背方向进行推送。

（3）朗读表达喜悦、兴奋、轻松、愉快心情的词语。例如：

喜笑颜开　　心花怒放　　眉开眼笑　　喜出望外　　扬眉吐气　　神采奕奕

（4）练习朗读象声词。例如：

吧嗒嗒　　滴溜溜　　咕隆隆　　劈啪啪　　哗啦啦

咣当当　　呼啦啦　　呼啦啦　　乒乓乓　　扑通通

(二)胸腔共鸣控制训练

胸腔的空间及共鸣能量大,发出的声音具有宽度和深度,可以让声音变得浑厚、结实、有力。发音时要在上胸部蓄满一口气,喉头下沉,振动声带,声音沿着与气流相反的方向传到肺部,此时胸部明显感到振动,从而产生共鸣。胸腔共鸣是口腔共鸣不可缺少的基础。但胸腔共鸣不可过多运用,否则容易造成声音低沉、浑浊,含混压抑。

(1)用手轻轻地按着胸腔上方,用较低的声音发"ha"音,可以从高到低,从实到虚,体会哪一段声音在上胸腔的振动最强烈,在这个声音段里多使用这样的共鸣状态发出声音。

(2)练习使用夸张法读下列字词:

百炼成钢　　　山河美丽　　　中流砥柱　　　英明伟大　　　普天同庆

(三)鼻腔共鸣控制训练

鼻腔共鸣是通过软腭来实现的。当软腭放松,鼻腔通路打开,口腔某部关闭,声音在鼻腔中得到了共鸣。鼻腔共鸣会使声音洪亮、高远、厚重,但过多使用会降低声音的清晰度,使音色浑浊,有堵和腻的感觉。

(1)鼻辅音+口腔元音:ma—mi—mu

　　　　　　　　　　　na—ni—nu

(2)m哼唱使硬腭之上的鼻道中的气息振动和软腭的前部扯紧。

　　n哼唱使软腭中部振动并扩大鼻咽腔。

　　ng哼唱使软腭后面的垂直部分振动并打开鼻咽腔的下面部分。

(3)练习朗读下面的语句:

妈妈　　　大妈　　　光芒　　　中央　　　接纳　　　头脑　　　南方

朝霞冉冉升起,东方透出微明。

你听,你听,国旗的飘扬声。

蓝蓝的天上白云飘,白云下面马儿跑,挥动鞭儿响四方,白鸟齐飞翔。

巩固训练

一、什么是共鸣?

二、共鸣腔体有哪些?对音色有什么影响?

三、读下面的绕口令和句子,体会如何运用口腔及胸腔共鸣来增强语音的表达效果。

我爱家乡的山和水,山清水秀实在美;果树满山飘芳菲,池塘清清鱼儿肥,风送谷香沁心扉,丰收美景诱人醉。发自肺腑唱一曲,歌声绕着彩云飞。

东——方——红。太——阳——升。向——前——进。

阳——光——明——媚。乘——风——破——浪。

四、朗读张抗抗的散文《牡丹的拒绝》节选部分,注意体会含有高元音 a 的音节的共鸣控制。

牡丹的拒绝

其实你在很久以前并不喜欢牡丹。因为它总被人作为富贵膜拜。后来你目睹了一次牡丹的落花,你相信所有的人都会为之感动:一阵清风徐来,娇艳鲜嫩的盛期牡丹忽然整朵整朵地坠落,铺散一地绚丽的花瓣。那花瓣落地时依然鲜艳夺目,如同一只被奉上祭坛的大鸟脱落的羽毛,低吟着壮烈的悲歌离去。

牡丹没有花谢花败之时,要么烁于枝头,要么归于泥土,它跨越萎顿和衰老,由青春而死亡,由美丽而消遁。它虽美却不吝惜生命,即使告别也要展示给人最后一次的惊心动魄。

所以在这阴冷的四月里,奇迹不会发生。任凭游人扫兴和诅咒,牡丹依然安之若素。它不苟且、不俯就、不妥协、不媚俗,甘愿自己冷落自己。它遵循自己的花期自己的规律,它有权利为自己选择每年一度的盛大节日。它为什么不拒绝寒冷?

天南海北的看花人,依然络绎不绝地涌入洛阳城。人们不会因牡丹的拒绝而拒绝它的美。如果它再被贬谪十次,也许它就会繁衍出十个洛阳牡丹城。

于是你在无言的遗憾中感悟到,富贵与高贵只是一字之差。同人一样,花儿也是有灵性的、更有品位之高低。品位这东西为气为魂为筋骨为神韵,只可意会。你叹服牡丹卓尔不群之姿,方知"品位"是多么容易被世人忽略或漠视的美。

——节选自张抗抗《牡丹的拒绝》

拓展延伸

 >>>>>>

面部口腔操

第四章

幼儿教师态势语训练

3～6岁的幼儿思维以具体形象思维为主,抽象逻辑思维尚处于萌芽状态。这就要求幼儿教师必须设法让自己的教育教学活动充满动感、美感,在讲求口语表达的科学性、艺术性的同时,使用态势语这种特殊的语言表达形式,作为有声语言的铺垫、补充和深化,使整个教育教学活动具有强烈的直观性和艺术性。相比有声语言,体态语言更为形象、生动,更能激发幼儿主动学习的热情。教师通过动作、姿态、目光、表情等形象的体态语言与幼儿进行思想和情感的交流,能更有效地完成教学目标,对幼儿的兴趣、爱好、意志的培养以及在帮助幼儿健康成长为一个"社会人"等方面有重大作用。

1. 培养职业认同感,借助态势语塑造亲切温和的师表形象。

2. 了解态势语的基本概念及在幼儿教育教学中的作用。

3. 熟练掌握各种态势语的特点和运用技巧。

4. 自觉培养和提升态势语言运用的能力,在教育、教学、保育活动中恰到好处地使用态势语辅助口语表达。

第一节 幼儿教师态势语概述

案例导学

上午吃完早饭后,小班孩子们都在教室里玩耍和休息。上课时间到了,玲玲老师环视了一下教室,然后有节奏地拍起手:×,×,×××,孩子们听见了赶紧坐到小凳子上,伸出小手随老师一起拍手："啪！啪！啪啪啪！啪！啪！啪啪啪！"。玲玲老师面带微笑，亲切地看着小朋友们，边拍手边说："请你跟我拍拍手!"孩子们一起拍手回答："我就跟你拍拍手!""请你跟我……""我就……（边说边做动作）"一会儿，教室里的嘈杂声就没有了，玲玲老师开始进入教学活动。

【分析】 在这短短的两分钟时间里，玲玲老师运用了手势、眼神和微笑三种体态语，在幼儿喧闹的情况下，只用了简单的体态语加上有声语言就让幼儿安静下来并做好上课准备。这就是态势语的魅力。

 学海畅游

一、态势语的含义

态势语又称体态语言。"体态语言"这个词，是美国心理学家雷勒·伯德惠斯特尔在1963年正式提出的，涉及的领域包括目光语、手势语、表情语和姿势语等。它是一种利用表情、眼神、手势、身姿等非语言因素配合有声语言传递信息、表情达意的言语辅助形式，是口语交际中经常使用的辅助手段。

幼儿教师态势语是建立良好师幼关系和传授知识经验的一种特殊语言，是幼儿教师通过身体有关部位发出的用来与幼儿交流思想、表达情感、传递信息、表明态度的一种无声语言。

二、幼儿教师态势语的作用

美国心理学家、哈佛医院儿童心理咨询部主任罗伯特·布鲁克斯曾说："体态语言对于教师帮助学生保持长时间注意以便于完成任务而言，不失为一种强有力的措施。"幼儿教师的态势语是老师和幼儿信息传递和情感交流的必要手段，对于教学活动的开展、提高活动效果、增强师幼沟通来说，都发挥着不可替代的作用。有时，体态语的交流是口头语也无法取代的，其效果胜于口头语言。

（一）有利于幼儿身心发展

幼儿教师的一言一行、举手投足，都对幼儿的身心发展有直接的影响。在很多情况下，老师的态势语言往往比口头语言更有表现力，更能使孩子的身心健康发展。如孩子刚入园时会对环境不适应，恐惧担心，老师除了教孩子唱歌游戏、讲孩子爱听的小故事以分散他们的注意外，还可以用体态语言，把孩子轻轻搂在怀里，缓缓地拍着他的背部；或脸贴着他的脸，嘴里轻轻地说些安慰的话等。这样可以使孩子觉得在幼儿园像在家中一样温馨，在老师身边像在妈妈身边一样安全。再如，老师蹲着和孩子谈话，让他们和老师面对面且目光平视，这样可以给孩子一个和善、平等的感觉。

（二）有助于提高教育教学效果

心理学研究表明：幼儿在接受信息时，靠单一的感觉（如听觉）易于疲倦，导致注意力分散。若在幼儿以听觉为主接受信息的同时，幼儿教师能适当运用体态语言，从不同

的角度刺激幼儿的感官,有利于幼儿视听觉有机结合,促进教育教学效果的提高。

幼儿对语言的理解需要实物的帮助,例如:看图片、看实物、看表演等。幼儿教师在教育教学活动中运用态势语,其实也是一种形象性、趣味性的表演。幼儿教师的体态语言具有形象性、情景性、丰富性,通过身姿体态、举手投足、目光神情等动态直观的形象、富有趣味的肢体语言,来辅助有声语言,传递出各种信息,充分调动幼儿的学习兴趣,激发幼儿动脑、动口、动手的积极性,使有声语言的表现力和感染力得到升华。

➡ 小示例

中班语言活动《多变的圆圈圈》活动结束环节,刘老师笑眯眯地拉起幼儿的手,组织幼儿围成一个大圈,带着小朋友们一起边做动作边说:"小圆圈,变变变,变成一个……"的句子,把故事中出现过的圆的东西都说了一遍,又引导幼儿想想还有哪些东西是圆的,并用刚刚的句式说出来。她还用手势示意幼儿顺着圆圈一个接着一个来。说不出来的幼儿,刘老师就用语言配合着动

作提示,并以眼神鼓励,孩子们在游戏中又认识了许多圆形的东西,玩得可开心了。

【分析】 刘老师主动拉起幼儿的手做游戏,在游戏中以微笑带动幼儿的情绪,营造活动氛围,以手势、身体动作等体态语增添游戏的趣味性,激发幼儿兴趣,也锻炼了幼儿的语言表达能力,培养了幼儿的自觉性和秩序感。

(三)有利于师幼感情沟通

在平时的教育教学过程中,教师良好的体态语言对幼儿学习的积极性和师幼情感的增进起催化作用。教师和蔼可亲、精神饱满,有利于营造愉快轻松的教学氛围,幼儿在这种和谐轻松的气氛中往往能较轻松地投入学习。

如:在教学过程中,教师以鼓励、信任的目光关注胆怯的幼儿,该幼儿会大胆地举手发言;教师以赞赏语气肯定调皮幼儿的某一个小小的成功,幼儿会长时间控制自己的不良行为,专心听教师讲。总之,教师的一个亲切目光、一个赞许微笑、一个肯定点头都会缩短教师与幼儿的心理距离,增进双方情感,激发幼儿学习热情。反之,教师精神萎靡、表情冷漠严肃,幼儿会感到害怕、紧张,整个教学气氛冷清,如果教师仅仅是传授者、导演,幼儿只是接受信息的容器,或是观众,这会导致幼儿无所适从,无法集中注意力学习,学习的主体性也无从谈起。

三、态势语言运用的原则

(一)目的性原则

目的性是态势语言艺术的出发点,教师在教学过程中运用态势语必须以实现教学

目的为出发点,为完成教学任务服务,创设良好的课堂教学气氛,使教学变得生动活泼,引起学生学习的兴趣,集中学生的注意,使学生的情绪处于愉快状态,以饱满的精神参与教学活动,从而提高教学效果。离开了教学目的的态势语,随便随意,兴之所至,对教学会产生负效应。

(二)适度性原则

态势语的运用需遵循自然得体、适时适度的原则。在教学活动中,幼儿教师的表情、手势和身体姿势都要根据幼儿的年龄特点和教学内容恰如其分地运用。教师应正确看待体态语,大胆合理地运用体态语,不要畏首畏尾;但也切忌装腔作势或刻板生硬,要把握好时机和度,该用则用,不可滥用,过度使用只会分散幼儿注意,适得其反。

(三)综合性原则

幼儿教师要综合运用各种态势语言,不要总单一使用某些固定手势,还应学会运用丰富友好的面部表情以及协调的身体动作,将三者结合起来恰当运用,达到事半功倍的效果。

(四)亲切性原则

所谓亲切,就是幼儿教师要心中有爱,以关爱为前提设计并运用态势语言。热情、亲切、和蔼,面带微笑,动之以情,发之于心,真正打动孩子,感染自己。

(五)个性化原则

幼儿教师的态势语要具有个性特点。态势语并没有什么固定不变的模式,幼儿教师要根据自己的个性特点和实际需要创造性地使用态势语。

 **巩固训练**

一、什么是态势语?幼儿教师态势语对教育教学有什么作用?

二、幼儿教师运用态势语须遵循哪些原则?

三、根据儿歌,编一个态势语游戏(手指游戏)。

一个虫虫飞呀,飞到哪里去?

两个虫虫飞呀,飞到哪里去?

三个虫虫飞呀,飞到哪里去?

四个虫虫飞呀,飞到哪里去?

好多虫虫飞呀,飞到哪里去?

四、观看优秀幼儿教师的公开课录像片断,仔细观察其态势语言,并分析其所流露的情感,在班级同学中交流讨论。(扫描本书目录下方的二维码或自己上网检索观看)

拓展延伸

 >>>>>>

名人眼中的态势语

第二节　表情语和目光语

 **案例导学**

区域活动后,老师告诉孩子们,要选出优秀的作品张贴到墙上,被选中作品的孩子们奔走相告:"老师夸奖我了!"受到鼓舞的阳阳也拿着自己的作品兴高采烈地跑到老师身边:"老师,你看,我画的火箭!"老师正在看其他孩子的作品,回过头看了一下阳阳的画,只见画纸上黑黢黢的,只能大概看出个轮廓,于是眉头一皱,嘴一撇:"画的什么呀?这哪像火箭?"顺势将纸扔进了垃圾桶,阳阳满是期待的脸一下子黯淡了,低下头咬着嘴唇回到了座位上,整整一天,阳阳一直不快乐。

孩子们的作品张贴完后,剩下的作品被老师"请"到了垃圾桶里。有的孩子趁老师不注意,又将自己的"宝贝"捡了回来,放到了书包里。

【分析】　幼儿具有很强的向师性,教师的一举一动都会对幼儿产生潜移默化的影响。案例中的老师对阳阳的作品表现出"皱眉、撇嘴"的表情,已严重地伤害了幼儿的积极性。如果老师对待孩子的提问或举动不以为然,甚至是讽刺挖苦,将会影响孩子的身心发展。

学海畅游

一、表情语

(一) 表情语的含义及作用

表情语是肢体语言的重要部分,指的是人的面部表情,即通过面部表情来交流情感,传递信息。

人的面部表情是无声的语言,是内心情感在脸上的表现,是情绪的外化,可以显示比语言复杂得多的信息。表情不仅能给人以直观印象,而且还能给人以情绪感染。它同有声语言配合,能产生极佳的交际效果。人的面部表情由脸颊、眉毛、眼睛、嘴巴的动作来体现,配合起来多种多样,可以表达十分丰富的意义和感情。

1. 微笑

微笑是一个人自信、乐观、积极向上的心理状态反映,是最常见的表情语。对于幼儿教师来说,在日常的教学中,教师应该和蔼、亲切,热情开朗,时常带有微笑。

微笑是从老师嘴型变化里流露出来的积极、愉快和善意的情绪。幼儿的心理十分脆弱,他们需要甘露滋润,教师的一笑也许会影响幼儿终身。当胆怯幼儿大胆举手回答问题时,教师要用微笑去鼓励和赞扬;当幼儿遇到困难时,要用微笑激励他战胜困难;当

幼儿有过失时,要用微笑谅解。

因此,教师一踏进教室就应面带微笑,随时调节自己的心理,始终给幼儿亲切、和蔼、信任,让幼儿在宽松、和谐的环境中成长。

➡ 小示例

中班的小朋友凯凯胆小孤僻,令家长忧心忡忡。在幼儿园,每当老师的目光与他对视时,他马上就显得很不自在,而且红着脸。有时老师和他聊天,他总是一言不发。慢慢地,老师注意在各种场合对他微笑,并常常向他提出要求:"凯凯,请对我笑笑!"。活动中,老师偶然发现他和小朋友在一起做游戏,老师立即带着微笑加入他们的行列;吃饭时看见他安静地大口吃饭,并吃得干干净净,老师立即在全班小朋友面前带着微笑表扬他。时间长了,凯凯学会了主动向老师微笑,主动向老师打招呼,变得开朗了,家长的脸上也露出了舒心的微笑。

【分析】 "请对我笑笑!"在老师微笑的期待中,凯凯体会到了老师的爱,也学会了爱。在这种教育环境中,教师的体态语言发挥了特殊作用,能提高幼儿参与教学的积极性和主动性,同时也激发了幼儿学习的兴趣。

2. 随机表情

教师的面部表情应随着教育活动情景的变化而产生变化,因为教育教学内容丰富多彩,教育对象千变万化,所以,除了微笑外,教师也应当运用多种表情,显示表情语的丰富性,它能使课堂教学丰富、生动,充满活力和吸引力。如教师在讲述故事时,能随着故事情节的变化,运用丰富多变的面部语,嘴唇半开表示惊讶疑问,全开表示惊骇等,这些小小的面部语变化能感染幼儿的情绪情感,活跃氛围,在活动开展中起着重要的作用。

例如:在讲述故事《狼和小羊》中,当大灰狼出现要吃掉小羊时,教师用横眉冷对、面色铁青来表现狼凶狠残暴的表情;而当小羊哀声哭泣,请求大灰狼放掉自己时,教师用面容哀凄、眉目低垂表现出小羊忧虑、痛苦的表情;当小狗、小猫、小马、大象帮助小羊赶跑大灰狼时,教师用满面笑容表现出大家高兴、欢喜的表情。这样,不仅使《狼和小羊》这一故事深深地留在了孩子们的脑海里,而且也使孩子们对不同情绪、情感的表达有了一定的理解。

(二)表情语训练

1. 微笑训练

双颊肌肉用力向上抬,嘴里念"E"音,用力抬高口角两端,注意下唇不要过分用力,或者口中含一根细长的筷子,对着镜子,做最使自己满意的表情。

2. 表示兴趣

眉毛微微上扬,双眼略略张大,口部微张,嘴角略上翘。

3. 表示满意

面露微笑,点头。

4．表示亲切

双目微眯，嘴角微翘，面露微笑。

5．表示严肃

眉毛微皱，双唇紧紧抿在一起。

二、目光语

（一）目光语的含义及作用

目光语是运用眼睛的动作和眼神来传递信息和感情的一种态势语言。俗话说："眼睛是心灵的窗户"，眼神具有十分丰富的传情达意功能，且能够反映人的深层心理活动，是极为重要的体态语，对人们的生活、工作具有十分重要的意义，对于幼儿园的教学也有其独特的作用。

幼儿园课堂教学中运用目光语言很重要，它可以沟通师生感情，是维持良好课堂氛围的纽带，教师赞赏、鼓励、信任的目光给幼儿以信心；批评、否定的目光给幼儿以警告、提示。同时幼儿的眼神给教师教学的反馈，幼儿兴奋的目光激发教师组织教学热情；烦躁不安的目光提示教师调节教学进度和内容、方法。教师从幼儿眼神微妙的变化中捕捉幼儿内心世界及学习情绪的变化，获取教学的反馈信息。

（二）幼儿教师目光语的运用技巧

幼儿教师目光语基本要求：亲切、自然，富有美感，覆盖面广，以鼓励为主。在实际教学中，教师要特别注意观察幼儿的眼神，以此调节自己的教学，同时也要注意自己眼神的运用。

1．环视

环视指教师目光覆盖全班幼儿。环视表明教师对全班幼儿的关心和尊重，心中有全体幼儿，同时又能控制课堂秩序，提醒幼儿听课。整个教学过程中教师不时用热情的目光环视全班幼儿，使全班幼儿都感到被重视，学习的积极性、主动性高，教学的目标达成率高。常用的环视路线如右图所示。

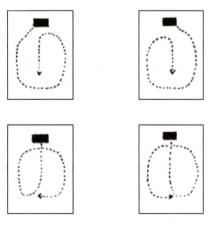

教师环视常用路线

2．注视

注视指教师根据教学需要把目光投注到个别幼儿身上。长时间的注视会对对方产生威慑作用。所以，教师可以采取长时间注视的方法警告违纪幼儿，这比口头批评有更好的警示作用。注视还能因材施教，如对于胆小的幼儿给以鼓励他大胆发言的目光，对于回答错的幼儿给以他宽容信任的目光，对于骄傲的幼儿给以提示继续努力的目光。

小示例

一天,小王老师去幼儿园大班上课,上课铃声响了,她满怀热情地走向教室,但却发现孩子们还在嬉笑、追逐打闹。小王老师一句话也没说,运用目光语组织课堂教学:在教室门口用慈爱中透着严肃的目光环视教室,等待孩子们都坐下、安静下来;接着她走上讲台,再次环视教室,把目光投向每一个孩子;又注视着个别仍然在讲话的孩子,把目光停留在他们身上,直到他们把注意力集中起来。

【分析】 一名优秀的幼儿教师,往往善于用眼神的交流来维持课堂秩序,组织课堂教学。小王老师不说一句话,课堂却趋于安静,正是因为她运用了合理到位的目光语。

巩固训练

一、请根据括号里的提示,大声地朗读下面的语句,同时进行表情语训练。

1. 小蝌蚪找到了青蛙妈妈,高兴地喊道:"妈妈! 妈妈!"(满脸笑容地)

2. 小白兔得意地看着在后面爬着的乌龟。(下巴抬高,眼神朝下,嘴角微咧)

3. 孔雀展开屏,骄傲地走在森林里。(头抬高,下巴往上扬,眼睛半眯缝着)

二、将全班同学分成几组,采用分组竞猜方式,一人描述高兴、好奇、厌恶、失望、愤恨等情绪,一人表演出相应的表情。看哪组选手表演逼真,用时最短。

三、读下面的句子,用恰当的表情表演出来。

1. 青蛙听了,"咯咯"地笑了起来:"傻孩子,我就是你们的妈妈呀!"

2. 小白兔不好意思地说:"哎呀,真是对不起,我敲错门了!"

3. 大灰狼流着口水问:"你是谁? 你为什么一个人在森林里? 你的篮子里藏着什么呀?"

4. 老虎一听,很生气,大声说:"什么? 居然有这样的事?"

5. 丑小鸭忽然发现了自己映在水里的影子:"啊! 我是这么漂亮,我怎么从来都没有发现呀!"

四、目光语情境练习:模拟师生问好。

从教室门口走到讲台前,站稳,目光扫视全班幼儿,然后和全班幼儿互致问候。要求自然、从容,态度和蔼。

五、请根据下面的情境,两人一组进行目光语训练。

1. 小朋友们正在做手工,小轩东张西望,还转过身想要和小美讲话,请用目光语制止他。

2. 胆小的妞妞今天举起小手要发言了,用目光语鼓励她。

3. 今天的演出很成功,用目光语告诉孩子们老师对他们的表现很满意。

4. 浩浩午睡的时候又尿床了,感到很不好意思,请用目光语安慰他。

拓展延伸 >>>>>>

丘吉尔演讲

第三节 身姿语和手势语

 案例导学

思思老师正在给幼儿讲《母鸡萝丝去散步》的故事,突然有个小朋友站起来大声说"老师,这个故事我听过了。"故事被打断。思思老师笑眯眯地说:"那不如我们合作把后面的故事讲给其他小朋友听吧。"说着,伸出手臂去邀请他。思思老师让该幼儿接着说,自己蹲在他旁边听着,还不时点头微笑,根据故事内容做出相应的表情和动作,讲漏的地方就提示一下,然后用眼神鼓励他继续。所有的小朋友都津津有味地听着、看着,好像在看好看的动画片一样。

【分析】 思思老师没有批评这个打断教学活动的幼儿,反而伸出手臂邀请他一起来讲,让幼儿很快回到故事中。思思老师蹲下来与"合作伙伴"平齐,减轻该幼儿的紧张感。为了以防其他幼儿觉得无趣、不集中,思思老师将动作和表情恰当地融入故事中,增加了故事的趣味性。

学海畅游

一、身姿语

身姿语是指通过身体的姿态来传递信息和情感的一种肢体语言,包括头姿、站姿、行姿、坐姿等。身姿不仅能表现人物的内心活动,强化口语信息的表达效果,还可以反映出一个人的气质、风度和素养。

(一)身姿语的类型

1. 头姿

头姿语是通过头部的活动变化来表达特定含义,包括点头、摇头、侧首、低头等。一般来说,点头表示赞成和肯定;摇头表示否定和拒绝;侧首可以表达多种信息:关注、怀疑、沉思或欣赏;昂头表示自信;低头可能包含有消极的信息(低头看书除外),等等。

幼儿教师在上课时,应抬头挺胸、精神饱满,向幼儿展示自己良好的精神状态和对教学内容的胸有成竹;在幼儿回答问题时,以点头这种姿态表示赞同,不打断学生说话,表示自己在聆听并鼓励幼儿继续说下去;侧耳倾听表示对幼儿的关注和欣赏。

2. 站姿

古人强调"站如松",我们也常说:"站有站相",指的就是人在交际活动中,站立应当

有一个得体的姿态。站姿一般分为两种形式：一种是自然式，两脚基本平行，相距与肩同宽；另一种是前进式，两脚一前一后，相距适中。无论哪种站姿，其基本要求都是：身正、肩平、腰直、脚稳，给人以振作端庄、沉稳有力的感觉。

幼儿教师以站在讲台、教室中间的时间居多，要注意克服驼背、塌腰、凹胸、斜肩等毛病。上身可略微前倾，头部倾向说话对象，给人以亲切感。

正确站姿

3. 坐姿

坐姿通常指人们坐着时候的姿态，是人们日常起居中最常见的样态，能准确地传达出人内心的精神状态。良好的坐姿让人感觉舒适，不易疲劳，展示幼儿教师文雅、稳重、大方的感觉。

正确坐姿

（1）坐姿基本要求

幼儿教师坐姿的基本要求是端正。臀部坐椅面的三分之一到三分之二之间，上体自然挺直，头正、挺胸、立腰。双膝、双腿自然并拢，上体与大腿，大腿与小腿呈两个自然的90度，双手自然地放置于腿上，目光平视前方，面带微笑，入座起座左入左出，动作轻缓。面对幼儿坐姿端正，坐姿过于随意，如弓背塌腰、双腿叉开过大、跷二郎腿等,这样的坐姿给人缺乏教养和懒散懈怠的印象。

（2）坐姿注意事项

女教师穿裙入座时,要用手轻佛裙摆向前拢,男教师入座后,双腿并拢或与肩同宽。坐下时不可晃脚尖、用脚敲击地面;忌拖拉座椅响声大,忌起坐过猛;忌两膝分得过开,左右摇晃;忌双脚藏在椅子下或勾住椅凳腿;女教师还要避免叉开两腿、跷二郎腿、两手夹在大腿之间、裙子掀起露出大腿等。基本的坐姿有如下五种:

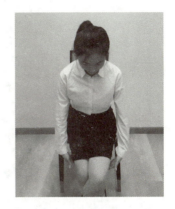

穿裙入座

并拢式　　　交叉式　　　交叠式　　　斜靠式　　　前伸后屈式

4. 行姿

行姿指的是一个人在行走时的姿态。走路时要昂首阔步,它能给人以自信、沉稳、庄重的感觉,从而使人产生信赖与尊敬。行走时左顾右盼,步幅与速度不够适宜,显得不够稳重。教学中,幼儿教师的步履要稳健而轻盈,不摇晃,不拖沓,不匆忙,也不能跳跃。在教室中走动的频率要适当,不停地走动会使幼儿感到不踏实,不稳定,站着一动不动又使人觉得没有活力。

要求:正身,收腹,直腰,平视,臂松(夹角一般在 $10°$ 或 $15°$),脚尖微向外或向正前方伸出,跨步均匀,步幅约一只脚到一只半脚,有节奏感。身体微向前倾,重心随脚步移动,不要将重心停留在后脚,脚着地和后脚离地时伸直膝部。

正确行姿

5. 蹲姿

著名教育家裴斯泰洛奇说:"父母蹲下来和孩子说话,不但拉近了与孩子的物理距离,更拉近了与孩子的心理距离。它体现了父母对孩子民主、平等的态度和对孩子的尊重,从而使孩子更愿意听从父母的教诲,接受父母的忠告。"作为幼儿园老师,在和幼儿交流时,教师从站着到蹲下,不仅仅是简单的姿势变换,更体现了教师对幼儿的尊重和热爱,拉近与孩子的距离,让孩子感受到心理上的平等,感受到老师的亲近。

正确蹲姿

蹲姿训练要求：

下蹲时，应自然、得体、大方，不遮遮掩掩。

下蹲时，两腿合力支撑身体，避免滑倒。

下蹲时，头、胸、膝关节在一个角度上。

女士无论哪种蹲姿，都要腿靠紧，臀向下。

小示例

小远正在画自己喜欢的动物，A老师走到小远身边，蹲了下来："你这画的是什么呀？"小远："小鸟！"A老师笑了："你这小鸟也太个性了吧！"小远也忍不住呵呵笑了起来。A老师笑着说："这是两只眼睛，嘴巴呢？"看看小远："小鸟的嘴巴是尖尖的呀！"小远有点儿难为情，A老师和他一起在小鸟儿的头上添上了尖尖的嘴巴。又提示着他修改小鸟的翅膀和尾巴。小远改过之后，转过头让A老师看："这回呢？"A老师："这回好看多了，那你想让小鸟儿飞在哪儿呢？"小远想了想："飞在自己家里面……"A老师："那你给它画个小房子？"小远又想了想："我还是画一棵大树吧，大树就是小鸟儿的家。"A老师："好。"小远就在水彩笔里挑出需要用的颜色，认真地画了起来。

【分析】 示例中，A老师和小远交流时运用了"蹲"这一身势语，在指导幼儿的过程中，蹲着与幼儿一起交流和讨论，会给幼儿一种鼓励性质的积极引导，以平等的身姿或者以同伴、角色的身份参与到幼儿的游戏之中，与幼儿一起探索遇到的问题，共同完成任务，以支持的方式实现指导的目的。

二、手势语

(一) 手势语的含义及作用

手势语是运用人体上肢表达思想、传递信息的一种体态语言。幼儿教师手势语是指教师根据需要，用手或胳膊的动作来传情达意的态势语言。由于手势语具有表情具体、意义鲜明、形象感强、动作幅度较大的特点，得体地运用手势语，会使讲话更有吸引力和说服力，具有美感。

手势语言对幼儿教育教学十分重要。学前儿童心理学表明：幼儿时期的记忆以表象记忆为主,教师传递信息辅以手势,幼儿回忆时借助生动形象的手语来联想有声语言,便会牢固记住学习的信息。

幼儿教师手势语基本要求为:自然得体,恰当准确,目的明确,节奏明快,手势幅度上不过头、下不过胸。有学者曾说过,手是会说话的工具。在幼儿活动中,教师的手势语可以使语言更加生动形象、富有表现力。

小示例

小班语言公开活动《世界上最好听的声音》,其中第三环节的提问:

师:鸟妈妈觉得世界上最好听的声音是什么?

幼:小鸟啄蛋壳的声音。

师:为什么它觉得鸟宝宝啄蛋壳的声音最好听?

刚开始没有一个幼儿回答出来,在出现冷场的时候,教师做了一个抱娃娃的姿势。幼儿马上有了回应。

幼1:喜欢。(回答还不够完整,教师马上追问)

师:谁最喜欢谁呢?(教师顺势又点了点图片上的鸟妈妈和鸟宝宝)

幼2:鸟妈妈喜欢宝宝。

师:对呀,鸟妈妈最喜欢鸟宝宝了,这是它的心肝宝贝呀! 所以它认为鸟宝宝啄蛋壳的声音最好听。

【分析】 案例中的老师用了一个小小的环抱动作,达成了活动目标,体现了体态语在教学活动中的重要性。

(二)手势语的类型

手势语包括手指、手掌、手臂及双手发出的能承载交际信息的各种动作,手势表达的含义相当丰富,幼儿园教学手势语一般分为情意手势语、指示手势语、象形手势语、象征手势语等。

1. 情意手势

情意手势即表示某种意向的手势,常常用来表达或强调说话人的某种思想感情、情绪、意向或态度。例如:当幼儿答对问题后,教师轻轻拥抱他,他会感到骄傲,他举手发言的积极性会倍增。如当孩子没自信时,老师握拳上举,表示"加油! 努力! 老师相信你一定行!"当孩子表现出色时,老

情意手势

师就跷起大拇指,表示"你真棒!"当某孩子在做"坏事"时,老师就伸出手左右摇晃,表示"不可以,不要去做!"

2. 指示手势

指示手势指教学中用于组织、指导幼儿学习的手语。常用的有两种形式：食指指示和手掌指示。食指指示一般用于教师指示幼儿注意观看黑板或教具的某一重点，手掌指示一般用于请幼儿起立（双手掌心向上）、请幼儿坐下（双手掌心向下）、单手掌引导幼儿观看板书、举手、请幼儿发言等。

指示手势

3. 象形手势

象形手势主要用来描摹比画具体事物或人的形象、外貌等。比如，双臂拢成一个圆形置于身前（表示猪八戒挺着圆滚滚的肚子），这就是用手势描摹了猪八戒肚子的圆形。

4. 象征手势

象征手势是用某种特定姿态表示某种意义的手势。幼儿教师常用的象征手势有"V"型手势、"O"型手势（好）、"T"型手势（暂停，停止）、竖拇指（赞赏、表扬）、鼓掌（表扬、鼓励、加油）等。

巩固训练

一、有的老师喜欢在上课时手叉着腰，有的甚至喜欢把双手背在身后讲课。有人认为这是老师个性的表现，学生慢慢就习惯了，有的认为这是老师老成持重的表现，有的认为这是很不雅的体态。你的看法如何？

二、列举不同教师讲课中站立、走动、板书、擦黑板、展示教具、弯腰拾物时的不同身姿，选出你认为最得体的一种进行模仿训练。

三、分小组练习站姿、坐姿和行姿，并进行互评。

四、为下面的儿歌配上手势语。

包子卷子

包子这么大，
卷子这么长，
打开一看里面包着糖，
左看看，右看看，
宝宝尝一尝。

五、为下面的句子配上手势语。

1. 美美，你真是好样的！

2. 什么是爱？爱不是索取，而是奉献！

3. 我们能对这种丑恶现象熟视无睹吗?

4. 美好的童年生活,像滚滚长江之水,一去不复返了。

5. 中国人民是无所畏惧的,就是天塌下来,我们也顶得起。

六、根据以下情景做出相关手势语,并在老师指导下反复练习。

1. 请幼儿站起。

2. 请幼儿坐下。

3. 请幼儿上讲台。

4. 请幼儿下讲台。

5. 夸奖幼儿。

6. 请大家安静。

七、根据下面的提示,边读儿歌边做手势语。

狼狗和番茄

园里的番茄圆又大,(右手握拳,做番茄状)

躺着睡觉不说话。(握拳的手贴右边脸颊)

来了一只大狼狗,(左手小指和食指跷起,其他手指捏在一起,做狼狗状)

对着番茄咬一口,(左手狼狗"咬"右手番茄)

爸爸见了很生气,(双手叉腰)

快把狼狗赶出去。(双手向外摇摆)

拓展延伸

 >>>>>>>
手势语运用原则
幼儿教师礼仪操

第四节 外表语和体距语

案例导学

幼儿中三班的沈老师身材极好,长得很漂亮,思想也很开放。有一天,她给幼儿上课时,上身穿一件露肚脐的流行紧身衣,下着一条时髦的牛仔裤,裤子上还有很多大小不一的洞洞。当她刚走进教室,一群孩子就嚷开了:"老师,你的裤子怎么都坏了呀?"

【分析】 孩子们天真无邪的好奇的疑问,使得沈老师颇为尴尬。这说明,幼儿教师在选择时新的装扮款式上,不能太过于追求时髦,否则,幼儿们可能只会注意看你那怪异的服装而忘记了其他学习。

 学海畅游

一、外表语

幼儿教师外表语是通过教师服饰和打扮来辅助传递教学信息和影响教学效果的态势语言。教师的外表语言十分重要，是教师内在精神风貌、修养和对幼儿、对自己教学工作重要程度的表现。有人曾对幼儿喜欢的老师做调查，发现幼儿喜欢教师的原因之一是教师漂亮，穿的衣服好看等。因此，教师的外表语也会影响教育教学任务的完成。

幼儿教师的外表语主要包括服饰、发型、妆容及配饰等。

（一）服饰

服饰主要是指教师的衣着打扮，对教师容貌、仪态、风度、形体起衬托作用。服装颜色应该是以亮色调为主，因为活泼明快的颜色有利于幼儿智力的发展，还可以激发幼儿的想象力和创造力。比如，在炎热的夏季，你可以穿一件白色T恤，外加一条蓝色的背带裙（裤）。这种服饰色彩的搭配就比较活泼、鲜艳、清新，会很快地让幼儿产生"蓝天白云"的联想。服装样式应给幼儿一种朝气蓬勃、可亲可敬、体型健美的感觉，在体现时代特点的基础上有利于教师与幼儿一起进行各种活动及便于照顾幼儿生活。比如：中央电视台少儿节目主持人的服装（右图），犹如盛开的鲜花，从思维上开启了幼儿的想象力。

幼师服饰

（二）发型

幼师发型

幼儿教师的发型总的要求是清洁、简洁、朴素，少修饰，幼儿教师最好以自然的发型、自然的头发颜色面对幼儿。女教师或秀发披肩或短发俏皮或马尾精神，可以烫发但不宜烫染过于夸张的发型发色，表现给幼儿小朋友的是一个纯真、亲切、自然、充满爱心的大姐姐形象。男教师发型发色应当简洁自然，一般不宜留过长的头发，也不宜烫发。如中央电视台金牌少儿节目主持人鞠萍发型几乎没怎么变化过，有一年，她想换一种发型赶时髦。没想到，她的想法还没来得及付诸实施，就遭到了热爱她的全国少儿朋友们的强烈反对，结果鞠萍只好依然保留着她惯有的发型。

（三）妆容

"清水出芙蓉，天然去雕饰。"这句话用来描述幼儿教师的面妆再合适不过。如果一个幼儿教师整天涂脂抹粉、描眉画眼，只求把自己打扮得"光彩夺目"，那么，充满好奇心的幼儿们那有限的思维和注意力恐怕只能用来欣赏老师的"色彩斑斓"，无心学习。同时，幼儿具有很强的模仿能力，这样的装扮对幼儿是个很不好的示范。当然，幼儿教师轻描淡写地化点淡妆还是可以的。

（四）配饰

配饰指女教师的发夹、胸针、项链、耳环、手镯、戒指，男教师的领带、领带夹、皮包等。饰品与服装相配既有对比美，又有协调美，用得好，能够为服饰画龙点睛。教师在教育教学活动中，饰物以简单大方且不引人注意的款式较为理想，切忌复杂与堆砌。过于奇特、夸张甚至闪光的饰品都不宜出现在课堂上，因为看起来不够庄重，也会影响学生的注意力。

二、体距语

体距语指师幼相互交往中教师所处的角度和空间位置。它是幼儿与教师之间传递信息、交流感情的一种无声语言，是体态语言的重要组成部分。

师幼体距语

幼儿教师和幼儿之间体距的变化往往具有特定的含义，会给幼儿不同的心理感受，产生不同的效应。可以通过近距离接触，对身体不适的幼儿进行问候，使他们感到温暖、体贴；对个别幼儿进行近距离辅导时，幼儿会特别专心听讲，效果也会非常好；幼儿表现出色时，教师把他们搂在身边，能给幼儿极大的信心；幼儿开小差或表现不好时，教师近距离用眼神或手势（轻拍）提醒，能非常有效地制止；当教师请某个幼儿回答问题时，可走到他跟前，表示亲切，并给予鼓励。

当然，幼儿教师在工作中更多的是站在讲台上或一圈孩子围成圆圈（半圆）的圆心，主要活动空间是在黑板与讲台之间，常常要顾及全班小朋友，要注意与孩子保持一定的距离，这个距离内的每个孩子都能感受到教师在对自己说话，调动全体学生一起活动。教师也不能一直站在讲台上，而是结合教学环节和情景，适当调整与学生的空间距离。课堂提问时，教师常常走下讲台，靠近回答问题的孩子，可以使孩子感受到教师的关注，

更加开动脑筋思考,认真回答。

一般来说,幼儿教师在教育教学中运用体距语应遵循下列原则:

第一,体距变动要适度。一方面,教师既不能一直待在原地,不离开讲台一步,这样会使课堂气氛显得单调、沉闷,幼儿也会觉得这位教师严肃可畏,很难接近。另一方面,教师也不能在教室里频繁走动,给幼儿晃来晃去的感觉,不利于集中注意力,也容易扰乱学生的视线,加深学生的视觉疲劳。所以教师与幼儿间的体距变动要适度,应该每隔一段时间走动一下,可以从讲台的一侧走到另一侧,也可以走到学生中间去,如幼儿进行操作、手工、绘画时,教师就可以在教室里巡视。

第二,远近距离要适当。在师幼双向交流中,教师要根据教学目的的不同,适当地把握与幼儿间的体距。如果师生间的空间距离较近,一般给人亲近之感,但过近则容易使教师失去权威性;距离稍远,不利于彼此之间的互动,还有淡化语言淡化感情的效果,也能有一定的威慑之感。因此一定要根据谈话内容和谈话对象选择适当的空间距离。

第三,接近学生的机会要公平。一般说来,教师在课堂上与幼儿的距离远近表明他与学生感情的疏密。有的教师喜欢接近聪明、长相漂亮、有家庭背景的幼儿,这就使其他幼儿尤其是不爱表达、性格孤僻的幼儿受到冷落,觉得教师偏心,长期如此会对幼儿身心发展不利。所以教师要平等地接近每一个幼儿,对于性格内向或孤僻的孩子,教师要有意识地多接近他们。

巩固训练

一、自由讨论喜欢什么穿着打扮的老师,设想一下自己第一次登上讲台的服饰,并说明这样穿是想向学生传递什么样的信息。

二、依据下列情境设计服饰,并在小组里交流分享。

1. 去实习学校听课。

2. 去应聘学校面试。

3. 第一次上讲台上课。

4. 去省里参加幼儿教师职业大赛。

5. 去幼儿家家访。

三、情境训练:上台模仿同学之间、师生之间、与小朋友之间交谈时的空间距离,并进行适当的交谈,感受其效果。

拓展延伸 >>>>>>>

幼儿教师态势语禁忌

第五章

幼儿教师朗读训练

章节导引 →

朗读是用富有感染力的声音传递信息、表达思想感情的一种口语表达样式,是人们学习和传情达意的重要途径。朗读也是一切口语表达的基础。师范生通过朗读,能够不断巩固和提高普通话基础训练的成果,更能够不断习得和贮存大量词语和句式,习得灵活多样的言语组织技巧和表达方法,为教师口语表达训练打下较好的基础。

学前期是幼儿学习语言的最初和最佳时期,模仿又是幼儿学习语言的主要方式。一名幼儿教师能够用标准流畅的普通话,为孩子们声情并茂、圆转自如、生动活泼、富于童趣地朗读儿歌、童话、散文等,一定会受到孩子们的拥护和热爱。老师的美读不仅向儿童再现了作品的语言美和情趣美,而且激情的美读留给孩子们一个神秘崇高的形象——我的老师真行!我要像她一样!从而在幼儿心底升腾起阅读的欲望,其语言能力和阅读能力得以发展。

训练目标 →

1. 根据职业需要,形成较强的职业口语素养,声情并茂地朗读幼儿文学作品,并能科学指导幼儿诵读。

2. 掌握朗读的概念,了解朗读在幼儿园教学中的作用。

3. 掌握朗读的基本要求和表达技巧,能熟练地运用语调、重音、停连、节奏等朗读作品。

4. 掌握儿歌、幼儿诗、幼儿散文、幼儿童话、寓言等幼儿文学体裁的特点和朗读技巧,较好地体会幼儿文学作品的思想情感,并能声情并茂地朗读。

第一节　朗读概述

 案例导学

小小的船

叶圣陶

弯弯的月儿小小的船，

小小的船儿两头尖。

我在小小的船里坐，

只看见闪闪的星星蓝蓝的天。

【分析】《小小的船》是叶圣陶先生写的一首儿童诗。作者以优美的语言,形象的比喻,描绘出一幅奇妙的夜景图——月儿是小小的船,"我"正坐在船上看着闪闪的星星和蓝蓝的夜空。这首诗展现了孩子想飞上月亮遨游太空的美好愿望,诗中有景、有情、有韵,幼儿读起来朗朗上口,心情愉悦,充满童真童趣。

 学海畅游

一、什么是朗读

朗读是把书面文字转化为发音规范的有声语言的再创造过程。也就是说朗读要运用标准的普通话,把书面语言清晰、响亮、富有感情地读出来,变文字这个视觉形象为听觉形象。

要透彻理解朗读的定义,还得清楚以下两点:

(一)朗读使用的语言

朗读是一项创造性的口头语言艺术,需要创造性地还原语气,使无声的书面语言变成活生生的有声的口头语言。朗读对声音再现的要求是自然化、本色化、生活化,比自然口语更准确、更生动、更典型、更具美感。朗读的言语过于夸张,容易给人以装腔作势、假情假意的感觉;过于平淡,像"拉家常",又显得乏味。语言学家徐世荣说:"表情达意的语势有一定的限度,自然适当地读出轻重、疾徐、抑扬、顿挫等语调语气,却不过多地做艺术夸张,是质朴平正、字字落实的朗读,而非意气纵横、声情起伏跌宕的表演。"

(二)朗读者的身份

中央电视台《朗读者》节目卷首语说得好:"朗读者就是朗读的人,可以分为两部分

来理解,朗读是传播文字,而人则是展现生命,将值得尊重的生命和值得关注的文字完美结合,就是我们的《朗读者》。"朗读者的身份应是朗读者自己,既不完全是文章作者的代表或化身,更不是演员。有些人把朗读者和作者的身份混同起来,这样以作者的意图完全代替朗读者的目的,必然要束缚朗读者的创造力,同时还会给人虚假的感觉。

二、朗读的作用

朗读是一种高尚的精神享受,是一种有较高文化品位的口语表达样式,伴随着人们的工作、学习和生活,在许多领域都发挥着积极的作用。对于幼儿教育来说,朗读更是必不可少的一项言语活动。

(一)朗读是促进语言规范、提高口语表达能力的重要途径

朗读训练是普通话语音训练的继续、巩固和提高,又是口语表达各项基本技能训练的基础。朗读者可以把注意力集中在普通话声、韵、调的准确发音以及语流音变上,进一步熟练掌握普通话语音的规范。对精美文章反复地朗读,会增强对语言规范的敏感和鉴别能力,反之听到不正确的读音或词不达意、生硬不通的句子,就会从感情上感到不适,并加以排斥。坚持朗读练习还可以帮助我们学习和储存大量优美的词汇和句式,培养正确、流利、清晰、富于表情的说话习惯,有效地提高有声语言的表现力。

(二)朗读是培养语感、锻炼思维能力的有效方式

放声朗读文章,可以增强对语音、语义和语法的感受力,加深对文章内容的理解,有效地培养朗读者的思维能力。一个人的思维能力强了,他的概括能力、表达能力、组织语言的能力也就自然而然地强了。这些能力作用于口语表达上,必然会趋于简明、流畅、连贯、得体、有条理。一般而言,朗读能力强的人,他的口头表达能力通常也比较强。

(三)朗读是促进理解、提高阅读水平的有效方式

朗读能力往往体现一个人的阅读理解水平的高低。朗读者在深刻理解、体味作品的前提下,把书面语言难以表达的内在的情感变化,通过语气语调的抑扬顿挫、轻重缓急等各种技巧的运用表达出来,这就是语言艺术的再加工。朗读可以训练朗读者养成认真阅读、深入思考的好习惯,同时在朗读再创造的过程中,通过想象、联想,把语言符号转换成可观照的形象,可以更好地感知文章的美学因素,从中获得审美的愉悦和创造的快乐。

(四)朗读在幼儿园教育教学中有着特殊的作用

朗读作品是一种感化、熏陶的情感体验过程。童年时期从朗读活动中得到的宝贵教益,对一个人树立远大理想、振奋进取精神、激发斗争意志,都会产生巨大的作用。作为幼儿教师,朗读的基本功尤为重要。幼儿教师若能准确、优美、生动地朗读儿歌、绕口令、幼儿诗、童话故事等幼儿文学作品,既可以用优美动听的声音吸引幼儿的注意力,帮助幼儿更好地领会作品的内容和思想感情,又能给幼儿带来普通话音乐美的享受,充分展示普通话的语言魅力,使幼儿从小就热爱祖国的语言。

三、朗读的基本要求

（一）发音正确，吐字清晰饱满

要使自己的朗读优美动听，必须使用标准规范的普通话来朗读。即声、韵、调要发音规范，吐字归音准确无误，把每个字都读得标准清楚，才能为正确地表情达意奠定良好的基础。同时要正确掌握轻声、变调、儿化、"啊"的变读等音变现象。注意克服方音和方言语调，使语音纯正，声音圆润饱满。

（二）语句流畅，语调自然朴实

朗读时，要把语句读得明明白白、干净利落。要忠于作品原貌，不读错字、不添字、不漏字、不改字、不吃字（指把字音含糊不清地一带而过，没有读全）、不颠倒字词、不重复、不中断。朗读时采用朴素平实的语调，保持日常说话的自然和真实，又在此基础上多一点感染力。

（三）把握基调，以情带声，以声传情

朗读前充分阅读文章，把握文章的写作背景、思想情感脉络或写作线索，根据作品的内容、风格，把握文章的基调。朗读中恰当运用各种朗读技巧，停连得当，轻重适度，节奏鲜明，抑扬顿挫，条理清晰，寓意表达完整、明了，做到声源于情、以情带声、以声传情。

巩固训练

一、什么叫朗读？朗读有哪些基本要求？
二、对于孩子和幼儿教师来说朗读有什么作用？
三、结合朗读的基本要求，朗读作品《匆匆》。

扫码听朗读

匆 匆

朱自清

燕子去了，有再来的时候；杨柳枯了，有再青的时候；桃花谢了，有再开的时候，但是，聪明的，你告诉我，我们的日子为什么一去不复返呢？——是有人偷了他们罢：那是谁？又藏在何处呢？是他们自己逃走了罢：现在又到了哪里呢？

我不知道他们给了我多少日子；但我的手确乎是渐渐空虚了。在默默里算着，八千多日子已经从我手中溜去；像针尖上一滴水滴在大海里，我的日子滴在时间的流里，没有声音，也没有影子。我不禁头涔涔而泪潸潸了。

去的尽管去了，来的尽管来着；去来的中间，又怎样地匆匆呢？早上我起来的时候，小屋里射进两三方斜斜的太阳。太阳他有脚啊，轻轻悄悄地挪移了；我也茫茫然跟着旋转。于是——洗手的时候，日子从水盆里过去；吃饭的时候，日子从饭碗里过去；默默时，便从凝然的双眼前过去。我觉察他去得匆匆了，伸出手遮挽时，他又从遮挽着的手

边过去；天黑时，我躺在床上，他便伶伶俐俐地从我身上跨过，从我脚边飞去了。等我睁开眼和太阳再见，这算又溜走了一日。我掩着面叹息，但是新来的日子的影儿又开始在叹息里闪过了。

在逃去如飞的日子里，在千门万户的世界里的我能做些什么呢？只有徘徊罢了，只有匆匆罢了；在八千多日的匆匆里，除徘徊外，又剩些什么呢？过去的日子如轻烟，被微风吹散了，如薄雾，被初阳蒸融了；我留着些什么痕迹呢？我何曾留着像游丝样的痕迹呢？我赤裸裸来到这世界，转眼间也将赤裸裸地回去罢？但不能平的，为什么偏要白白走这一遭啊？

你聪明的，告诉我，我们的日子为什么一去不复返呢？

拓展延伸

 >>>>>>

朗读与朗诵的异同

第二节　朗读的准备

案例导学

海上日出

扫码听朗读

巴　金

为了看日出，我常常早起。那时天还没有大亮，周围很静，只听见船里机器的声音。

天空还是一片浅蓝，很浅很浅的。转眼间，天水相接的地方出现了一道红霞。红霞的范围慢慢扩大，越来越亮。我知道太阳就要从天边升起来了，便目不转睛地望着那里。

果然,过了一会儿,那里出现了太阳的小半边脸,红是红得很,却没有亮光。太阳像负着什么重担似的,慢慢地,一纵一纵地,使劲儿向上升。到了最后,它终于冲破了云霞,完全跳出了海面,颜色真红得可爱。一刹那间,这深红的圆东西发出夺目的亮光,射得人眼睛发痛。它旁边的云也突然有了光彩。

有时候太阳躲进云里。阳光透过云缝直射到水面上,很难分辨出哪里是水,哪里是天,只看见一片灿烂的亮光。

有时候天边有黑云,云还很厚。太阳升起来,人看不见它。它的光芒给黑云镶了一道光亮的金边。后来,太阳慢慢透出重围,出现在天空,把一片片云染成了紫色或者红色。这时候,不仅是太阳、云和海水,连我自己也成了光亮的了。

这不是伟大的奇观么?

【分析】 朗读《海上日出》前,朗读者要对海上日出的"奇观"做深入地体会和感受,抓住"没有大亮、浅蓝、一道红霞""扩大了、出现了、冲破了、跳出了""天、水、红霞、云、黑云、紫色""直射、放射吧、镶""光芒、金边、光亮"等关键词,仔细揣摩它们的含义及其内在的逻辑关系,使它们在自己的心中"活"起来,只有这样才能朗读好。

 **学海畅游**

在朗读前,必须要做好充分的准备,否则朗读不可能获得成功。

朗读前的准备工作主要包括两方面:理解作品和具体感受。理解作品是朗读者在朗读前进行认真充分的准备,把握作品的形式、内容、结构和主题,确定作品的基调;具体感受是朗读者在阅读理解作品的基础上,产生对作品的具体感受,激发起情感的共鸣。

一、准确解读朗读文本

(一)熟悉作品内容,扫清文字障碍

熟悉作品内容是准确理解和深入感受并朗读好作品的前提。朗读者要把作品的思想感情准确地表达出来,需要透过字里行间,理解作品的内在含义。因此,朗读前反复阅读作品,利用工具书,清除朗读障碍,搞清楚作品中生字、生词、多义词、异读词、成语典故、语句的含义。朗读是以声音形式将文字作品所表达的事物、阐发的事理、蕴含的情感等传达给听众,如果字音念得不对,信息的传递就会产生错误,使听众不知所云,甚至产生误解。

(二)了解作品背景,把握作品主题

主题是作者通过文章的全部材料和表现形式所表达出来的基本思想,即作品的中心思想,是作品内容的集中和升华,它表达了作者的观点、态度和情感,是文字作品的灵魂。要想准确地把握文章的主题,就一定要了解其产生的背景和写作动机。

小示例

乡 愁

余光中

扫码听朗读

小时候
乡愁是一枚小小的邮票
我在这头
母亲在那头

长大后
乡愁是一张窄窄的船票
我在这头
新娘在那头

后来啊
乡愁是一方矮矮的坟墓
我在外头
母亲在里头

而现在
乡愁是一湾浅浅的海峡
我在这头
大陆在那头

【分析】 朗读台湾诗人余光中的著名诗作《乡愁》,首先要了解这首诗的写作背景:1937年抗日战争爆发后,10岁的余光中随父母辗转于上海、重庆等地。22岁那年,余光中随家人来到台湾。1971年,20多年没有回过大陆的余光中思乡情切,在台北厦门街的旧居内赋诗一首。写完后,沉吟良久,热泪盈眶。这就是后来被海外游子不断传唱的《乡愁》。诗人的思念之情,通过联想、想象,在读者眼前呈现出四幅生活艺术图景。了解了这些,朗读时就不难把握其主题:作者把对母亲、妻子、祖国的思念与眷恋之情熔于一炉,表达出渴望亲人团聚、渴望祖国统一的强烈愿望。

(三)深入分析作品,确定朗读基调

作品的基调是作品的基本情调,即作品总的态度感情。

作品的基调是一个整体概念,是层次、段落、语句中具体思想感情的综合表露。不同的作品有着不同的感情基调,或庄重或诙谐,或欢快或悲哀,或沉郁或从容,或亲切或严肃,等等。比如朱自清的《春》,描写的是春天万物复苏的热闹场景,总的基调是轻松欢快、充满活力的;叶挺的就义诗《囚歌》的基调是悲怆凝重、坚定有力的。同一作品的

每个段落、层次、语句也都有具体的感情色彩,这些具体的感情色彩都服务于统一的基调,构成和谐的整体美。

要把握好基调,必须深入分析、理解作品,力求从作品的体裁、主题、结构、语言,以及综合各种要素而形成的风格等方面入手,进行认真、充分和有效的解析,在此基础上,朗读者才能产生真实的感情、鲜明的态度,产生内在的、急于要表达的律动。只有经历这样一个复杂的过程,朗读者才能把握住基调,作品的思想才能成为朗读者的思想,感情才能成为朗读者的感情,语言才能成为朗读者的语言。

⊃ **小示例**

我爱这土地

艾 青

假如我是一只鸟,

我也应该用嘶哑的喉咙歌唱:

这被暴风雨所打击着的土地,

这永远汹涌着我们的悲愤的河流,

这无止息地吹刮着的激怒的风,

和那来自林间的无比温柔的黎明……

——然后我死了,

连羽毛也腐烂在土地里面。

为什么我的眼里常含泪水?

因为我对这土地爱得深沉……

扫码听朗读

【分析】《我爱这土地》是现代诗人艾青于1938年写的一首现代诗。这首诗以"假如"领起,用"嘶哑"形容鸟儿的歌喉,接着续写出歌唱的内容,并由生前的歌唱,转写鸟儿死后魂归大地,最后转由鸟的形象代之以诗人的自身形象,直抒胸臆,托出了诗人那颗真挚、炽热的爱国之心。整首诗的感情基调是深沉、热情、悲怆的。

二、形成准确细腻的具体感受

感受是"感之于外,受之于心"而形成的,即通过感知使外在的客观对象变成主体的感情。感受始于感知,终于感情。可以说,深入理解挖掘语言文字内涵,从语言文字中引发情感的过程就是感受。感受,在理解作品和表达作品之间架起了一座桥梁,把朗读者的思维引向情感,使朗读者用自己的感受去丰富和充实文学作品,为"形之于声"做准备。

(一) 形象感受的运用

朗读中的形象感受,是指由于作品中的词语概念对朗读者内心的刺激,引起的对客观事物的感知、体会和思考的心理过程。朗读者的形象感受,是朗读者对视觉、听觉、嗅觉、味觉、触觉,以及时间觉、空间觉、运动觉等综合性的感知,是朗读好文章的一个重要因素。这种感受主要来源于作品中的形象性。为了把形象性突现出来,朗读时要注意对实词的处理,使作品中的情、景、物、人、事、理在朗读者的内心活起来,好像"看到""听到""闻到""尝到"一样。

➡ 小示例

卖火柴的小女孩(节选)

扫码听朗读

天冷极了,下着雪,又快黑了。这是一年的最后一天——大年夜。在这又冷又黑的晚上,一个乖巧的小女孩,赤着脚在街上走着。她从家里出来的时候还穿着一双拖鞋,但是有什么用呢? 那是一双很大的拖鞋——那么大,一向是她妈妈穿的。她穿过马路的时候,两辆马车飞快地冲过来,吓得她把鞋都跑掉了。一只怎么也找不着,另一只叫一个男孩捡起来拿着跑了。他说,将来他有了孩子可以拿它当摇篮。

小女孩只好赤着脚走,一双小脚冻得红一块青一块的。她的旧围裙里兜着许多火柴,手里还拿着一把。这一整天,谁也没买过她一根火柴,谁也没给过她一个硬币。

可怜的小女孩! 她又冷又饿,哆哆嗦嗦地向前走。……

她在一座房子的墙角里坐下来,蜷着腿缩成一团。她觉得更冷了。她不敢回家,因为她没卖掉一根火柴,没挣到一个钱,爸爸一定会打她的。……

她的一双小手几乎冻僵了。……

【分析】《卖火柴的小女孩》是安徒生童话中最具代表性的一个名篇。它以一个穷苦小女孩在大年夜冻死街头的悲惨故事,向封建王朝统治的丹麦以至整个资本主义黑暗社会提出了愤怒的控诉。童话一开始,"天冷、下雪、大年夜、又冷又黑、晚上、赤脚、红一块青一块、又冷又饿、哆哆嗦嗦、墙角、蜷着腿、缩成一团、打她",一连串的实词刺激了我们的视觉感官,透过这些字眼,我们看到了一幅凄楚画面:一个赤着一双冻得又红又青的小脚,旧围裙里兜着许多火柴的可怜的小姑娘,奔走在大雪弥漫的除夕寒夜中。她为什么不回家和亲人欢度佳节呢? 因为"这一整天,谁也没买过她一根火柴,谁也没给过她一个硬币"。没有赚到一个硬币,他的父亲一定会打她。这是何等令人心酸、同情的境遇啊! 朗读前感受到这些,自然就能激发起朗读者的情感,朗读时以声传情,以情感人。

(二) 逻辑感受的运用

逻辑感受是作品中的概念、判断、推理、论证,以及全篇的思想发展脉络、各层次、各语句、各段落之间的内在联系在朗读者头脑中形成的感受。

这种内在的联系,犹如人体的经络,把作品的各个组成部分编织成联系紧密的整体。这种逻辑关系,不仅包括组合的先后顺序,而且包括组合的原因。逻辑关系具体体现在作品的脉络中,朗读者要学会将作品中的并列、对比、递进、转折、主次、总分等"文路",通过对关键词(如"因为""所以""不但""而且"等虚词)、重点句的理解逐步把握,在逻辑感受过程中转化为自己的思路,进而形成内心的"语流",以增强有声语言的征服力。

▶ 小示例

1. 坐着,躺着,打两个滚,踢几脚球,赛几趟跑,捉几回迷藏。

——朱自清《春》

2. 山朗润起来了,水涨起来了,太阳的脸红起来了。

——朱自清《春》

3. 燕子去了,有再来的时候;杨柳枯了,有再青的时候;桃花谢了,有再开的时候。

——朱自清《匆匆》

4. 起先,这小家伙只在笼子四周活动,随后就在屋里飞来飞去。

——冯骥才《珍珠鸟》

【分析】 示例1是并列性的逻辑关系,连用"坐、躺、打、踢、赛、捉"六个动词,准确生动地描写出春草带给人的欢乐。示例2采用排比、拟人的修辞手法,生动形象地描绘了春天的总体轮廓。示例3用几组对比鲜明的反义词"去、来""枯、青""谢、开",反衬世间的一切都有轮回,唯有时间是一去不复返的。示例4用递进的关联词"起先……随后",表达珍珠鸟由开始的害怕到后来的胆子渐大,直到最后对主人产生信任的过程。朗读者要把握前后语句间的这种逻辑关系,在内心产生清晰的语言脉络,从而使整个朗读一气呵成。

(三) 内在语的运用

内在语如同戏剧里的潜台词,是作品文字后面的更深一层的意思,也是文字作品所不便表露、不能表露或没有完全显露出的语句关系和语句本质。不仅如此,生活当中的交谈还会出现"话里有话,弦外之音"的情况,比如下面的这个笑话。

几个学生躺在被窝里闲聊。

甲:"我的爱国心最强。"

乙:"我的爱国心才最强,我从不买外国货。"

丙:"我从来不看外国电影。"

甲(慢条斯理地):"还是我最强,你们想想看,我入学以来,哪次外语考及格了?"

笑话最后,甲的话不是一下子就能明白,细一琢磨,才知道其中的含意。这个过程是需要动动脑筋思考的,这就是我们所讲的内在语,它是说话人的心理活动,这为语言表达提供充实的内心依据。

对朗读作品整体的把握和体会是通过内在语这种表现形式来传达的。朗读时要利用"内在语"的力量,赋予语言一定的思想、态度和感情色彩。确定内在语不能以就句论句的方式来理解,而应当从主题思想、语言环境和整体基调来分析。

▶ 小示例

卖火柴的小女孩(节选)

……一大把火柴发出强烈的光,照得跟白天一样明亮。奶奶从来没有像现在这样高大,这样美丽。奶奶把小女孩抱起来,搂在怀里。她俩在光明和快乐中飞走了,越飞越高,飞到那没有寒冷,没有饥饿,也没有痛苦的地方去了。

【分析】 从文字表面看,这一段是快慰的,高兴的,但从故事的内容和主题思想看,这些词语的内在语潜流是极为痛苦的,就当时来说,只有人死了才能永远摆脱痛苦。正因为有反义的内在语在文字下面滚动着,才把小女孩冻饿而死的悲惨结局,通过有声语言感人地表达出来。

朗读的准备除了理解作品和感受作品以外,还要明确朗读目的和对象,即为什么朗读和为谁而读。朗读的过程是"取他人之作,由自己朗读,为他人所听",朗读者必须处理好原作、朗读者、听众三者的关系,一方面准确地传达作品的主题内容和情感态度,同时要融入自己的理解和感情;另一方面,要根据不同的对象确定并努力实现朗读的目的。比如同样是朗读童话作品,听众对象不同,朗读时应有所区别。对于幼儿园孩子或小学低年级的学生来说,老师的朗读应侧重于字词的准确规范,内容亲切,情节曲折生动;而对小学高年级或中学生来说,老师的朗读应侧重于表达深刻的主题和丰富细腻的情感,同时要能够激发学生深入的思考。

巩固训练

一、理解作品是朗读前很重要的准备工作,要从哪几方面进行? 请结合下文进行分析。

看电视

每天,我们全家人都看电视,
我家看电视,真有些奇妙——
爸爸明明是个足球迷,
却把一场精彩的球赛关掉。
不知为啥换成了京剧,
咿咿呀呀的,唱个没完没了。
只有奶奶听得入迷,
我和爸爸都在打盹睡觉。

奶奶啥时换了频道?
球员们正在场上飞跑。
"好球。好球,快射门!"
我和爸爸乐得直叫。
奶奶不看电视只看我们,
和我们一起拍手欢笑。
妈妈从书房走了出来,

她在修改最近写的文稿。

看着妈妈一脸的疲劳，

我们都提议不再看球赛，

让妈妈听听音乐，看看舞蹈。

每天，我们全家人都看电视，

我家看电视，可真有些奇妙！

每个人心里都装着一个秘密，

到底是啥？不说你也知道。

二、形象感受、逻辑感受在朗读中起什么作用？朗读下面的文章，学习从增强形象感受和逻辑感受方面去把握作品，并体会文章中的内在语。

妈妈喜欢吃鱼头

陈运松

在我依稀记事的时候，家中很穷，一个月难得吃上一次鱼肉。每次吃鱼，妈妈先把鱼头夹在自己碗里，将鱼肚子上的肉夹下，极仔细地捡去很少的几根大刺，放在我碗里，其余的便是父亲的了。当我也吵着要吃鱼头时，她总是说：

"妈妈喜欢吃鱼头。"

我想，鱼头一定很好吃的。有一次父亲不在家，我趁妈妈盛饭之际，夹了一个，吃来吃去，觉得没鱼肚子上的肉好吃。

那年外婆从江北到我家，妈妈买了家乡很金贵的鲑鱼。吃饭时，妈妈把本属于我的那块鱼肚子上的肉，夹进了外婆的碗里。外婆说："你忘啦？妈妈最喜欢吃鱼头。"

外婆眯缝着眼，慢慢地挑去那几根大刺，放进我的碗里，并说："伢啦，你吃。"

接着，外婆就夹起鱼头，用没牙的嘴，津津有味地嗍着，不时吐出一根根小刺。我一边吃着没刺的鱼肉，一边想："怎么妈妈的妈妈也喜欢吃鱼头？"

29 岁上，我成了家，另立门户。生活好了，我俩经常买些鱼肉之类的好菜。每次吃鱼，最后剩下的，总是几个无人问津的鱼头。而立之年，喜得千金。转眼女儿也能自己吃饭了。有一次午餐，妻子夹了一块鱼肚子上的肉，极麻利地捡去大刺，放在女儿的碗里。自己却夹起了鱼头。女儿见状也吵着要吃鱼头。妻说：

"乖孩子，妈妈喜欢吃鱼头。"

谁知女儿说什么也不答应，非要吃不可。妻无奈，好不容易从鱼鳃边挑出点没刺的肉来，可女儿吃了马上吐出，连说不好吃，从此再不要吃鱼头了。

打那以后，每逢吃鱼，妻便将鱼肚子上的肉夹给女儿，女儿总是很难地用汤匙切下鱼头，放进妈妈的碗里，很孝顺地说：

"妈妈，您吃鱼头。"

打那以后，我悟出了一个道理：

女人做了母亲，便喜欢吃鱼头了。

拓展延伸
>>>>>>

张颂谈正确的朗读姿势

第三节 朗读技巧训练

案例导学

古时候有个笑话:一位吝啬的富人准备请一位私塾先生教其子女读书。当问及伙食标准时,私塾先生写下了"无鸡鸭也可无鱼肉也可青菜一碟足矣"。富人将其理解为"无鸡鸭也可,无鱼肉也可,青菜一碟足矣",便请了这位先生。但教书第一天,当私塾先生看到席上只有一碟青菜时便勃然大怒,拿着条子说,明明说好的"无鸡,鸭也可;无鱼,肉也可;青菜一碟足矣!",你怎么不守诺言呢?!

【分析】 从以上的例子看出,停顿位置的不同会造成意思表达的区别,带来不同的表达效果。所以朗读时须根据所表达的意思确定停顿位置,不可以随意停顿。

学海畅游

朗读的表达技巧是实现朗读目的也是表情达意的重要手段。广义的朗读技巧包括内部心理感受技巧和外在言语表达技巧两个方面。内部心理感受技巧已经在前一节进行了具体的阐述。外在的言语表达技巧主要是言语声气技巧,包括呼吸、发音、吐字、停连、重音、语调、节奏等。狭义的朗读技巧是指朗读的外在表达技巧,主要包括停连、重音、语调、节奏等。

一、停连

在有声语言表达过程中,声音中断、休止的地方叫停顿。反之,那些不中断、不休止的地方(特别是有标点符号而不中断、不休止的地方)就叫连接。我们把有声语言语流中的停顿和连接,统称为停连。

我们在朗读时,既不能一字一停,断断续续地,也不能字字相连,一口气念到底。有声语言的停连既是生理的需要也是心理的需要,既是朗读者的需要,也是听众的需要。

首先,从朗读者的角度看,一方面,语流中的停连是生理需要,因为说话是靠气息支撑的,除了很短的语句,其他不可能没有停歇地一口气念到底,必须有不断补充、调整气息和调节声音的生理过程;另一方面,停连还是语言传播中的心理需要,语言是思维的反映,是情感外射的重要载体,朗读者的语言传播必然要有思维和情感活动的心理过程。

其次,从听众的角度看,一方面有听觉活动的生理过程,同时也需要对话语信息接收、判断、理解、感受的心理过程,这些都需要时间长短不同的停顿。若没有必需的停顿,听众就会应接不暇从而无法让收听、收视持续进行。

需要强调的是,心理需要是停连的主要制约因素,补换气息的生理需要一定要服从表达思想感情的心理需要,否则就会因"气"害意,句读不当而产生歧义。

(一)停连的作用

第一,停连运用得当有助于语义表达清楚、准确。有人把停连称作"有声语言的标点符号",标点符号是用来表示停顿、语气以及词语性质和作用的书写符号,使语义表达清楚、准确。有声语言的停连与书面的标点符号有密切的联系,朗读作品中的标点符号是停连的重要依据,停连位置不同,往往表达不同的含义。若停连安排不当,听者也许会理解成别的意思。

⊙ 小示例

1. 中国队打败了美国队获得了冠军。

2. 下雨天留客天留我不留

【分析】 例句1停顿的方法两种:

(1) 中国队打败了/美国队获得了冠军(美国队赢了)。

(2) 中国队打败了美国队/获得了冠军(中国队赢了)。

例句2停顿的方法有好多种(加上标点,读出语气):

(1) 下雨天留客,/天留,/我不留。

(2) 下雨天,/留客!/天!/留我不留?

(3) 下雨,/天留客。/天留,/我不留。

(4) 下雨天,/留客。/天留我?/不留。

(5) 下雨天留客,/天留我不?/留!

(6) 下雨天,/留客天。/留我不?/留!

(7) 下雨天,/留客天,/留我?/不留!

(8) 下雨天留客。/天!留我不?/留!

第二,停连的巧妙运用可以使语流富于生命活力。有的朗读者朗读时,只是机械地一个字一个字念,缺乏深层的思维活动,朗读便失去了具体真切的感情态度;有的朗读者则是一口气念下去,甚至上气不接下气,结果自己都不知所云;也有朗读者停顿过多,把句子读得支离破碎。如此生硬、变味的朗读,声音、思维、情感脱节,都是没有正确使用停顿的缘故。恰当地运用停顿,语言声音外壳暂时休止,但气息、思维、情感仍然处于连接状态,可以达到"此时无声胜有声"的效果,使语流具有活力。

（二）停连的分类

一般分语法停连和强调停连（也叫逻辑停连或感情停连）。

1. 语法停连

语法停连是由语言的结构形式决定的语流声音的中断和延续。语法停连反映了段落、层次、句子、词语之间的语法关系和结构形式。如：

亲爱的爸爸，/妈妈回来了。

亲爱的，/爸爸妈妈回来了。

可见，停连的位置不同，显示的语法关系和结构也不相同。

（1）根据结构层次确定语法停连

在朗读的准备阶段，我们要对作品的结构层次进行细致的分析，按照作品的结构，在标题、副题、小标题、部分、段落、层次之间进行适当的停连处理。一般情况下，停连的长短可这样确定：

标题＞部分、段落＞层次＞句子

当然，停连位置和时间的长短都是相对的，要根据内容的联系是否紧密，感情的变化是否流畅来灵活掌握。

（2）根据标点符号确定语法停连

朗读的停连通常情况下服从标点符号。一般情况下标点符号的停连长短规律是：

句号、问号、感叹号、省略号＞分号、破折号、连接号＞逗号、冒号＞顿号、间隔号

但有时候，为了强调或句子较长，没有标点符号也要停顿，比如：

① 我为什么/非要教书不可？是因为/我喜欢当教师的时间安排表和生活节奏。

——《我为什么当教师》

② 中国西部/我们通常是指/黄河与秦岭相连一线以西，包括西北和西南的/十二个省、市、自治区。

——《西部文化和西部开发》

有时候，因为表达需要，有标点却不停顿，比如：

① "糟啦，糟啦！月亮掉在井里啦！"

——《捞月亮》

② 桃树、杏树、梨树，/你不让我，我不让你，都开满了花赶趟儿。

——《春》

③ 桌子放在堂屋中央，系长桌帏，她还记得照旧去分配酒杯和筷子。"祥林嫂，你放着吧，我来摆"。四婶慌忙地说。她讪讪地缩了手，又去取烛台。"祥林嫂，你放着吧，我来拿"。四婶又慌忙地说。

——《祝福》

例①中两个"糟啦"可以连起来读，也可以把全句都连起来读，以表示吃惊、紧张、急促。例②句中画线部分，取消标点符号的停顿，用拟人手法写出桃树、杏树、梨树你争我赶地竞相开放，使文章更加生动，富有情趣，表现了春天生机盎然的景象。例③中画线部分不停顿，可以突出四婶的紧张心理——"千万不要碰"！反映出对吃人封建礼教的

深刻揭露和鞭挞。

（3）根据句子成分确定语法停连

有时为了表达语义更加清晰，往往在句子内部各成分之间运用停连。

① 主语和谓语之间的停连

老太太/穿着破旧，身体虚弱，但脸上的神情/却是那样祥和兴奋。

——《态度创造快乐》

幸福/是一种心灵的震颤。

——《提醒幸福》

② 谓语和宾语之间的停连

但妈妈却明白/我只是个孩子。

——《父亲的爱》

他想/是向爸妈要钱，还是/自己挣钱。

——《二十美金的价值》

③ 定语、状语、补语和中心词之间的停连

它静静地/卧在那里，院边的槐荫没有庇护它，花儿也不再/在它身边生长。

——《丑石》

它披着本色的外衣，亲切温暖地/包裹起我们。

——《提醒幸福》

2. 强调停连

强调停连是句子中特殊的间歇和连接，是为了强调某一事物，突出某个语意或某种感情，或为了加强语气而做的停连，又叫逻辑停连或感情停连。强调停连可以在不是语法停顿的地方做适当的停顿，也可以在语法停顿的基础上变动停顿时间，或在有标点的地方反而连贯起来。相对而言，语法停连的位置和时间有一定的规律，比较好把握，而强调停连的位置灵活多变，运用起来更富有艺术性。如：

听人家说，从前，有个孩子名字叫/马良。父亲母亲/早就死了，靠他自己打柴、割草过日子。他从小喜欢学画，可是，他连一支笔/也没有啊！

最后一句"他连一支笔也没有啊！"中"笔"的后面停顿，强调突出"笔"对于一个爱画画的孩子来说是多么重要，也为后面他的勤奋刻苦以及得到神笔以后进行对照做铺垫。

（三）停连的一般规律

（1）停连必须依据文字作品的内容和具体语句来确定，必须以思想感情的运动状态为前提，不能毫无根据地胡乱停连。

（2）句子越长，内容越丰富，停顿就越多；句子越短，内容越浅显，停顿就越少。

（3）表达感情凝重深沉的作品时，停多连少；表达感情欢快急切的作品时，连多停少。

（4）停顿的时间长，表示停顿前后词语的组合关系较松动；停顿的时间短，则表示停顿前后词语的组合关系较紧密。

（5）停连必须和重音、语气、节奏等相配合，共同完成有声语言的再创作。

二、重音

在有声语言的语流中,为了鲜明突出地表达某种目的和某种感情色彩而着意强调的词或词组,叫重音。意思简单的句子里只有重音与非重音的区别,较为复杂的句子里会有主要重音、次要重音和非重音。

在日常生活中,人们也许没有意识到重音的作用,是因为人类在语言进化过程中所积淀的一种特殊能力,人们发出的有声语言与自己的思维、情感有高度紧密的协调配合,语言交际的双方都能心领神会。但是,在把书面文字转换为有声语言的过程中,有时却可能只有字形到字音的表层反映,思维的浅层活动取代了深层活动,因而导致有声语言与思维、与情感脱节的现象。所以,通过重音来明确话语中的逻辑关系、情感态度,保证语言表达的准确性、清晰性。但语流中重音过多,同样也会影响语意的清晰,模糊了语言的主次关系,听起来反而让人不得要领。因此,在朗读时,要让重音起到"牵一发而动全身"的强调重点、明晰语句目的作用,一要准确,二要"少而精"。

重音不仅关系到语意的清晰,而且还对语言的生动、形象有不可替代的作用。恰当的、丰富的重音表达手法,能增强语言的表现力和感染力。

重音在语句中的位置没有固定格式,须在深刻理解和感受作品内容的基础上,根据语句目的确定重音位置。重音位置不同,语意也会随之发生变化。重音可在词语下面用着重号"·"表示。例如:

我知道你爱看小说。(别以为我不知道)

我知道你爱看小说。(爱不爱看其他文学形式我不知道)

(一)重音的分类

重音一般分为语法重音和逻辑重音两种。

1. 语法重音

根据句子的语法结构特点,为突出句子的某个成分而读出的重音,叫语法重音。一般来说,短句中的主语、谓语、宾语、定语、状语等语法成分读重音。语法重音的强度不必过分强调,只要比语句的其他部分读得稍重一些就可以了。

🔄 小示例

妈妈肯定会格外喜欢你的,老师肯定会格外喜欢你的,大家肯定会格外喜欢你的。

——《一个美丽的故事》

他只是大声擤了一下鼻子,便走出房间。

——《父亲的爱》

舒活舒活筋骨,抖擞抖擞精神。

——《春》

家乡的桥啊,我梦中的桥!

——《家乡的桥》

娇艳鲜嫩的盛期牡丹忽然整朵整朵地坠落。

——《牡丹的拒绝》

妈和我笑容可掬地一起拍的照片，多得不可胜数。

——《父亲的爱》

如果一句话里成分较多，重读也就不止一处，往往优先重读定语、状语、补语等连带成分。

这南方初春的田野，大块小块的新绿随意地铺着，有的浓，有的淡；树上的绿芽也密了；田野里的冬水也咕咕地起着水泡。这一切使人想起一样东西——生命。

——《散步》

2. 逻辑重音

逻辑重音，又叫感情重音或强调重音，为了突出表达某种思想感情而把语句中的某些词语加以强调的音。逻辑重音没有固定的位置，它是在不同语境的条件下因表情达意的需要而形成的。同一句话，在不同的语境中，可以有不同的逻辑重音，表达不同的语义。

我知道你会这样做的。（别人不知道。）

我知道你会这样做的。（你不要以为我不知道。）

我知道你会这样做的。（别人不会这样做。）

我知道你会这样做的。（你怎么说自己不会呢？）

我知道你会这样做的。（你不会那样做。）

我知道你会这样做的。（不仅仅是说说而已。）

尽管逻辑重音在语句中的位置是不固定的，但是，仔细考察，还是可以找出一定的规律的。

（二）重音的表达方法

确定重音之后的工作就是如何表达重音。表达重音的方式实际上就是使重音的词或短语从语句中"冒出来"。一般可以运用以下方法来表达重音：

1. 重音重读

即加大音量，增加音强，把重音读得重而响亮，这种方法一般用于表达明朗的态度、观点与形象鲜明的事物。

➡ 小示例

这又怪又丑的石头，原来是天上的呀？它补过天，在天上发过热，闪过光，我们的先祖或许仰望过它。

——《丑石》

爸听了便叫嚷道："你以为这是什么车？旅游车？"

——《父亲的爱》

在它看来，狗该是多么庞大的怪物啊！

——《麻雀》

2. 重音轻读

控制气息和声带,把强调的音节读得轻一些,弱一些,有时还可以用声轻气多的虚声,使这些柔和的、悦耳动听的字音在较强、较响的语流中突出强调出来。这种方法常用于表现轻巧的动作、静寂的环境、深沉的情思、内心的感奋等。

⏩ 小示例

家乡的桥啊,我梦中的桥!

——《家乡的桥》

可爱的,我将什么来比拟你呢?

——《绿》

3. 停顿强调

用停顿突出重音是一种常用的重音表达方法,它是在重音前后安排或长或短的停顿,使重音显露出来,从而得到强调。

⏩ 小示例

但它整个小小的身体因恐怖/而战栗着,它小小的声音也变得粗暴嘶哑,它在/牺牲自己!(或在"牺牲"后面停顿)

——《麻雀》

丁一小写字,写来写去/写不好。……他像姐姐一样,身子/一动不动,认真地/一笔一划写字。瞧,他写的字/也好了。

——任溶溶《丁一小写字》

风/轻悄悄的,草/软绵绵的。

——《春》

4. 慢读、延长音节

放慢速度,或延长重音所在的音节,以突出强调的音节。这种重音听起来富有抒情色彩,一般用于表达深挚的情意等。

⏩ 小示例

爸完全不知道怎样表达爱。除非……会不会是他已经表达了而我却未能察觉?

——《父亲的爱》

那醉人的绿呀!仿佛一张极大极大的荷叶铺着,满是奇异的绿呀。我想张开两臂抱住她,但这是怎样一个妄想啊。

——《绿》

5. 一字一顿法

用时间顿歇来突出重音,铿锵而有力,或者运用控制音量的方式一字一顿,显示有力、深切、沉重的情感。

小示例

春天像健壮的青年，有铁一般的胳膊和腰脚，领着我们/上/前/去。

——《春》

真是"舟行碧波上，人在/画/中/游"。

——《桂林山水》

周总理，我们的好总理，你的人民/想/念/你。

——《周总理，你在哪里》

（三）重音处理的一般规律

其一，重音贵精不贵多。确定重音应有立得住脚的道理，否则就放过它。

其二，处理好重音和非重音的关系、重音和次重音的关系、重音和重音的关系、非重音之间的关系。总之，要用重音的提领把次重音、非重音和谐组织起来。

其三，重音的表达要注意分寸，过犹不及。

最后，把握重音要综观全篇，从全文的宏观角度体会作品意图和主要内容，然后落实到具体的语句当中。

三、语气语调

语气，是表达语义的重要手段，也是抒发感情的重要方式。"语"是表现思想内容和情感的语句，在朗读时通过声音表现出来；"气"是朗读时支撑有声语言的气息状态。通俗地讲，语气就是指说话人的口气，是朗读时因表情达意的需要而调动气息的运动状态。如：强调和含蓄、肯定与否定、果断和疑问、粗野与温柔、激越和平淡、喜悦与悲哀等等。

在朗读中，总的感情色彩体现在基调中，具体的感情色彩则体现在语气中。每个语句既有内在思想感情的色彩和分量，又有外在的高低、强弱、快慢、虚实的声音形式。这内外两方面内容的结合就是语气。例如：

你好！（"好"字加长，语调上扬，给人温和、亲切、热情的情绪）

你好！（"好"字急切而迅速，给人果断、庄重感）

你好。（"好"字轻短，给人平静、冷淡感）

语气的强弱、长短、清浊、粗细、宽窄、卑亢等变化，均能产生不同的声音效果。同一个句子，同一个词或者同一个字，要在不同的语境中表现不同的情感态度，就应该用不同的声音形式加以表现。

（一）语气运用的一般规律

由于语气是语句内在思想感情的运动在声音气息上的显露，所以朗读时，语气运用要注意情、气、声三者之间的协调统一，气随情动，声随情出，气生于情而融于声。"情"是内涵，是依托；"声"是形式，是载体；"气"是基础，是动力。其中，"情"起主导作用，在朗读中要以情代声，以声传情。

不同的思想感情需要通过不同的声音和气息来表现，它们之间有一定的规律可循。

著名的朗读学研究家张颂先生将情、气、声三者关系做了精辟的概括：

表达爱的感情，气徐声柔；表达憎的感情，气足声硬；

表达悲的感情，气沉声缓；表达喜的感情，气满声高；

表达惧的感情，气提声凝；表达欲的感情，气多声放；

表达急的感情，气短声促；表达怒的感情，气粗声重；

表达稳的感情，气少声平；表达疑的感情，气细声粘。

（二）语气的声音形式——语调

语气是通过语调表露出来的。语调是语气外在的快慢、高低、长短、强弱、虚实等各种声音形式的总和。

语气的千变万化，决定了语调的丰富多彩。同样一个"我"字，采用不同的语调可以回答各种不同的问题，例如：

谁是班长？——我。（语调平稳，句尾稍抑，表肯定）

你的电话！——我？（语调渐升，句尾稍扬，表疑问）

谁负得了这个责任？——我！（语调降得既快又低，表坚决）

你来当班长！——我？！（语调曲折，表惊讶）

可见，朗读中的语调是细致而复杂的，它可以表达各种丰富的感情。为了方便训练，这里对语调总的运动趋势作粗略归纳，根据表示的语气和感情态度的不同，可分为四种基本类型：平调、升调、降调、曲调。

1. 平调（→）

语调平稳，没有明显的升降变化，句首和句尾音高变化不明显。一般用于不带特殊感情的叙述、说明或表示深思、冷淡、悼念、追忆、庄严等思想感情的句子。

▶ 小示例

水能有效地吸收紫外线，因而又为原始生命提供了天然的"屏障"。（表说明）

两个同龄的年轻人，同时受雇于一家店铺，并且拿同样的薪水。（表叙述）

他想是向爸妈要钱，还是自己挣钱。（表思索）

我想，这是因为他们知道：正是这些老人们的流血牺牲换来了包括他们信仰自由在内的许许多多。（表庄严）

2. 升调（↗）

语句音高由低逐渐升高，即句子开头低，句尾明显升高。常用于表示疑问、反诘、惊异、命令、呼唤、号召的句子。

▶ 小示例

"爸，我可以问您一个问题吗？""什么问题？""爸，您一小时可以赚多少钱？"（表疑问）

难道是海水量太大把有色水稀释得太淡，以致无法发现？（表反问）

让暴风雨来得更猛烈些吧！（表号召）

原来是你?!（表惊异）

3．降调（↘）

语句音高由高逐渐降低，末了的字低而短。在普通话语句中降调出现频率高。这种语调一般用于感叹句、祈使句中，或表示肯定、坚决、自信、赞美、祝福、祈使、允许、感叹等感情的句子里。表达沉痛、悲愤的感情，一般也用这种语调。

▶ 小示例

嗬！好大的雪啊！（表感叹）

读小学的时候，我的外祖母去世了。（表沉重）

但愿人长久，千里共婵娟！（表祝愿）

不！不准去！（表命令）

4．曲调（↗↘）

语句音高曲折变化，对句子中某些音节，特别地加重、加高或延长，形成一种升降曲折的调子。这种语调常用来表示夸张、讽刺、强调、反语、双关、惊讶、怀疑、责备等较为特殊的语气。

▶ 小示例

"哈！这模样了！胡子这么长了！"一种尖利的怪声突然大叫起来。（表夸张）

会不会是他已经表达了而我却未能察觉？（表怀疑）

爸听了便叫嚷道："你以为这是什么车？旅游车？"（表讽刺）

当三个女子从容地转辗于文明人所发明的枪弹的攒射中的时候，这是怎样的一个惊心动魄的伟大啊！（表反语）

由于有声语言具有多样性和丰富性，在使用语调过程中也带有一定的曲折性。有声语言在发展或行进过程中形成了语句整体的趋向和态势，即语势，它是由语调的曲折性规律造成的。在语流中，语势呈波浪式行进，从而造成了有声语言的抑扬顿挫、轻重缓急、曲折回环的艺术效果。

四、节奏

节奏是有声语言的一种运动形式，是朗读时思想感情的波澜起伏所造成的在语音形式上的抑扬顿挫、轻重缓急、回环往复的声音形式。节奏是对作品整体、全局的表现，受制于朗读目的、作品主题和基调。

语速是朗读中速度的快慢急缓的变化，作品的段落、层次、语句间的停顿、转换和语句中的音节的长短造成朗读速度的变化。语速是构成节奏的主要内容，但节奏不完全等同于语速，节奏是就整篇作品而言的。

节奏和语速受作品的内在感情影响比较大，表达欢快、热烈、兴奋、紧张、焦急、慌乱的情绪内心节奏强烈，速度快一些；表达平静、庄重、镇定、悲痛、沉重的情感，内心节奏相对缓和一些，速度慢一些；争吵、急呼、辩论时内心节奏强烈，宜快读；闲谈、耳语、絮语时内心节奏舒缓适宜慢读；抨击、控诉、指责、雄辩时内心节奏强烈，宜快读；追思、回忆的内容节奏舒缓宜慢读；一般的叙述、说明、议论则用中速。

 小示例

雪地里的小画家

扫码听朗读

下雪啦，下雪啦！

雪地里来了一群小画家。

小鸡画竹叶，小狗画梅花，

小鸭画枫叶，小马画月牙。

不用颜料不用笔，

几步就成一幅画。

青蛙为什么没参加？

他在洞里睡着啦。

【分析】　这是一首富有想象力和儿童情趣的诗歌。朗读时，要带着童趣读出味道来。"下雪啦，下雪啦！"是儿童看到下雪时激动心情的自然流露，中间两句描写的是小鸡、小狗、小鸭、小马在雪地上快活地跑来跑去，留下一串串"竹叶""梅花""枫叶"和"月牙"似的脚印。这些"小画家""画"了一幅十分美丽的雪地"画"，所以要带着愉悦欢快的心情，以柔和舒缓的节奏，把整篇作品的轻松、欢快、活泼读出来。

（一）节奏的类型

根据节奏的基本特点、基本表现形式，节奏通常可以分为以下六种类型：

1. 轻快型

这种节奏语速较快，语调多扬少抑，力度多轻少重，顿挫较少，语言流畅。基本语气及其转换都偏重于轻快，重点语句、段落更加明显。常用来表达欢快、诙谐、幽默、讽刺等思想感情。如朱自清的《春》以及大多数儿歌、童话、寓言故事等幼儿文学作品都属于这种节奏。

 小示例

小弟和小猫

我家有个小弟弟，聪明又淘气。

扫码听朗读

每天爬高又爬低，满头满脸都是泥。

妈妈叫他来洗澡，装没听见他就跑。

爸爸拿镜子把他照，他闭上眼睛咯咯笑。

姐姐抱来小花猫，拍拍爪子舔舔毛，

两眼一眯，"喵喵喵，谁跟我玩，谁把我抱？"

弟弟伸出小黑手，小猫连忙往后跳，

胡子一撅头一摇,"不妙! 不妙! 太脏太脏我不要!"

姐姐听了哈哈笑,爸爸妈妈皱眉毛。

弟弟听了真害臊,"妈——妈——,快快给我洗个澡!"

【分析】 这首儿歌通过善意的幽默,传达出儿童与动物之间和谐相处的特有韵味,一切都显得温馨、纯洁、爱意融融。朗读时节奏较快,声音清脆,语速稍快。

2. 凝重型

这种节奏语调多抑少扬,力度多重少轻,音强而有力,色彩多浓重,语势较平稳,顿挫较多,且时间较长,语速偏慢。词语密度疏,常用来表现庄重、肃穆的气氛和悲痛、抑郁的情感。基本语气及其转换都显得凝重。如李瑛的《十里长街送总理》、罗曼·加里的《我的母亲独一无二》属于这样的节奏类型。

➡ 小示例

十里长街送总理(节选)

灵车缓缓地前进,牵动着千万人的心。许多人在人行道上追着灵车奔跑。人们多么希望车子能停下来,希望时间能停下来! 可是灵车渐渐地远去了,最后消失在苍茫的夜色中。人们还是面向灵车开去的方向,静静地站着,站着,好像在等待周总理回来。

【分析】 灵车缓缓地前进,牵动人们的心跟灵车紧紧相连,随灵车动而动,不忍总理离去。许多人在人行道上追着灵车奔跑,是人们的感情无法克制,化为行动。人们多么希望车子能停下来,希望时间能停下来! 为的是可以多看一眼即将永别的周总理。可是灵车渐渐远去了,灵车无情。最后消失在苍茫的夜色中了,时间无情。希望落空了,人们的悲痛可以想见。人们还是面向灵车开去的方向,静静地站着。"站着"二字重复,极写人们的依恋,好像在等待周总理回来。整段文字,感情层层推进,朗读时语速偏慢,语势平稳,语气凝重。

3. 低沉型

这种节奏语势多为落潮类,句尾落点多显沉重,语速较缓,音节多长,声音偏暗偏沉。重点处的基本语气、基本转换多偏于沉缓。如李瑛的《一月的哀思》、史铁生的《秋天的怀念》等。

➡ 小示例

秋天的怀念(节选)

邻居们把她抬上车时,她还在大口大口地吐着鲜血。我没想到她已经病成那样。看着三轮车远去,也绝没有想到那竟是永远的诀别。

邻居的小伙子背着我去看她的时候,她正艰难地呼吸着,像她那一生艰难的生活。别人告诉我,她昏迷前的最后一句话是:"我那个有病的儿子,和我那个还未成年的女儿……"

又是秋天，妹妹推我去北海看了菊花。黄色的花淡雅、白色的花高洁、紫红色的花热烈而深沉，泼泼洒洒，秋风中正开得烂漫。我懂得母亲没有说完的话。妹妹也懂，我俩在一块儿，要好好儿活……

【分析】《秋天的怀念》是当代著名作家史铁生对已故母亲的回忆，表现了史铁生对母亲深切的怀念，对母亲无尽的爱，以及史铁生对"子欲养而亲不在"的悔恨。作者娓娓叙来，感人至深，催人泪下。作者沉重悔恨的情绪深深地感动了朗读者。属于低沉型节奏，朗读时语速舒缓，语调低沉。

4. 高亢型

这种节奏语势多为起潮类，峰峰紧连，扬而更扬，势不可遏，语速偏快，声多明亮高昂。重点处的基本语气、基本转换都带有昂扬积极的特点。如茅盾的《白杨礼赞》、高尔基的《海燕》等都属于这样的节奏。

⇨ 小示例

安塞腰鼓（节选）

扫码听朗读

看！——一捶起来就发狠了，忘情了，没命了！百十个斜背腰鼓的后生，如百十块被强震不断击起的石头，狂舞在你的面前。骤雨一样，是急促的鼓点；旋风一样，是飞扬的流苏；火花一样，是闪射的瞳仁；斗虎一样，是强健的风姿，黄土高原，爆出一场多么壮阔、多么豪放、多么火烈的舞蹈哇——安塞腰鼓。

【分析】《安塞腰鼓》是高亢型的节奏，主要体现在声音速度和强度上。这几句"骤雨一样，是急促的鼓点；旋风一样，是飞扬的流苏；乱蛙一样，是闪射的瞳仁；斗虎一样，是强健的风姿，"语言的编织密不透风，语势是起潮类的，一句紧接着一句，犹如大海中的波涛峰峰相连，又如大海的扬波，一浪高过一浪，来势之猛，不可阻挡。

5. 舒缓型

这种节奏声多轻松明朗，略高但不着力，语势有跌宕但多轻柔舒展，语速徐缓。重点处的基本语气、基本转换都显得舒展徐缓。如朱自清的《绿》《荷塘月色》、老舍的《济南的冬天》、苦伶的《永远的记忆》。

 **小示例**

荷塘月色(节选)

扫码听朗读

月光如流水一般,静静地泻在这一片叶子和花上。薄薄的青雾浮起在荷塘里。叶子和花仿佛在牛乳中洗过一样;又像笼着轻纱的梦。虽然是满月,天上却有一层淡淡的云,所以不能朗照;但我以为这恰是到了好处——酣眠固不可少,小睡也别有风味的。月光是隔了树照过来的,高处丛生的灌木,落下参差的斑驳的黑影,峭楞楞如鬼一般;弯弯的杨柳的稀疏的倩影,却又像是画在荷叶上。塘中的月色并不均匀;但光与影有着和谐的旋律,如梵婀玲上奏着的名曲。

【分析】《荷塘月色》突出的是一种朦胧的美。朗读时可采用缓慢而又十分柔和的语调、舒缓的节奏与作品所描绘的意境融为一体,表现了作者"淡淡的喜悦"和"淡淡的哀愁",使我们如见其人,如临其境。

6.紧张型

这种节奏声音多扬少抑,多重少轻,语速快,气较促,顿挫短暂,语言密度大。重点处的基本语气、基本转换都较急促、紧张。如闻一多的《最后一次的讲演》、屠格涅夫的《麻雀》。

 **小示例**

麻 雀

猎狗慢慢地走近小麻雀,嗅了嗅,张开大嘴,露出锋利的牙齿。突然,一只老麻雀从一棵树上飞下来,像一块石头似的落在猎狗面前。它扎煞起全身的羽毛,绝望地尖叫着。(紧张)

老麻雀用自己的身躯掩护着小麻雀,想拯救自己的幼儿。可是因为紧张,它浑身发抖,发出嘶哑的声音。它呆立着不动,准备着一场搏斗。在它看来,猎狗是个多么庞大的怪物哇!可是它不能安然地站在高高的没有危险的树枝上,一种强大的力量使它飞了下来。(紧张)

猎狗愣住了,它可能没料到老麻雀会有这么大的勇气,慢慢地,慢慢地向后退。

我急忙唤回我的猎狗,带着它走开了。(舒缓)

【分析】《麻雀》这篇短文属于紧张型节奏,大量的紧张型句段,中间有少量的"舒缓型"的渗入句。"紧张——舒缓——紧张——舒缓",交替变化,构成了这篇短文回环往复的节奏。如果从头至尾紧张到底,缺乏变化,就削弱了表现力。

(二)节奏的转换形式

声音的高低、轻重、疾徐、停连四方面不同的对比组合关系,构成朗读节奏的基本转换形式。

1. 欲扬先抑,欲抑先扬

"扬"一般指声音的趋势向上发展;"抑"一般指声音的趋势向低发展。如果重点要扬,扬前要抑;如果重点要抑,抑前要扬。扬、抑二者本身是对比而言的,并没有什么绝对的标准。

2. 欲停先连,欲连先停

在朗读中,连要连得顺畅,停要停得恰当。在连接时,要同时考虑停顿,在停顿中,要注意连接。停连的运用不能生搬硬套,要依文意,合文气,顺文势。

3. 欲轻先重,欲重先轻

轻重相间,虚实相间,也是形成节奏的重要方法,语流推进过程中,由于色彩和分量的需要,在加重声音之前,要先弱化声音,在轻化声音之前,要先强化声音。

4. 欲快先慢,欲慢先快

快慢是节奏的一个重要方面。慢是指字音稍长,停顿多而时间长。快是指字音短促,停顿少而时间短,连接较多。重点句需要慢时,前面句子则需适当加快。重点句需要快时,前面句子则适当减慢。

在实际运用中,四种方法交错、重叠使用。只有综合使用它们,才能使节奏更为灵活多样。

不论我们朗读的文章,是什么节奏类型的,在具体语句中,节奏还是会有所变化的,朗读中要注意节奏的过渡转换,其要点就在于要有"抑扬顿挫",还要有"轻重缓急"。

节奏类型主要是针对全篇而言的,因此要注重其整体性,从全篇来把握。朗读者既要把握节奏的整体性,又要表现节奏的丰富性,善于转换节奏,避免节奏的单一化,有力地展现声音形式的回环往复,使朗读更具艺术魅力。

巩固训练

运用恰当的重音、停连、语气、节奏等朗读技巧,朗读《再别康桥》。

(朗读提示:康桥,即英国著名的剑桥大学所在地。1920 年 10 月—1922 年 8 月,徐志摩曾游学于此。1928 年,诗人故地重游。11 月 6 日,在归途的南中国海上,他吟成了这首传世之作。"康桥情结"贯穿在徐志摩一生的诗文中,而《再别康桥》无疑是其中最有名的一篇。这首诗优美的节奏像涟漪般荡漾开来,既是虔诚的学子寻梦的跫音,又契合着诗人感情的潮起潮落,有一种独特的审美快感。七节诗错落有致地排列,韵律在其中徐行缓步地铺展,颇有些"长袍白面,郊寒岛瘦"的诗人气度。朗读时,感情基调是惆怅的,主导节奏是轻柔和谐的,语调是舒缓低沉的,表现出诗人依依惜别的情绪。)

再别康桥

扫码听朗读

徐志摩

轻轻的我走了，
正如我轻轻的来；
我轻轻地招手，
作别西天的云彩。

那河畔的金柳，
是夕阳中的新娘；
波光里的艳影，
在我的心头荡漾。

软泥上的青荇，
油油的在水底招摇；
在康河的柔波里，
我甘心做一条水草。

那榆阴下的一潭，
不是清泉，是天上虹；
揉碎在浮藻间，
沉淀着彩虹似的梦。

寻梦？撑一支长篙，
向青草更青处漫溯；
满载一船星辉，
在星辉斑斓里放歌。

但我不能放歌，
悄悄是别离的笙箫；
夏虫也为我沉默，
沉默是今晚的康桥！

悄悄的我走了，
正如我悄悄的来；
我挥一挥衣袖，
不带走一片云彩。

拓展延伸 >>>>>>
如何处理停顿和连接
强调连停的种类

第四节　幼儿文学作品朗读

案例导学

丑小鸭(节选)

扫码听朗读

这样，小鸭就在这里受了三个星期的考验，可是他什么蛋也没有生下来。那只猫儿是这家的绅士，那只母鸡是这家的太太，所以他们一开口就说："我们和这世界！"因为他们以为他们就是半个世界，而且还是最好的那一半呢。小鸭觉得自己可以有不同的看法，但是他的这种态度，母鸡却忍受不了。

"你能够生蛋吗？"她问。

"不能！"

"那么就请你不要发表意见。"

于是雄猫说："你能拱起背，发出咪咪的叫声和迸出火花吗？"

"不能！"

"那么，当有理智的人在讲话的时候，你就没有发表意见的必要！"

小鸭坐在一个墙角里，心情非常不好。

……

"你在起什么念头？"母鸡问。"你没有事情可干，所以你才有这些怪想头。你只要生几个蛋，或者咪咪地叫几声，那么你这些怪想头也就会没有了。"

"不过，在水里游泳是多么痛快呀！"小鸭说。"让水淹在你的头上，往水底一钻，那是多么痛快呀！"

"是的，那一定很痛快！"母鸡说，"你简直在发疯。你去问问猫儿吧——在我所认识的一切朋友当中，他是最聪明的——你去问问他喜欢不喜欢在水里游泳，或者钻进水里去。我先不讲我自己。你去问问你的主人——那个老太婆——吧，世界上再也没有比她更聪明的人了！你以为她想去游泳，让水淹在她的头顶上吗？"

"你们不了解我。"小鸭说。

"我们不了解你？那么请问谁了解你呢？你决不会比猫儿和女主人更聪明吧——我先不提我自己。孩子，你不要自以为了不起吧！……请你注意学习生蛋，或者咪咪地叫,或者迸出火花吧!"

"我想我还是走到广大的世界上去好。"小鸭说。

"好吧,你去吧!"母鸡说。

于是小鸭就走了。他一会儿在水上游,一会儿钻进水里去;不过,因为他的样子丑,所有的动物都瞧不起他。……

【分析】 这是安徒生童话《丑小鸭》里的一个片段。给幼儿朗读时运用恰当的表达技巧,叙述语言要读得平稳清晰,语速要慢一些,语调要低一些。人物语言声音要稍高些,读出个性,不同的人物可以变换不同的音色来读。比如,骄傲的雄猫的声音要粗一些、霸道一点,爱管闲事的母鸡可以使用尖尖的声音,小鸭的声音要用童声,嫩嫩的。

学海畅游

幼儿文学作品是深受幼儿喜爱的精神食粮,是幼儿学习语言、认知世界、接受间接知识的重要载体。幼儿最早对周围世界的认知,主要通过直接观察,但他们的生活和活动范围有限,文学作品便成了他们扩大眼界、认识世界的一个窗口。幼儿文学作品中所反映的自然、社会常识,是以生动形态的方式表现出来的,易于幼儿理解和接受。在幼儿时期,帮助幼儿阅读大量的文学作品,无疑对孩子的成长起到至关重要的作用。

"听赏"是幼儿接受文学的主要方式。如同儿童文学作家鲁兵所说:"对尚未识字的幼儿,亦即学龄前的孩子来说,文学作品不是他们自己读的,而是父母教师念给他们听的……儿歌、故事、童话,都只能通过大人的朗读,尚未识字的幼儿才能得到真正的欣赏,不只是了解其内容,而且欣赏语言艺术。"可见,对于幼儿来说,用"耳"阅读图书,比起用"眼"阅读图书更为直接。而幼儿期模仿识别能力特别强,听几遍就可以一字不差地说出来。因此幼儿期让幼儿听赏优秀文学作品,增大信息量,激发起幼儿阅读的积极性和强烈兴趣,在"耳读"的不断感知中为"视读"打下基础,达到不识字也读书的目的,使幼儿在丰富的语言指导下,接触字形,感受文学作品的无穷魅力。

要达到这个目的,就要求我们的幼儿教师必须具备良好的幼儿文学素养,了解幼儿文学作品朗读的技巧,具有较高的朗读水平和情感体验,具备示范朗读各种文体并能正确指导幼儿朗读诵读的能力。

一、儿歌的朗读

(一)儿歌的特点及作用

儿歌是以低龄幼儿为主要接受对象,以口语化的韵文来叙事表情的一种歌谣。其主要特点有:

1. 音韵和谐,节奏鲜明

儿歌是朗朗上口的,这是因为它们具有和谐的音韵、明朗的节奏。儿歌的音韵和谐,主要是指句子的押韵、词句的回环复沓以及模拟声响等手段所形成的音乐感。押韵是造成儿歌音韵和谐最重要的手段,使儿歌读起来产生音韵上的和谐美。

2. 通俗易懂,篇幅短小

幼儿对周围事物的认识还比较单纯,又限于口耳相传,因此,儿歌的篇幅短小精巧,结构单纯而不复杂。常见儿歌,一般只有短短的四句、六句、八句,当然也有较长的。就每句组成的字数看,有三言、四言、五言、七言、杂言。短小、单纯、自然,易学易唱。如全舒的《小青蛙》:"小青蛙/叫呱呱/捉害虫/保庄稼/我们大家都爱它。"圣野的儿歌《布娃娃》:"布娃娃/不听话/喂她吃东西/不肯张嘴巴。"

3. 趣味性、娱乐性强

母亲给婴儿念摇篮曲,追求的是愉悦婴儿,使之恬然入睡;孩子边做游戏边诵读儿歌,是为了寻求玩的乐趣;即使是高声吟唱绕口令、颠倒歌、连锁调、字头歌等形式的儿歌,也首先是为了满足音韵节奏上的乐趣、满足听觉上的快感,继而在不经意间得到思维、语言的训练。

儿歌是人一生中最早接受的文学样式,是孩子成长不可缺少的精神乳汁。恰如儿童文学研究者王泉根教授所指出的:"这是文学女神在未经开发的幼者心田播下的第一粒诗之花种,洒下的第一瓢美之甘露,投下的第一束爱之光泽。"1976 年在比利时举行的国际诗歌会议上,将每年的 3 月 21 日定为"世界儿歌日",可见儿歌在幼儿成长过程中的启蒙作用是不可低估的。

(二)儿歌的诵读技巧

我们诵读儿歌,就是把儿歌在内容和形式上的趣味表现出来,读出鲜明的节奏、流畅的韵律、盎然的情趣。下面介绍儿歌诵读的基本要求与方法。

1. 充分读出儿歌的音乐性

儿歌的音乐性表现在明快的节奏、流畅的韵律上,一般通过节拍和押韵来呈现。

先看看儿歌节拍的确定与表现:

诵读儿歌应根据作品表达的情趣来确定节拍(也叫音步、音顿或节奏),节拍的划分首先满足音乐性的原则,并以合适的速度加以表现,速度与节拍应和谐。同一首儿歌按不同节拍诵读,其速度也会有相应的变化,显示不同的情趣。

➲ 小示例

比较《小狗》的三种读法:

(1) 小狗/小狗,　　　　××/××/

　　尾巴/当手,　　　　××/××/

　　一摇/一摇,　　　　××/××/

　　欢迎/朋友。　　　　××/××/

(2) 小狗/小/狗,　　　　××/×/×/

　　尾巴/当/手,　　　　××/×/×/

　　一摇/一/摇,　　　　××/×/×/

欢迎/朋/友。	××/×/×/
（3）小狗/小/狗/0	××/×/×/0/
尾巴/当/手/0	××/×/×/0/
一摇/一/摇/0	××/×/×/0/
欢迎/朋/友/0	××/×/×/0/

有的儿歌语音和语义的逻辑会有冲突。我们诵读时，一般按照音乐的逻辑处理。如《小蚱蜢》按音乐逻辑处理应该是：

小蚱/蜢，学跳/高；一跳/跳上/狗尾/草。

腿一/弹，脚一/翘；哪个/有我/跳得/高。

草一/动，摔一/跤；头上/跌个/大青/包。

按语义处理应该是：

小/蚱蜢，学/跳高；一跳/跳上/狗尾/草。

腿/一弹，脚/一翘；哪个/有我/跳得/高。

草/一摇，摔/一跤；头上/跌个/大/青包。

有时在结束句可以做一些与众不同的处理，起到压轴的效果，产生结束感。如《小蚱蜢》的最后一句也可以这样处理：草一/摇，/摔一/跤，/头上/跌个/大/青/包。/

再看看韵脚的诵读：

儿歌通常都是押韵的。押韵又称用韵、合辙或谐韵，是指在某些句子的一定位置上使用韵母相同或相近的字，构成押韵的字叫"韵字"，汉语中大多数诗歌押韵的位置在句末，称为"韵脚"。有的儿歌句句押韵，一韵到底，有的儿歌双行押韵，有的上下段会换韵，四句式儿歌一、二、四句押韵。

韵脚是表现儿歌节奏的重要因素，诵读时要以各种合适的方式，或用强音，或用延长音等把韵脚自然地凸显出来，形成节奏感，显示出很强的音乐性。

🔄 小示例

花儿好看我不摘

公园里，花儿开，

红的红，白的白，

花儿好看我不摘，

大家都说我真乖。

宝石光光

星星，月亮，

抬头望望，

摘来点灯，

宝石光光，

借来梳头，

照我模样。

月亮弯弯弯上天

月亮弯弯弯上天，

牛角弯弯弯两边，

镰刀弯弯好割草，

犁头弯弯好种田。

菊花开

板凳，板凳，歪歪，

菊花，菊花，开开！

开几朵？开三朵。

爹一朵，娘一朵，

妹妹头上戴一朵。

（剩下那朵给白鸽）

【分析】 儿歌《花儿好看我不摘》每句都以"ai"韵母结尾,响亮有力。儿歌《宝石光光》逢双行押"ang"韵,听感响亮,再加上叠音词"望望、光光"的使用,产生了动听的乐感,读来十分上口,便于幼儿口头传诵。儿歌《月亮弯弯弯上天》由四句组成,第一、二、四句分别以"ian"韵母结尾,读起来朗朗上口,富于节奏感。儿歌《菊花开》前两句以双音节反复两次,形成简单而又鲜明的节奏感,"歪""开"两字押"ai"韵,显得响亮明快;第三句以"开"为起头,转为两个三字句,并换韵成"uo",连续四个"朵"字形成语音上的气势;最后一句为七言结构,和前两句构成常见的"三三七"句式,既和谐,又产生音节上的变化。

2. 塑造富有情趣的儿歌形象

儿歌活泼稚拙的情趣往往通过富于动态的细节与情节描述来表现,诵读儿歌就要展现活跃在这些细节与情节中的儿歌形象,其基本方法是:感受形象,表现形象。

融入儿歌情境,感受儿歌形象,产生真切的情趣体验,这实际上就是把握诵读的态度、情感的基调。儿歌生动有趣,又具有丰富的色彩,或顽皮,或好奇,或诙谐,或温馨,或甜蜜,诵读者内在感受的细微差别都会影响诵读的声音形态。

▶ **小示例**

矮矮的鸭子

扫码听朗读

谢武彰

一排鸭子,个子矮矮,
走起路来,屁股歪歪。
翅膀拍拍,太阳晒晒,
伸长脖子,吃吃青菜。
一排鸭子,个子矮矮,
走起路来,屁股歪歪。

【分析】 "个子矮矮""屁股歪歪"是表现鸭子可爱形态的标志性细节,"矮矮""歪歪"这些细节、形象用重音凸现出来,谐趣应声而来。

3. 诵读与游戏相结合

(1)以体态语辅助儿歌诵读。这是常见的形式,是以有声诵读为主,表情、手势、身姿等体态语作为增强儿歌表现力、游戏性的辅助语言。要注意的是,体态语不要过多,以免喧宾夺主。体态语与儿歌所表现的情趣和谐一致。

▶ **小示例**

手指歌

扫码听朗读

一根手指拉钩钩,两根手指捡豆豆;
三根手指系扣扣,四根手指提兜兜;

五根手指合一拢,攥成拳头有劲头;

我爱我的小小手,灵巧能干争上游。

（2）结合儿歌内容边诵读边进行游戏活动。传统儿歌中的手指歌、拍手谣、跳绳歌、踢毽歌等本身具有游戏的作用,这些游戏歌,在幼儿诵读熟练后都可以直接运用在游戏活动中。

▶ 小示例

坐火车

柯　岩

小板凳,摆一排,

小朋友们坐上来,

这是火车跑得快,

我当司机把车开,

（轰隆隆,轰隆隆,呜! 呜!）

抱洋娃娃的靠窗坐,

牵小熊的往后挪,

皮球、积木都摆好,

大家坐稳就开车。

（轰隆隆,轰隆隆,

呜呜呜! 呜呜呜!）

穿大山,过大河,

火车跑遍全中国,

大站、小站我都停,

注意车站别下错。

（轰隆隆,轰隆隆,

呜呜呜! 呜呜呜!）

哎呀呀,怎么啦,

你们一个也不下?

收票啦,下去吧,

让别人上车坐会儿吧。

（轰隆隆,轰隆隆,呜! 呜!）

【分析】　这首儿歌描写小朋友坐火车的游戏。有扮演司机、乘务员的,有扮演抱娃娃、抱小熊的乘客的。孩子完全可以一边念诵儿歌,一边"开火车",兼获吟诵的快乐和游戏的乐趣。

二、幼儿诗的朗读

（一）幼儿诗的特征

1. 具有内在的节奏和韵律

幼儿诗是适合幼儿听赏、诵读的自由体短诗。它不像儿歌那样在整齐的句式中表现出规律的音顿，也不像儿歌那样应遵循比较严格的押韵规则。幼儿诗的节奏与韵律是内在的，往往表现为一种自然天成的抑扬顿挫以及作品内在情感的起伏。

2. 具有充满幼儿情趣的优美意境

通过新颖独特的想象，创造出饱含幼儿情趣的优美意境是幼儿诗突出的特点。幼儿诗的意境是离不开幼儿情趣的，在所描绘的画面中，或有幼儿奇特的想象，或有幼儿孩子气的疑问，或有幼儿真诚而稚气的行为，或有幼儿心想与所为之间的矛盾。

3. 语言浅近、形象、凝练

诗是最高形式的语言艺术，诗的语言是形象凝练的。幼儿诗的语言形象凝练又浅近易晓，这是由幼儿的接受条件决定的。只有当描绘出让幼儿能够觉察到的形象的事物时，他们才能得到诗的陶冶。否则，再深刻的作品于幼儿都只是无用无益的。

（二）幼儿诗的朗读技巧

著名的儿童诗人金波指出："当你为幼儿构思一首诗的时候，你要考虑到伴随着'声音之流'展现出一幅幅连贯的画面，组成'声音的图画'。"这是从创作角度说的，同样也适合朗读幼儿诗。朗读就是要通过连贯的"声音图画"，把儿童带进美妙的音诗画中。

1. 大声朗读，读出节奏韵律美

诗是用来吟诵的，必须让孩子们学会大声地、有表情地将其唱诵出来。幼儿诗只有在幼儿的吟唱、朗诵中才能发挥其抒情、审美的作用。朗读时首先要划分好节拍，然后用声音来"雕塑"情感和形象。

➡ 小示例

春 雨

刘饶民

滴答，滴答，/下小雨啦！/

种子说："下吧，下吧，我要发芽。"/

梨树说："下吧，下吧，我要开花。"/

麦苗说："下吧，下吧，我要长大。"/

小朋友说："下吧，下吧，我要种瓜。"/

滴答，滴答，/下小雨啦！

【分析】 全诗结构整齐，韵脚分明，韵律感强。朗读时，要体会它所包含的情意

性——表面写种子、梨树、麦苗渴望春雨,呼唤春雨,其实是诗人对春雨滋润万物的无声的感谢,尤其是开头和结尾的一句"滴答,滴答,下小雨啦"充满喜悦和满足之情,一定要读出韵味,才能体现整首诗的情怀。

2. 展开想象,读出童趣意境美

幼儿诗离不开想象,但它的想象不是漫无边际的空想,而是与幼儿时期特有的思维方式联系在一起的,它表现为一种生动而独特的童趣,这份童趣既贴近幼儿的寻常生活,又总能带给我们不同寻常的惊喜。我们诵读时要展开想象,体会诗歌的情趣美。

➤ 小示例

拖地板

林焕彰

帮妈妈洗地板,
是我们最高兴的时候;
姐姐洒水,
我在洒过水的地板上玩儿,
像在沙滩上走过来走过去,
留下很多脚印,
像留下很多鱼。
然后,我很起劲地拖地板;
从头到尾,像捕鱼一样,
一网打尽。

【分析】 诗歌撷取了幼儿日常生活中的一个很不起眼的片段,却通过充满童趣的想象,使这一生活片段变得独一无二,趣味盎然。诗歌中这个游戏的孩子,把撒过水的地板想象成沙滩,把自己的脚印想象成鱼,最后那个拖地板的"捕鱼"动作,充分展示了属于幼儿的天真童趣。我们朗读时,就是要体会并用活泼的语调、夸张的语气读出这种童趣来。最后,"捕鱼""一网打尽"等词语用重音重读的方式,表达孩子游戏时激动兴奋的情绪。

3. 反复吟诵,读出诗歌韵味美

幼儿诗往往在浅显明朗的外表下蕴含着意味深长的幼儿诗的哲理,它不是干巴巴的说教,而是针对生活现象进行智慧启迪,将其渗透到艺术的血肉之中。那些严肃深刻的哲理在幼儿文学作品中总是以轻松活泼的幽默面孔或以天真烂漫、欢乐愉快的姿态表现出来,理性具体为平易亲切的形象后,会自然地化入幼儿的心灵。经常诵读,反复吟咏充满哲理的诗歌,慢慢就会形成一种对生活的自信力和思考力。

→ **小示例**

椰子树

（台湾）林焕彰
椰子树有一只很长的手，
白天想摘太阳，摘不到；
晚上想摘月亮，也摘不到。
不过，它是从不灰心的，
每天都努力向上伸长，
所以节节升高。
我想，有一天，
它想要的，都会得到。

【分析】 这首诗，从整体上去分析椰子树的形象，"椰子树"的树干是一只很长的手，这是童心的发现；还与人一样有理想：想摘太阳和月亮，又有恒心和毅力，"它想要的，都会得到"。通过拟人化描写，最后得出结论：只要不断努力，只要有恒心，只要坚持，目的一定会达到！朗读时，体会出这样的哲理韵味，引导孩子去勇敢地面对生活。

三、幼儿童话的朗读

（一）幼儿童话的特点

童话是具有浓厚幻想色彩的虚构故事，多采用夸张、拟人、象征手法来编织奇异的情节。它贴近幼儿的心理，是幼儿文学中特有的文学样式。幼儿童话具有一般童话的共性，由于幼儿的年龄心理特征，它也有其独特性。

1. 融入幼儿心理特点的艺术幻想

幻想是幼儿童话的基本特征。童话作品中的人物，大多是现实生活中并不存在的假想形象；童话所描绘的环境，往往是人世间没有的虚幻世界；童话所讲述的种种情节，也是不可能发生的虚构故事。这些想象融进了幼儿特殊的心理、情感和思维方式，带有明显的幼稚性和夸张性，它们是幼儿童话的核心和灵魂。

2. 以拟人为主体的童话形象

拟人是幼儿童话中使用最多的表现手法，拟人形象也是幼儿童话中最常见的艺术形象。幼儿童话中拟人的范围十分广泛，不仅可以将各种动物、植物以及生活中种种事物人格化，即便自然现象的日月星辰、风霜雨雪，大地上的山谷河流，甚至一些观念、概念、品质，不论有形无形，也都可以赋予它们人的思想情感、行为语言。

3. 从内容到形式的极度夸张

一切艺术都会有一定程度的夸张，但童话的夸张是强烈、极度的夸张，是从内容到形式的全面的夸张。无论是人物的刻画，还是环境气氛的描绘，故事情节的发展等，无一不是极端的夸张，童话里的人物也是稀奇古怪的。这种出奇、大胆的夸张正是为了表现虚构的幻想境界。夸张能增强童话的幽默感和趣味性。

（二）幼儿童话的朗读技巧

1. 焕发童心，激发童趣

童话是用儿童的眼光来看待世界的，用儿童的口吻来记录故事，作品语言具有口语化、儿童化特点。这种对社会和自然生活的表现方式与儿童的心理状态相适应，符合儿童的兴趣和习惯。朗读时，我们要从儿童的接受能力和理解水平出发，语气要亲切温和，语调要跳跃、充满童趣，用饱满的、形象的、童真的有声语言将其传达出来，相信童话中发生的一切都是真实可信的。

2. 鲜明表达感情立场

童话作品赞颂真、善、美，鞭挞假、丑、恶，它的情感倾向比较鲜明，而且表达也比较直露。在朗读时，我们要对这种情感进行准确传神的表达。如《神笔马良》中有这样一个情节：财主贪得无厌，当马良画好一座水中金山时，财主渴望得到金山，要马良画船并将风画得大点好早点到达金山。在朗读"财主叫嚷：'风大点，风大点'"这句时，可以变化音色，用嘶哑的嗓音拖长声念，以展示财主贪婪的丑态。

3. 运用声音造型表现形象

朗读前要揣摩人物的情感和作品的思想，分清叙述语言和人物语言。叙述语言是作品中客观介绍的、描述性的语言，体现故事的脉络和情节的发展，朗读的时候使用中速平调。人物语言是作品中人物的语言，展示人物的心理、思想等个性特点。人物语言要充分体现人物的个性特征，比如，朗读乌鸦的对话声音可以尖一些，因为乌鸦体形很小，而朗读蜗牛的话时，可以把声音放低一些，慢一些，因为蜗牛总是慢腾腾的；狗熊的声音是粗犷低沉的，黄鹂鸟的声音是清脆甜美的，等等。

分角色朗读是处理人物语言常用的一种方法。朗读时根据人物形象的个性特征和思想感情，通过不同的音色、语气、语调、语速进行声音造型，使孩子们通过声音直接而形象地感知和把握童话中的具体形象。声音造型以表现人物性格和思想为目的，要求用适度的夸张。夸张不求形似只求神似，不能因夸张过度而使朗读变成戏剧表演。做作虚假的声音造型将使童话失去其真实的色彩。

➡ 小示例

给狗熊奶奶读信

扫码听朗读

邮递员鸵鸟阿姨给狗熊奶奶送来了一封信。

狗熊奶奶是那样的高兴，她盼信盼了好几天，她很想念远方的小孙子。狗熊奶奶老眼昏花，她看不清信上说些什么。

她来到河边，请河马先生帮她念一念信。河马张开大嘴，刚高声地读了一句："奶奶您好！"狗熊奶奶就不那么高兴了：

"他是这样粗声粗气地称呼我吗？连'亲爱的'也不加。这个没礼貌、不懂事的小东西！"

当信中说到他想吃奶奶做的甜饼时，狗熊奶奶更不高兴了："他就这样用命令的口气，叫我给他捎甜饼吗？这办不到！"

狗熊奶奶气鼓鼓地从河马先生手中拿回信，步履蹒跚地回家了。

走在半路上，她越来越想小孙子了。正巧，夜莺姑娘在树上唱歌。她请夜莺姑娘把信再读一遍。夜莺姑娘喝了点露水润润嗓子，当她念了第一句："奶奶，您好！"狗熊奶奶就听了浑身舒服：

"小孙孙，你好！虽然你没用'亲爱的'，可是我从语气中听出来了，这比加'亲爱的'还要亲爱……"当念到小孙孙想吃奶奶做的甜饼时，狗熊奶奶的眼眶湿润了：

"这多好，我可爱的小孙子，他没忘记我，连我做的蜂蜜甜饼也没忘记，他是一个有良心的孩子……"

狗熊奶奶乐呵呵地从夜莺姑娘手中接回了信，迈着轻快的步子，回家给小孙子做甜饼去了。

【分析】　同一封信，由不同的动物来念，竟然起到了截然不同的效果。这是利用动物本身的特点：河马的声音低粗，夜莺的声音甜美。我们朗读时，可以通过语气、语调、重音、停连的技巧处理以及音高的变化，读出河马、夜莺的声音特点，更要读出狗熊奶奶前后不同的情感变化。最后一句叙述语言，用轻快的节奏，稍甜美的音色读出来，表达出狗熊奶奶甜蜜蜜的心情，"回家给小孙子做甜饼去了"中"去了"前面稍作停顿，"去了"用上扬的语调，狗熊奶奶乐呵呵地从我们眼前经过，去给小孙子做甜饼的情形跃然纸上，留给小读者的是愉快的美美的情感体验。

四、寓言的朗读

（一）寓言的特点

寓言是用假托的故事来说明某种道理，达到劝诫、教育或讽刺目的的文学体裁。寓言的篇幅一般比较短小，具有鲜明的哲理性和讽刺性。寓言的主人公，有的是人，更多的情况下是人格化的动物、植物或自然界其他东西和现象。主题思想大多是借此喻彼，借远喻近，借古喻今，借小喻大，使深奥的道理从简单的故事中体现出来。其内容在于反映人们对生活的看法，或对某种社会现象做某种批评，或对某一阶级、某一个人有所讽刺，或提供某种生活的教训，或进行某种善意的箴诫。寓言在创作上经常运用夸张和拟人等表现手法。

（二）寓言的朗读技巧

1. 彰显寓意

寓意是指隐含在故事里的意思、观点和道理。阐明寓意是寓言表达的目的。因此朗读寓言必须要在正确理解和把握寓意的基础上进行。只有明确了寓意,才能在朗读时寻找到最恰当的语气语调使寓意得以彰显。

2. 刻画形象

寓言故事中出现的形象具有鲜明的特征,这些形象一般是人格化的形象,代表着现实生活中不同类型的人,寄寓了作者强烈而鲜明的感情色彩。在不同的故事中,不同的形象有着不同的性格特点、不同的语言行为,朗读时要特别注意处理好不同形象的语言特点,体现角色的个性。

3. 适度夸张

寓言经常采用夸张的手法达到讽刺批评的目的。我们在朗读时,可以对人物动作、语言、心理等采用夸张的手法加以表现。把寓言故事的角色化、冲突化表现出来。当然,夸张有度,做到夸而不失其实,张而不离其本,在提高语言艺术表现力的同时不失其真实性。

4. 把握节奏

寓言是假托一个故事来说明道理的。朗读时,要通过轻重缓急、高低停连的节奏变化来表现故事情节,使之引人入胜。语言节奏的处理方法是:故事叙述和描写部分语气语调生动活泼,富于变化;议论部分节奏沉稳,语速适中,含而不露,语调平而不板,从容有力,给人留下哲理思考的空间。

➡ 小示例

狐假虎威

扫码听朗读

有一天,一只老虎正在深山老林里转悠,突然发现了一只狐狸,便迅速抓住了它,心想今天的午餐又可以美美地享受一顿了。

狐狸生性狡猾,它知道今天被老虎逮住以后,前景一定不妙,于是就编出一个谎言,对老虎说:"我是天帝派到山林中来当百兽之王的,你要是吃了我,天帝是不会饶恕你的。"

老虎对狐狸的话将信将疑,便问:"你当百兽之王,有何证据?"狐狸赶紧说:"你如果不相信我的话,可以随我到山林中去走一走,我让你亲眼看看百兽对我望而生畏的样子。"

老虎想这倒也是个办法,于是就让狐狸在前面带路,自己尾随其后,一道向山林的深处走去。

森林中的野兔、山羊、花鹿、黑熊等各种兽类远远地看见老虎来了,一个个都吓得魂飞魄散,纷纷夺路逃命。

转了一圈之后,狐狸洋洋得意地对老虎说道:"现在你该看到了吧? 森林中的百兽,有谁敢不怕我?"

老虎并不知道百兽害怕的正是它自己,反而因此相信了狐狸的谎言。狐狸不仅躲过了被吃的厄运,而且还在百兽面前大抖了一回威风。对于那些像狐狸一样仗势欺人的人,我们应当学会识破他们的伎俩。

【分析】 这则寓言,主要通过对话来刻画狐狸和老虎两个形象。通过分析可以发现,狐狸的主要特点是狡猾,而老虎则是愚蠢。朗读时,我们要通过人物的对话用有声语言表现出两个形象。

"我是天帝派到山林中来当百兽之王的,你要是吃了我,天帝是不会饶恕你的。"这是狐狸被老虎逮着后说的第一句话,也是狐狸编造的谎言,宜用较高的音量、较快的语速来读,带有点虚张声势的色彩,"百兽之王"读重音。老虎的回答"你当百兽之王,有何证据?"要用疑惑的语气,读出他的将信将疑。接着狐狸看到老虎的反应以后,将计就计说了下面的话:"你要是不信……",朗读时音高略降低,语速略放慢,用重音突出"亲眼看看""赶快逃命",以进一步表现狐狸的狡猾;最后两个疑问句表达狐狸的洋洋得意,朗读"有谁敢不怕我"时要用曲调,用声音的曲折表现狐狸的得意。

通过上述轻重缓急、高低停连的节奏处理,不但能使故事得到栩栩如生的展现,而且寓意也得到揭示。

五、幼儿散文的朗读

幼儿散文的欣赏对象主要是幼儿园大班孩子。他们在幼儿园以学习口语为主,进入小学以后,则主要学习书面语。幼儿散文的语言既生活化、口语化,又有不少生动形象、规范优美的书面语。给他们阅读欣赏散文,可以让他们受到更多的语言熏陶,学习口语的同时,初步感受书面语言的丰富多彩和神奇魅力。

(一)幼儿散文的特点

幼儿散文是传达幼儿生活情趣及心灵感受,适合幼儿审美需求和欣赏水平的散文。

1. 描写真切,贴近幼儿生活

幼儿散文题材广、篇幅短,要求内容真实,描写真切。它从幼儿的视角来叙事、写景、状物、抒情,反映的是幼儿的心理、兴趣、爱好和感情,表达的是幼儿对生活的认识和感受。如《花儿像谁》写的幼儿园评好孩子活动,《小松鼠,告诉我》写"我"对失去自由的小松鼠的同情和关爱。不管是一个生活场景,还是一个特写镜头,都是幼儿亲身经历或能够接受的,都是孩子们真实生活的艺术再现。

2. 意境优美,充满幼儿想象

幼儿散文的优美意境,是作者根据幼儿心理特点和思想感情,通过细心观察和体验,在孩子熟悉的平凡生活中寻找蕴藏着的美的结果。表现幼儿散文优美意境的是具体可感的形象。这些形象往往活灵活现,逼真明确,充满幼儿的想象。幼儿正是通过这些形象,引发想象和联想,进入情景交融的艺术境界,获得美的享受。

3. 语言明丽清纯,渗透幼儿情趣

幼儿散文最吸引幼儿的地方,还在于它的语言明丽清纯,渗透着幼儿的情调和趣味。优秀的幼儿散文,它的语言犹如明净的雪域天空或清澈的山间小溪,美丽无比,并处处跳动着稚拙的童心。幼儿散文的意境美和幼儿情趣,都是通过语言来表现的。

综上所述,幼儿散文,从语言形式到思想内容,无不充满着美。可以说,幼儿散文是一种追求"唯美"的文体样式。它的语言明丽清纯,它的内容表现的是幼儿的童真童趣。幼儿通过听赏幼儿散文,可以加强审美教育。

(二)幼儿散文的朗读技巧

1. 从幼儿的角度去感受作品的魅力

幼儿散文内容是幼儿熟悉和感兴趣的。苏联教育家苏霍姆林斯基说:"要进入童年这个神秘之宫的门,就必须在某种程度上变成一个孩子。"变成孩子不可能,达到"某种程度"是可以办到的,那就是在诵读时,和幼儿"心理位置互换",从幼儿的角度用幼儿的心理来体会作品所表达的幼儿生活和大千世界。

2. 用幼儿的想象去体验优美的意境

朗读时,把自己当作幼儿,去获得更大的想象和联想空间,体会散文意境所提供的优美享受。幼儿散文的意境要求优美而不追求深邃,内涵提倡简明而不要求深奥。

3. 透过明丽的语言去感受独特的情趣

朗读幼儿散文,我们要透过浅显易懂、明丽清纯的语言表层,去充分挖掘、体验幼儿的情调和趣味,达到情、理、趣的融合。

➡ 小示例

风在哪儿

徐青山

风在哪儿?风在天上。你看,它吹着云儿向前跑,像帆船驶在海上。

风在哪儿?风在柳树上。你看,它吹着柳条轻轻飘,像孩子们在舞蹈。

风在哪儿?风在水面上。你看,它吹起粼粼的波浪,水上的浮萍在不停地摇晃。

风在哪儿?啊!风在我手上。我挥动空气,风就来了。

【分析】 这是一首幼儿抒情散文诗,作品以"风在哪儿"为核心,反复咏唱,穿插描写幼儿熟知的事物,运用想象、比喻等手法,

把抽象的风具体化、形象化,用词简洁,意境优美。朗读时,可以配上音乐,尝试着让幼儿扮演角色在场景中边表演边吟诵。让孩子们明白:风在哪里?风其实就在我们的身边,它给大自然带来很多奇妙的变化,风能给我们送来凉爽,用来发电,能送来果香,让树、花、草动起来,有各种各样优美的姿态,但台风也会给我们的生活带来不便,破坏大自然等常识。

巩固训练

一、《老鼠开门笑呵呵》是一首带有民间狂欢性质的童谣,它以滑稽的铺陈,让各种动物充当了日常生活的主人,仿佛为我们打开了一个奇异的生活世界。感受这种奇异的快乐并通过诵读将它表现出来。

老鼠开门笑呵呵(江苏传统儿歌)

天上星,地上钉,叮叮当当挂油瓶。油瓶破,两半个,猪衔草,狗牵磨。猴子挑水井上坐,鸡淘米,猫烧锅,老鼠开门笑呵呵。

二、看见十二生肖各自的样子了吗?下面这首儿歌的情趣相当部分是在热闹的氛围中表现出来的。想一想,最后一句的节拍,怎么处理比较合适?

《十二生肖歌》(鲁兵):老鼠前面走,跟着老黄牛,老虎一声吼,兔子抖三抖,天上龙在游,草里蛇在扭,马儿过山沟,碰见羊老头,猴子翻筋斗,金鸡喊加油,黄狗半夜守门口,肥猪整天睡不够。

三、朗读下列幼儿诗,体会幼儿诗歌的韵律美、意境美和情趣美。

鞋

林武宪

我回家,把鞋脱下,
姐姐回家,把鞋脱下,
哥哥、爸爸回家,
也都把鞋脱下。

大大小小的鞋,
是一家人,
依偎在一起,
说着一天的见闻。

大大小小的鞋,
就像大大小小的船,
回到安静的港湾,

享受家的温暖。

四、试比较下面两首作品,看有什么不同。

小雨点

小雨点,沙沙沙,落在花池里,花儿乐得张嘴巴。小雨点,沙沙沙,落在鱼池里,鱼儿乐得摇尾巴。小雨点,沙沙沙,落在田野里,苗儿乐得向上拔。

欢迎小雨点

来一点,不要太多。来一点,不要太少。来一点,泥土咧开了嘴巴等。来一点,小菌们撑着小伞等。来一点,小荷叶站出水面来等。小水塘笑了,一点一个笑窝。小野菊笑了,一点敬一个礼。

五、运用童话朗读的技巧,朗读下面的童话作品。

萝卜回来了

扫码听朗读

方轶群

天气这么冷,雪这么大,山上都盖满了雪。

小白兔跑出门去找东西吃。

小白兔找呀找,找到了两个萝卜。

小白兔吃掉一个,留下一个。它想:"天气这么冷,雪这么大,我把这个萝卜送去给小猴吃吧。"

小白兔跑到小猴家里,小猴不在家。小白兔把萝卜留在小猴家里。原来小猴出去找东西吃了。小猴找到了一把花生,快快活活地回家来。

小猴走进屋子,看见萝卜,很奇怪,说"这是从哪里来的?"

小猴吃完花生,它想:"天气这么冷,雪这么大,我把这个萝卜送去给小鹿吃吧。"

小猴跑到小鹿家里,小鹿不在家。小猴把萝卜留在小鹿家里。

原来小鹿出去找东西吃了。小鹿找到了一棵青菜,快快活活地回家来。

小鹿走进屋子,看见萝卜,很奇怪,说:"这是从哪里来的?"

小鹿吃完青菜,它想:"天气这么冷,雪这么大,我把这个萝卜送去给小熊吃吧。"

小鹿跑到小熊家里,小熊不在家。小鹿把萝卜留在小熊家里。

原来小熊出去找东西吃了。小熊找到了一个白薯,快快活活地回家来。

小熊走进屋子,看见萝卜很奇怪,说:"这是从哪里来的?"

小熊吃完了白薯,它想:"天气这么冷,雪这么大,我把这个萝卜送去给小白兔吃吧。"

小熊跑到小白兔家里,小白兔吃饱了,睡得正香。小熊不愿叫醒小白兔,就把萝卜留在那里。

小白兔醒来,睁开眼一看:"啊!萝卜回来了。"它想了想说:"这是好朋友送来给我吃的。"

六、运用寓言朗读技巧,朗读下面的寓言。

画蛇添足

古时候，楚国有一家人，祭完祖宗之后，准备将祭祀用的一壶酒，赏给手下的办事人员喝。参加的人很多，这壶酒如果大家都喝是不够的，若是让一个人喝，那能喝个痛快。这一壶酒到底给谁喝呢？

大家都安静下来，这时有人建议：每个人在地上画一条蛇，谁画得快又画得好，就把这壶酒归他喝。大家都认为这个办法好，都同意这样做。于是，在地上画起蛇来。

有个人画得很快，一转眼最先画好了，他就端起酒壶要喝酒。但是他回头看看别人，还都没有画好呢。他便左手提着酒壶，右手拿了一根树枝，给蛇画起脚来，还洋洋得意地说："你们画得真慢啊！我再给蛇画几只脚也不算晚呢！"

正在他一边画着脚，一边说话的时候，另外一个人已经画好了。那个人马上把酒壶从他手里夺过去，给蛇画脚的人不依，说："我最先画完蛇，酒应归我喝！"那个人笑着说："你见过蛇么？蛇是没有脚的，你为什么要给他添上脚呢？所以第一个画好蛇的人不是你，而是我了！"

那个人说罢就仰起头来，咕咚咕咚把酒喝下去了。那个给蛇画脚的人眼看着本该属自己而被别人拿走的酒，后悔不已。

以后人们根据这个故事引申出成语"画蛇添足"，比喻有的人自作聪明，常做多余的事，反而弄巧成拙，把事情办糟了。

七、模拟给幼儿园大班的孩子朗读散文《树真好》，引导幼儿理解散文诗的内容，感受其优美的语言和丰富的想象，感知散文诗的意境美。

树真好

冰　波

树真好。小鸟可以在树上筑巢，每天天一亮，小鸟就会叽叽喳喳地叫。

树真好。能挡住大风，不许风沙吵吵闹闹，到处乱跑。

树真好。我家屋子里清清爽爽，阵阵风儿吹，满树花香往屋里飘。

树真好。我们全家在树荫下野餐，大家吃得很香，说说笑笑，热热闹闹。

树真好。天热了，树下铺着阴凉儿，我和我的小猫咪，躺在树下睡午觉。

树真好。如果有一只大狗来追我的小猫，小猫就爬到树上躲起来，气得大狗"汪汪"叫。

树真好。我做个秋千挂在树上，让我的布娃娃坐上去，摇呀摇。

树真好。夏天的夜晚静悄悄，只有树叶和微风在一起唱歌谣。

树真好。树叶在秋风里飘呀飘，树下铺着树叶地毯，我们可以在上面滚来滚去，跑跑跳跳。

拓展延伸　>>>>>>

阅读对孩子的好处

第六章
幼儿教师故事讲述训练

爱听故事是幼儿的天性。给幼儿讲故事是寓教于乐的活动形式,是日常幼儿园活动、游戏与保教工作中一个至关重要的教学方法和教学内容,可以使孩子获得快乐、受到熏陶、得到启迪,可以丰富幼儿的知识,提高幼儿的认识能力,活跃幼儿的思维能力,培养幼儿的口语表达能力。

讲故事是幼儿教师的必备技能。故事讲述水平的高低是评价幼儿教师语言素养和从教技能的一个重要指标。故事讲述训练的是综合素质,包括运用普通话进行口语表达、把握文章情节结构、塑造生动角色形象、把握故事深刻内涵、运用有声语言和肢体语言技巧、分析幼儿心理等各种能力。讲好故事不仅是幼儿教师应有的基本功,更是影响其专业成长的重要因素。

1. 树立幼儿为本理念,热爱学前教育事业,给幼儿讲故事时有一定的幼儿意识,富有亲和力。

2. 掌握故事和讲故事的概念,懂得故事对幼儿教育的作用。

3. 了解并掌握幼儿故事材料选择的标准,选择适合幼儿听赏的故事材料,并学会合理地加工改编。

4. 掌握幼儿故事讲述技巧,能绘声绘色地讲述幼儿故事,语气、语调、动作、表情符合故事内容、人物性格、思想感情等。

第一节 故事讲述概述

 案例导学

　　小李老师今年刚刚入职,带的是幼儿园小班。没过几天,小李就发现小班的孩子们因为刚刚入园,语言发展很不均衡:有的孩子说话时口齿清晰,语句连贯;有的却一着急说话就结结巴巴,说了半天也不知说什么;有的孩子甚至都听不懂普通话,只说家乡话,以至于和老师之间都难以交流和沟通。这使小李很着急,于是向资深的张园长请教。张园长听了后说:"你可以通过故事教学法来训练孩子们的语言能力。"于是小李就和搭班老师一起讨论,将本学期的班级特色定为口语表达,在课堂上、午饭后、放学前的时间,经常讲故事给孩子们听。小李讲述故事时特别注意咬字清楚,节奏也比平时谈话稍慢,让孩子们一边听一边想。同时,小李的面部表情、眼神和手势都随着故事情节的发展而有所变化,孩子们听得非常投入,很是入迷。小李还让孩子把老师讲过的故事再讲给小朋友们听,并让他们说说自己对故事里人物的看法。这样一段时间后,几个语言能力原来比较弱的孩子不但能听懂故事,还能慢慢地说出喜欢故事里的哪个人物,原来听不懂普通话的孩子也能用普通话交流了,尽管还不是很准确。

　　【分析】　听赏和阅读故事是提高幼儿语言表达能力的一种有效手段。故事本身的趣味性和老师绘声绘色的讲述,给幼儿带来无穷的乐趣。孩子们在享受快乐的同时,也潜移默化地感受着语言的魅力,加之教师有意识地引导,渐渐地,语言能力得以提升。

学海畅游

一、故事和讲故事的概念

　　故事,是通过生动、曲折而完整的情节,通俗而形象的语言,来反映社会生活的一种口头文学。它侧重于事件过程的描述,强调情节的完整性、连贯性、生动性和趣味性,比较适合口头讲述。

　　幼儿故事是专门为幼儿创作的,指内容单纯,篇幅短小,情节生动有趣、完整连贯,与幼儿的接受水平和欣赏能力相适应,供幼儿阅读或聆听的叙事性文学样式。幼儿故事是孩子们接触最早、最多的文学样式之一,它以极其简练的笔墨勾勒人物和渲染环境,以合乎常理的艺术夸张和虚构表现精彩的故事情节。

　　讲故事,是用通俗易懂的口语将故事材料描述给别人听。一个好的讲述者能绘声绘色地再现故事情境,用生动的语言展现画面,用自己的风趣、睿智、博学以及激情来抓住听众。

对于幼儿教师来说，讲故事是一种口语表达形式，是语言训练的一种载体，也是教师职业口语必备的一种技能。在幼儿教育中，故事讲述是寓教于乐的一种有效手段，是课堂教学的极好形式。教师通过言语技巧和体态语技巧，来调动幼儿的听觉和视觉，培养形象思维，使幼儿如闻其声、如见其形、如临其境，从而受到感染和教育。

二、故事在幼儿教育中的作用

故事作为一种最受幼儿喜欢的文学形式，对于孩子来说有特殊的吸引力。教师给幼儿讲故事，是向幼儿进行教育、传授知识、发展语言、培养阅读习惯等综合性的教育实践活动。

（一）故事能开启幼儿心智，让幼儿获得各种知识

幼儿的生理、心理特点决定了他们喜欢率真自然、故事性强、简明易懂的文学作品。幼儿故事因之而成为引导孩子认识世界的窗口，内容丰富多彩、风格千姿百态的故事能使幼儿的视野得以开阔，知识得以丰富，思维、想象得以发展。幼儿故事是开启幼儿心智、促进幼儿身心发展的一把金钥匙。

（二）故事能发展幼儿语言，促进幼儿语言能力发展

幼儿故事中的语言，都是经过作家提炼、净化后的文学语言，对幼儿有着艺术感染力，使幼儿能规范地、系统地学习语言，丰富词汇，发展语言表达能力。在听故事、讲故事的过程中，幼儿不断地学习故事中的规范语言，表现在能正确发音，掌握一定的词汇，还表现在学会组词或成句的一些规律上，学习着把话说清楚并富有表现力。教师在讲故事的过程中，注重语言的表达，抑扬顿挫，让孩子感受语言的魅力。可以说，故事是幼儿学习语言的好教材。

（三）故事能愉悦幼儿身心，培养活泼开朗的性格

快乐是人们的共同需要。对于幼儿来说，快乐有助于他们的生长发育，对他们的身心健康和人格健全都有积极作用。爱听故事是孩子的天性，原因是每个孩子都期待从故事中获得乐趣。我国著名儿童文学作家陈伯吹曾说："趣味是儿童故事的基础。"好的故事，小朋友听了或读了之后，会发出快乐的笑声，感到愉悦。当他们在故事中读到或听到各种奇情异趣，"经历"各种冒险与探险时，实际上是身临其境般地体验着作品中角色的自由与快乐，如《脏狗哈利》《大手套》《三只小猪》等经典之作，能激发幼儿快乐的情绪，有助于他们形成活泼开朗的性格和积极向上的生活态度。

（四）故事能陶冶幼儿的性情，培养高尚的人文精神

幼儿的感情非常丰富，他们也最容易被感染。故事中的率真自然、活泼乐观、儿童情趣等，能使幼儿得到陶冶，对培养幼儿美好的情感、开朗的个性、良好的道德行为习惯和审美情趣都有积极的作用。幼儿通过听读故事，能够从中体会到爱心、善良、同情、友谊、宽容等各种人类美德和情感，如从《卖火柴的小女孩》中体会到同情与怜悯，从《大萝卜》中体会到成功后的兴奋与喜悦，从《鸟树》中体会到忧伤与希望，等等。

另外，故事能培养幼儿听读的习惯以及对文学作品的兴趣，在潜移默化中丰富孩子

的想象力,可以让孩子学会自我教育,可以改变幼儿的行为习惯,培养孩子的耐心,树立孩子的自信心,形成良好的性格,使他们健康成长。

可见,故事与幼儿的生活、娱乐、情感、思维、语言息息相关,同人一生的发展有千丝万缕的联系。幼年时通过故事播撒在孩子心田里的种子,最初激起的或许仅仅是孩子们的喜悦,最终却能开出真善美的花朵。

➡ 小示例

小熊让路

扫码听朗读

小熊长得胖胖的,力气非常的大。

小熊在路上走,前面来了小兔。它站在路中间,大声说:"小东西,快给我让路!"小兔怕小熊,只好从路旁的草丛中爬了过去。

不一会儿,小羊从前面走来。小熊又往路中间一站:"小家伙,快给我让路!"小羊害怕了,它一声不响地从路边的水沟中蹚了过去。

小猴呢,它更害怕小熊,很远就爬到了路旁的小树上。

小熊多得意:"嗯,我的力气大,谁都怕我!"

小兔、小羊和小猴,一起去找大狮子,请大狮子来治小熊。大狮子笑了笑,点了点头。

大狮子走在前面,小兔、小羊和小猴跟在后面。小熊看见大狮子走过来,心想:这可不得了,我得赶快让路。它站在小路旁,请大狮子先走。大狮子走到小熊跟前,站在路边说:"小熊,你先过去吧!"小兔、小羊和小猴听了,都愣住啦:大狮子也怕小熊啊! 小熊低着头,不好意思地从大狮子身边走过去……从那以后,小熊看见小兔、小羊、小猴来了,马上站在路旁,让它们先过。

这下,小兔、小羊、小猴明白了,大家都说:"大狮子真有办法,小熊变得有礼貌啦!"

【分析】　小熊让路是一个以互相谦让为主题的故事。幼儿听了可以认识到友爱和谦让是美好的行为,从而产生强烈的模仿愿望,明白相互谦让的道理。幼儿教师通过讲述这个故事,教育幼儿礼貌待人、懂得谦让,培养幼儿健全的人格和良好的道德品质。

三、幼儿故事讲述的要求

听故事是一种享受,讲故事则是一种艺术。给幼儿讲故事,结合幼儿身心发展规律,在明确讲述目的、确定好故事素材之后,讲述时须注意以下几点基本要求。

(1) 要用流畅、标准的普通话进行讲述,发音吐字清晰。

(2) 要用生动的口语讲述,通俗形象,生动自然。

(3) 讲述和表演相结合,用极富特征的表情、眼神、手势等态势语表演出故事内容、人物性格、思想感情等。

(4) 讲述时,用恰当的语气、语调、语速、节奏,分清声音的高低强弱、轻重缓急,语法正确,自然得体。

四、幼儿故事的分类

幼儿故事的分类,有不同的角度和标准。从内容角度来分,有神话故事、传说故事、人物故事、动物故事、历史故事等。从形式角度来分,有文字故事、绘本故事等。这里从内容角度介绍几种常见的幼儿故事。

(一)幼儿民间故事

幼儿民间故事指来自于民间的适合幼儿阅读和听赏的故事。这类故事常常带有民族特点,让孩子通过故事了解国家、了解民族和家乡。如龙的传人故事《龙的传说》《巧妹绣龙》《锦线女龙》等,让孩子知道我们炎黄子孙是龙的传人,激发幼儿的民族自豪感。另外,民间故事中的孝敬父母、勤俭节约、尊敬师长、团结和睦、立志勤学、谦虚礼让、明理诚信等良好道德品质对孩子的发展有着积极的作用。如《孔融让梨》《木兰从军》《聪明的阿凡提》《铁杵磨成针》《鲁班学艺》等。

(二)幼儿历史故事

幼儿历史故事是以史实为依据编写而成,适合幼儿欣赏和聆听的故事,是历史和文学相结合的产物。这类故事,按照历史年代的次序,生动有趣地讲述历史上各种重大事件的情节及其特点,使幼儿比较明确、具体地认识一些历史情况。如《曹冲称象》《司马光砸缸》《草船借箭》等。

(三)幼儿童话故事

幼儿童话故事是具有幻想成分的虚构的故事,是幼儿最喜欢的故事形式。童话中主人公的行动,可以不依照自然的法则和科学的规律,但又能曲折地反映着现实生活的本质。童话大都采用拟人化的象征手法,往往让动物、植物等穿上人的外衣,赋予他们以人的思想和意识,能够像人一样地生活着、活动着。如《白雪公主》《三只小猪盖房子》《小红帽》等。

(四)幼儿生活故事

生活故事是取材于幼儿的生活,描写发生在他们身边的生活事件的短小故事。它有很强的现实针对性,作家创作的动因和意图,往往源于幼儿成长教育中需要解决的问题。幼儿生活故事情节单纯而又略有曲折,通过语言和动作的刻画突出人物形象,具有浓郁的幼儿生活情趣,有更多的真实感和亲切感,更容易使幼儿接受,在教育幼儿健康成长方面,能发挥较大的作用。如列夫·托尔斯泰的《谢谢你》:

一个小男孩玩的时候,不小心打碎了一只漂亮的碗儿。谁也没看见碗儿是他打碎的。

爸爸回来,问道:

"谁打碎的?"

"我。"

爸爸说:"谢谢你,因为你说了真话。"

故事写一个小男孩不小心打碎碗并勇于承认的事,主题非常浅显,含义却很深刻:

做错了事,只要说真话,也会得到表扬。这个故事对诚实的孩子是积极鼓励,对撒谎的孩子则是一种正面引导。

(五)幼儿图画故事

幼儿图画故事是一种特殊的幼儿文学样式,是绘画和文字相结合的艺术形式,主要是以画面为载体向幼儿传达信息,一般情节单纯,篇幅短小,内容浅显,主题单一,富于幼儿情趣,有助于促进幼儿智力和语言能力的发展。图画故事不仅以图画的直观性降低了幼儿阅读的难度,还以其形象性丰富了幼儿的心灵世界。如《鳄鱼怕怕牙医怕怕》《大卫,不可以》《小蓝和小黄》等。

(六)幼儿知识故事

幼儿知识故事又称幼儿科学故事,是一种以简单的科学知识为内容的故事,属于科学文艺的一种形式,以向幼儿介绍科学知识为目的,以故事为手段,具备科学性和故事性的特点。如《小花猫的胡子》《海尔兄弟》《蓝猫淘气三千问》等。

 小示例

小鸡出世

鸡妈妈生了两个蛋。它小心地把蛋放在肚子下边,认真地孵了起来。

鸡蛋里真暖和,小鸡也一天天长大了,它们多想出来呀。笃,壳破了,小鸡看到蓝蓝的天,它们想,外边一定是蓝色的。笃笃笃,壳碎了,两只鸡宝宝咕噜翻了个身。小鸡看到红红的花,它们想,外边一定是红色的。小鸡来到草地上,看到绿树、红花、蓝蓝的天空,它们高兴地说:"原来外边是彩色的呀!"两只小鸡越长越大,慢慢地变成了一只小公鸡和一只小母鸡。它们又长啊长啊,变成了鸡爸爸和鸡妈妈,带着鸡宝宝到草地上学本领去了。

【分析】　这是一个幼儿知识故事,以童话的形式让幼儿懂得"鸡是从蛋里孵出来的"道理,并且了解了母鸡孵小鸡的具体过程。

 **巩固训练**

一、什么是幼儿故事?幼儿故事对幼儿的成长有什么积极的影响?

二、根据幼儿故事的分类情况,将全班同学分成六个小组,每组准备一个种类的故事一篇,互相进行交流讲述。

三、结合幼儿故事讲述的要求,试着讲述下面的童话故事。

白头翁的故事

从前有一只美丽的小鸟,非常想学点本领。

一天,它看见喜鹊在大树上搭窝,觉得很有意思,决定跟喜鹊学搭窝。开始它学得

很认真,可是没过多久就厌倦了。它说:"天天衔树枝,太累了!"它不再学搭窝了。

一天,它听见黄莺在唱歌,唱得很好听,决定跟黄莺学唱歌。开头它学得挺认真,可是没过多久又厌倦了。它说:"学唱歌要天天练嗓子,我可受不了!"它不再学唱歌了。

后来,它又跟大雁学飞行,跟老鹰学打猎,也都是有始无终,没有一件事情能够坚持下去。日子一天一天地过去,直到头发全白了,它还是什么本领也没学到。

从此,它把一头白发传给子孙,让它们世世代代记住这个教训。后来,人们叫它们"白头翁"。

拓展延伸
>>>>>>

讲故事≠读故事

第二节　故事讲述的前期准备

案例导学

　　丽丽是刚参加工作的幼儿园老师,她发现自己给小朋友讲故事时,很多孩子一开始还表现出强烈的兴趣,认真地听她讲述。可听了一会儿,不少孩子就叽叽喳喳起来,甚至有小朋友直接就跑到玩具室去玩玩具了。丽丽想自己的普通话也很标准,故事也是根据幼儿特点选择孩子们喜欢的童话,为什么就不爱听呢?工作多年的王老师看了她的故事材料后说:"难怪孩子们不爱听,你选的故事太长,有的词语太书面化,有的句子拗口,孩子们听起来难以理解……"丽丽恍然大悟,原来自己只想着如何讲得绘声绘色,却忽略了孩子们的知识水平和接受能力。

　　【分析】　幼儿喜欢听故事,但由于他们的年龄特点,注意力集中的时间短,给他们讲故事不能选择太长的,还要考虑到适合幼儿生理心理需求和知识水平能力。故事讲述前要先结合幼儿的身心特点进行适当的加工改编。

学海畅游

一、精心选择故事

　　幼儿故事多取材于幼儿的学校生活、家庭生活及社会生活,或取材于自然界万物景象特别是动物世界,或取材于古往今来的种种事件等。要想讲好故事,必须得有适合的故事素材。所以,幼儿老师要根据故事讲述的目的和幼儿的接受能力,选择适当的故事素材。具体地,要注意以下几点:

（一）思想情感要积极健康，具有真善美的内涵，有益于幼儿的成长

任何故事都有一定的思想情感，好故事立意高雅，既有趣味性，又有思想性。选择幼儿故事时，在保证故事具备趣味性的前提下，要着重选择表达友爱、分享、公平、诚信、勇敢、善良……这样的基本价值观，通过故事传播给幼儿，使其受到爱的感化、美的熏陶。

小示例

老爷爷的帽子

扫码听朗读

冬天到了，北风呼呼地吹，天气很冷很冷。有一只小鸟真可怜，它在树枝上冷得直发抖。

一位老爷爷走来了，他看见了小鸟在树枝上冷得直发抖，心里想：这只小鸟多可怜啊，这么冷的天，小鸟一定会冻死的。

小鸟看见老爷爷，说："风把我们的鸟窝吹走了，我们没有家了，冷得直发抖。"老爷爷说："别着急，我来帮你们想办法。"老爷爷就用自己的帽子给小鸟做鸟窝，老爷爷的帽子真暖和。

小鸟想：树林里还有许多怕冷的小鸟，它们也一定冷得发抖，快把它们叫来。

于是，小鸟们都飞进了老爷爷的帽子里，老爷爷的帽子真暖和。它们高兴地唱起歌："小鸟飞来了，叽叽喳喳叫。唱吧唱吧唱吧唱吧爷爷你好，爷爷你好！"

以后，老爷爷天天来看小鸟，听小鸟唱歌，小鸟们也非常高兴。

可是，有一天，老爷爷没有来。原来，老爷爷病了。第二天，小鸟也知道了老爷爷生病的消息。小鸟想：一定是老爷爷把帽子给了我们，自己着凉生病了，我们快给老爷爷做顶帽子。小鸟们就用自己的身上的羽毛做成了一顶帽子送给了老爷爷。

过了几天，老爷爷的病好了，他又来看望小鸟，小鸟们高兴地唱起了歌。

【分析】 这是一篇社会性教育童话故事，是针对现在的孩子大多只知道满足自己的需要，而不会考虑别人的情绪和感受，不懂得关心和帮助别人的情况而创作的。故事表达了"老爷爷关心小鸟，小鸟关心老爷爷"这一主题，将孩子们带进了一个温馨、和谐、充满爱的世界。

（二）情节生动有趣，形象鲜明突出，能吸引幼儿的注意力

故事吸引读者，主要靠的是引人入胜的情节，这是它和以塑造人物形象为核心的小说的最大不同之处。由于幼儿注意力容易分散和转移，平铺直叙的故事很难引起他们的兴趣，必须选择生动有趣而略带曲折性的情节、人物形象鲜明突出的故事，对幼儿才

有吸引力。如《贪吃的小狐狸》是一个妙趣横生的故事,情节单纯却又曲折有致。

狐狸妈妈出门了,这可乐坏了一贯贪吃的狐狸小不点儿,他把家里的水果、酸奶和冰箱里的肉品尝了一遍后,大饱了口福,却因为肚子痛被送进了医院。

故事里小不点儿的形象鲜活可爱,生活气息浓郁。由于小狐狸贪吃且不加节制的性格极有代表性,所以,幼儿在听赏或阅读小狐狸的时候,就好像在看自己。笑过之后,孩子会吸取小不点的教训。

(三)叙事方式和表现手法符合幼儿的思维特点

选择幼儿故事要注意故事的叙事方式不宜过于复杂,要简洁明快,线索单一,即情节叙述沿着一条线索发展,并贯穿到底。一般没有倒叙、插叙,也少有枝节藤蔓,而且结构连贯、完整。如俄罗斯的《小蜗牛》线索单一,不枝不蔓,故事讲述小蜗牛几次到小树林里玩儿,但它爬行速度很慢,每次都要爬行一个季节才能到达,可景色已经变成下一个季节的了。

选择的幼儿故事还要注意表现手法的多样化。童话故事是孩子们非常喜爱的文学形式,就在于它的表现手法符合幼儿思维特点,充满着拟人、比喻、夸张、幻想、象征等手法。猫和鼠本是一对天敌,但是在杨红樱的童话故事《猫小花和鼠小灰》中却交上了朋友,这是运用拟人手法的典型范例。

(四)语言浅显生动,朗朗上口,适合幼儿的接受水平

选择幼儿故事还须注意语言的浅近、生动、有趣,适合幼儿听赏,同时要活泼、明快、口语化、儿童化,富于幼儿生活情趣。如《萝卜回来了》的语言非常浅白、简洁,而且很有幼儿味道,表现力极强,幼儿听起来没有太多障碍,还有助于发展幼儿的语言能力。这样的故事既适合成人讲述,也适合幼儿听赏。

值得注意的是:幼儿的发展与年龄关系密切相关,不同年龄段的幼儿思维有很大差异,我们选择故事材料时还要考虑年龄特点。针对3~4岁的小班幼儿,应该选择内容单纯、情节简单、形象生动的故事,多使用拟人化、儿童化的语言;针对4~5岁的中班幼儿,可以选择中外经典童话故事等,语言相对丰富些;针对5~6岁的大班幼儿,故事选择要丰富得多,可以适当增加一些科普故事,语言简洁,适当使用抽象词语和复合句。

二、感知分析故事

要想将故事绘声绘色地讲述出来,抓住幼儿的心,提高孩子的听赏兴趣,讲述者在选好故事材料之后,就得对故事材料整体把握,认真分析。

(一)把握故事的主题

任何故事都有主题。讲故事的人一定要认真揣摩故事的主题思想,将真善美、假恶丑的教育渗透在讲述中,让孩子听赏之后就能明白其中的真意,从中受到教益,真正起到"润物细无声"的作用。

以幼儿生活故事为例,常见的主题有:

(1)引导幼儿明辨是非,领悟正确的思想认识和行为。杨福庆的《谁勇敢》就是通

过对比方式告诉幼儿:鲁莽逞能不是真正的勇敢。

（2）引导幼儿积极向上,追求美好的事物。安邦伟的《排队上车》引导幼儿遵守公共秩序,讲文明,懂礼貌,文明礼仪从身边做起。

（3）指出幼儿身上的缺点和错误,启发他们改正。俄罗斯奥谢叶娃的《蓝色的树叶》批评不愿意借东西给同伴的自私的小朋友,让孩子从故事中认识和摈弃自己身上的缺点,培养团结友爱、乐于助人的品质。

（二）梳理故事的情节

故事材料选好后,就要熟悉故事情节,弄清贯穿情节的线索,分析事件的来龙去脉,把握事情发生、发展、高潮和结局等方面。可以在脑海中绘制情节发展图,寻找故事的高潮,直观形象地表现情节的走向。

➡️ 小示例

瓜瓜吃瓜

扫码听朗读

有个小朋友,他的名字可怪了,他叫瓜瓜,就是西瓜的那个瓜。他为什么叫瓜瓜呀？原来他生下来的时候,胖墩墩,圆滚滚,就像个西瓜。他爸爸正想着给他起个名字呢,他妈妈说,"甭伤脑筋了,就叫他'瓜瓜'吧!"

瓜瓜可爱吃西瓜啦,他一下能吃几大块。吃完了,把小背心往上一拉,挺着圆鼓鼓的肚子,用手一拍,"嘭嘭嘭"地响,说:"西瓜在这儿呢!"

有一天,天热极了,瓜瓜又闹着要吃西瓜。妈妈拿出一个小西瓜来,对瓜瓜说:"就剩这个小的了,先吃着吧。一会儿,外婆要来,说不定会给你带个大西瓜哩!"

妈妈切开西瓜,上班去了。瓜瓜斜眼儿瞅了瞅那西瓜,翘起了嘴巴,心想:哼,这也叫西瓜？可他怪口渴的,又想:瓜儿小,说不定还挺甜哩! 就拿起一块,咬了一口。哎,一点儿也不甜。

他吃完一块,心里生着气,一甩手,把西瓜皮从窗口扔了出去,掉在胡同里的路上了。

剩下的几块,瓜瓜气呼呼地咬上几口,也一块接一块地往窗口外面扔。他想:要是外婆真的带个大西瓜来,又大又甜的,那该多好啊! 他就趴在窗台上,一个劲地往胡同东口望着,外婆每次上他家,都是从东口来的。

哟! 来了个人,慢慢地走近了,是一位老奶奶,没错儿,是外婆来了。真的,还抱着一个大西瓜呢!

瓜瓜大声嚷嚷:"外婆,我来接你——"就连蹦带跳,跑下楼去。

外婆听见了,心里一高兴,加快了脚步。走到垃圾箱旁边,不小心,一脚踩在西瓜皮上,滑了一跤,手里抱的大西瓜,啪嗒一下,摔了个粉碎。

外婆一边爬起来,一边说:"唉哟,谁把西瓜皮扔了这一地?"

瓜瓜出了门看见外婆坐在地上,连忙跑去把她搀起来,一边气呼呼抬起脚,往西瓜皮上踩:"该死的西瓜皮,哪个坏蛋扔的?"

咦,西瓜怎么这么小——坏了,这不就是他自己扔的吗?

瓜瓜偷偷看了外婆一眼,吐了吐舌头,悄悄地把西瓜皮一块一块拾起来,丢到路旁垃圾箱里去。

瓜瓜再看看外婆带来的大西瓜,瓤儿红红的,一定很甜,可惜全都碎了,沾上了泥。他只好咽着口水,拿起碎瓜块往垃圾箱里扔。

外婆不知道西瓜皮是瓜瓜扔的,只看见瓜瓜把西瓜皮扔到垃圾箱去,就说:"真乖,真乖,都像咱瓜瓜这么懂事就好了。"

小朋友,你们猜猜,瓜瓜听了外婆的话,心里是怎么想的呀?

【分析】 这则小故事以其独特的叙事框架,描绘了一幅儿童生活图景,没有错综复杂的人物关系,没有隐性情节的干扰,各情节单元组合环环相连,讲述者可以在脑中勾画出情节脉络图:吃西瓜——扔瓜皮——盼西瓜——摔西瓜。这种单线型结构方式符合幼儿特有的思维习惯,更有利于讲述者形成清晰的讲述思路。

(三)分析人物形象

在讲述故事时,人物的语言和动作表情要力求自然客观,表达出作者的褒贬态度。这就要求对故事中的人物形象进行准确的分析和想象,深入细致地反复体会人物的思想感情及其变化,使自己真正进入角色,与其合为一体。

▶ 小示例

两只笨狗熊

扫码听朗读

狗熊妈妈有两个孩子,一个叫大黑,一个叫小黑,它们长得挺胖,可是都很笨,是两只笨狗熊。

有一天,天气真好,哥儿俩手拉手一起出去玩儿。它们走着,走着,忽然看见路边有一块干面包,捡起来闻闻,嘿,喷喷香。可是只有一块干面包,两只小狗熊怎么吃呢?大黑怕小黑多吃一点,小黑也怕大黑多吃一点,这可不好办呀!

大黑说:"咱们分了吃,可要分得公平,我的不能比你的小。"

小黑说:"对,要分得公平,你的不能比我的大。"

哥儿俩正闹着呢,狐狸大婶来了,她看见干面包,眼珠骨碌碌一转,说:"噢,你们是怕分得不公平吧,让大婶来帮你们分。"哥儿俩说:"好,好,咱们让狐狸大婶来分吧。"

狐狸大婶接过干面包,恨不得一口吞下去,可是它没有这样做,它把干面包分成两块,哥儿俩一看,连忙叫起来:"不行!不行!一块大,一块小。"

狐狸大婶说:"你们别着急,瞧,这一块大一点吧,我咬它一口。"狐狸大婶张开大嘴巴,啊呜咬了一口,哥儿俩一看,又叫起来了:"不行,不行,这块大的被你咬了一口,又变成小的了。"

狐狸大婶说："你们急什么呀,那块大了我再咬它一口吧。"狐狸大婶张开大嘴巴又啊呜咬了一口,哥儿俩一看,急得叫起来："那块大的被你咬一口,又变成小的了。"狐狸大婶就这样这块咬一口,那块咬一口,干面包只剩下小手指头那么一点儿了。它把一丁点大的干面包分给大黑和小黑,说："现在两块干面包都一样大小了,吃吧,吃得饱饱的。"

大黑和小黑你看看我,我看看你,一句话也说不出来。小朋友说说看,它们是不是两只笨狗熊?

【分析】　故事中有三个人物形象:大黑、小黑和狐狸大婶。大黑、小黑两只狗熊不仅形体粗重,而且憨厚、蠢笨,狐狸大婶奸诈、阴险、狡猾而精明,利用狗熊的呆笨骗取了几乎整个面包。这样分析人物形象之后,就便于用不同的语气语调去把握人物的个性特点,揭示人物复杂细微、丰富多彩的心理活动。

三、对故事材料进行再创作

有些故事材料本身或语言凝练、概括性强,或平铺直叙、缺乏趣味性,或内容复杂、篇幅冗长。如果拿到材料后就直接讲述,孩子们不会喜欢听的。讲故事不是背故事,是讲述者在原材料基础上的语言再创作,带有鲜明的个性特征。因此,我们可以在分析把握故事的基础上,再根据讲述目的、听众对象以及故事本身的特点,对原材料做符合幼儿身心特点和接受能力的再创作。

(一) 情节的再创作

情节是故事里塑造形象、表现主题的中心环节。讲述者可根据需要适当调整情节,在符合幼儿理解水平的前提下,力求使故事内容深刻,情节波澜起伏、生动有趣且完整。这样才能抓住幼儿的注意力,受到孩子的欢迎。

1. 增加一些情节或细节

幼儿故事要想吸引那些调皮的儿童,使他们兴趣盎然地听下去,我们可以增加一些情节或细节,使故事具体生动或新奇有趣或惊险曲折,营造动人心魄、引人入胜的效果,尤其是短故事更要这样。

▶ 小示例

《狼和小羊》的原来开头是这样的:

狼来到小溪边,看见小羊正在那儿喝水。狼非常想吃小羊,就故意找碴儿……

修改后的开头:

一只凶恶的狼从山上下来找吃的。它来到一条清澈的小溪边,顺着溪水流去的方向望去,啊!太好了!一只小山羊正在那儿喝水呢!狼馋极了,口水顺着尖尖的牙齿直往下流。他多想一口吞掉小羊啊!可是,总得找个借口哇!它眼珠滴溜溜一转,有了!……

【分析】 原来的开头，文字简洁，是长处，但让人觉得不满足。改动后，虽长了些，但通过对原材料的添枝加叶，既丰富了故事的内容，又使狼的形象更加具体化，也激发起幼儿听下去的欲望，效果比原来的好。

2. 删减不必要的枝干

故事中有些细节或过程描述与主要情节无关的可以删去，把讲述的重点放在故事的主干上，让故事显得更加精练，尤其是长故事更要这样。有些不适合幼儿的内容也要删去，以免产生不良影响。如给孩子讲武松的故事，只讲武松打虎，后面武松杀嫂的情节就要删去，不宜讲述给孩子听。

需要注意的是，在对故事进行再创作时，要注意尊重故事情节的完整性。情节的推进演变过程必须交代清楚，包括故事情节的发生、发展、高潮、结局。考虑幼儿的理解能力，围绕一条故事主线，力求情节完整，脉络分明。

（二）形象的再创作

故事材料中的人物形象是通过无声文字塑造的，讲述者得将之转化为用有声语言和肢体语言塑造的人物形象，力求鲜活生动、个性突出。

1. 突出正面形象

幼儿的模仿性强，但分辨是非能力差，因此在故事中就要多塑造值得他们学习和效仿的形象和行为，不宜过多地塑造反面形象，即使因情节或主题需要反映反面人物，也要态度鲜明，使幼儿能明确地辨别哪个好，哪个不好。

2. 突出形象的动作性

幼儿好动，喜欢活灵活现的人物形象，不喜欢沉静呆板的人物形象，这就要在故事材料中，要充分突出形象的动作性特征，如《皇帝的新装》原译文中有一句"他们自称是织工，说他们能够织出人类所能想到的最美丽的布。"这是概括性描述，人物形象很不突出。给幼儿讲述时可以突出骗子们的行为描写，以对话方式来呈现：

皇帝问他们："你们会做什么样的新衣服？"

那两个人眨眨眼睛，眼珠子骨碌碌一转，回答说："我们做出来的新衣服是世界上最美丽的衣服，金的丝，银的线，红红的领子白花边。"

这样一修改，通过"眨眨眼睛""骨碌碌一转"就将两个骗子的动作神态形象地凸显出来，加之老师讲述时做出眨眼睛、转眼珠的态势，以及用夸张的语调模拟骗子的口吻，孩子们听了就会非常喜欢，骗子的形象也深入孩子内心。

3. 抓住形象的外部特征

幼儿的感知能力比较发达，且是大轮廓、粗线条的，容易抓住形象的具体外部特征。所以，我们在对故事材料再创作时，要注重突出形象的外部特征，这样不仅吸引孩子的注意力,还可以帮助孩子理解人物的内心世界和作品的意义。如童话故事中一些常见的动物形象外部特征非常明显,狗熊身体笨重、行动迟缓的外形凸显出愚笨憨厚的性格,大灰狼尖尖的嘴巴、阴鸷的眼睛传达出狡诈凶狠的性格,猴子的动作轻盈、身体轻巧的特点与聪明机灵的性格吻合……当然,这些"类型化形象"也不是一成不变的,比如《米老鼠和唐老鸭》中的老鼠具有活泼幽默的形象特点,《老鼠开会》中的老鼠是狡诈胆小的形象,《大萝卜》中的老鼠又是弱小但有力量的形象,等等。讲述时,力求将形象的外在特征与内在性格有机融合。

另外,在形象的再创作中,还要注意突出形象的个性化的语言描写、心理活动等。

(三)语言的再创作

故事文稿是用文字写给人看的,而讲故事是用嘴巴说给人听的,两者的语言风格不同。给幼儿讲故事,须根据幼儿的年龄特点、知识水平和接受能力,将"文稿"改为"讲稿"。

1. 力求口语化、儿童化

故事材料中有的段落、语句或词语幼儿不容易理解,或对幼儿没有吸引力,讲述前应适当改动,调整语言,改换句式,使之口语化、儿童化,浅近易懂,利于幼儿接受。可以进行这样几种类型的调整:

(1)将长句改为口语中常用的短句。如《小猪变干净了》原文有这样的句子:

小猪走着走着,看见前面有一只长耳朵、短尾巴、红眼睛的小白兔,就高兴地喊:"小白兔,我和你玩儿好吗?"

讲述时改为:

小猪走着走着,忽然看见前面有一只小白兔,长长的耳朵,短短的尾巴,红红的眼睛,可漂亮啦! 他高兴地喊起来:"喂,小白兔,我和你一起玩儿,好吗?"

这样,将原来长句中定语"长耳朵、短尾巴、红眼睛"拿出来放于"小白兔"后面,改成单独的几个短句,再分别加上幼儿喜欢的叠音词作为修饰,使得小白兔的形象更加鲜活,语言上更加口语化、儿童化。

(2)将书面语词改为口语词,明白如话。如"乌鸦上了狐狸阿谀奉承的当"可以改成"乌鸦上了狐狸拍马屁的当了";"这纯属无稽之谈!"不如改成"这种说法一点儿道理也没有"或"胡说八道";"此时"不如说"这时候",等等,诸如此类的词语,讲得上口,听得顺耳。另外,不使用幼儿感到理解困难的专有名词、抽象词语,多使用表示色彩、动作、形态的词语,多用叠音词、感叹词、语气词等,讲述起来增强故事的形象性。

(3)将不出声的地方改用象声词。运用简单的口技摹声,适时加些风声、雨声、动物叫声及自然界中其他的各种声响来渲染气氛,做到朗朗有声、活灵活现。例如在《猴子吃西瓜》中:"老猴一看,觉得出头露面的机会来了,就清了清嗓子说道:'吃西瓜嘛,当然……'",在老猴说话之前先模拟几声咳嗽声,就把老猴倚老卖老、摆老资格的形象特征增强了。再如小鸭子的叫声"嘎嘎",在讲到小鸭子对白时,先叫几声"嘎嘎",那样听故事的小朋友就有身临其境的感觉,小鸭子的形象也鲜活起来。

（4）可以根据情况删掉人物对话提示语。文稿上人物对话如果不交代"谁说谁说"，容易产生混乱，但是讲故事时利用不同的语气语调和语速，可以把话是谁说的交代得更加清楚、生动。这样，讲故事时，能省去"谁说谁说"，要尽量省去。

（5）可以把平板的叙述改为人物的活动和对话。例如原故事中有这样的内容："小花狗看到小青蛙，叫他一块儿出去，小青蛙不肯上岸，要到泥里去睡觉。"不如改成：

小花狗一看见小青蛙就喊："小青蛙！小青蛙！"

小青蛙把头从水里伸出来："什么事呀？"

"小青蛙，这么冷的天，别在水里游泳了，上来跟我一块儿玩去吧！"

小青蛙一听，呱呱呱地笑起来："小花狗，我不是游泳，我要到泥里睡觉，明年春天再见吧！"

这样一改，人物形象就活起来了。

除上述几点之外，还要多使用修辞手法，使语言生动活泼，如表示天热，可以说"天真热，简直能热死四百头大象。"这样饶有风趣地说，更能吸引幼儿；还可以增添一些个性化的语言描述，更容易触动他们的心灵，唤起孩子的共鸣；等等。总之，把故事文本中的文字改成艺术化、规范化、儿童化的讲述性口语，便于幼儿接受，又有利于提高他们的语言水平。

2. 适当地插入"画外音"

讲故事是一种单项口语表达，但在讲述时加上一些双向口语交际的要素，在讲述过程中，可边讲边问，既设置悬疑，激起幼儿听的欲望，又帮助幼儿理解内容，体验情感。例如鞠萍姐姐在讲述《猴子捞月》时，是这样插入"画外音"的："那水中的月亮为什么捞不起来呀？水中的月亮是什么呀？"幼儿一般都能回答这两个问题，会因此获得一种成就感。同时也锻炼孩子的观察力、想象力和推理能力。所提的问题一定要有趣，难度也要适中，让孩子在知识和经验的基础上，能通过思考做出回答。当然，教师在插"画外音"时，要把握好尺度，适可而止，开放性的问题不宜多，以教师讲述为主。

➡ 小示例

《伊索寓言》中的《乌龟和兔子》原文是：

乌龟和兔子争论谁跑得快。他们约定了比赛的时间和地点，就出发了。兔子仗恃天生跑得快，对比赛毫不在意，竟躺到路边睡觉去了。乌龟知道自己走得慢，便一直往前，毫不停歇。这样，乌龟从睡着的兔子身边爬过去，夺得了胜利的奖品。

扫码听朗读

改写后的《乌龟和兔子》：

兔子长了四条腿，一蹦一跳的，跑得可快啦。

乌龟也长了四条腿，爬呀，爬呀，爬得真慢。

有一天，兔子碰见乌龟，笑眯眯地说："乌龟，乌龟，咱们来赛跑，好吗？"乌龟知道兔子在开他玩笑，瞪着一双小眼睛，不理也不睬。兔子知道乌龟不敢跟他赛跑，乐得竖着耳朵直蹦跳，还编了一支山歌笑话他：

乌龟，乌龟，爬爬，一早出门采花；

乌龟，乌龟，走走，傍晚还在门口。

乌龟生气了，说："兔子，兔子，你别神气活现的，咱们就来赛跑！"

"什么，什么？乌龟，你说什么？"

"咱们这就来赛跑。"

兔子一听，差点笑破了肚子："乌龟，你真敢跟我赛跑？那好，咱们从这儿跑起，看谁先跑到那边山脚下的一棵大树。预备！一，二，三，——"

兔子撒开腿就跑，跑得真快，一会儿就跑得很远了。他回头一看，乌龟才爬了一小段路呢，心想：乌龟敢跟兔子赛跑，真是天大的笑话！我呀，在这儿睡上一大觉，让他爬到这儿，不，让他爬到前面去吧，我三蹦两跳地就追上他了。

"啦啦啦，啦啦啦，胜利准是我的嘛！"兔子把身子往地上一歪，合上眼皮，真的睡着了。

再说乌龟，爬得也真慢，可是他一个劲儿地爬，爬呀，爬呀，爬，等他爬到兔子身边，已经累坏了。兔子还在睡觉，乌龟也想休息一会儿，可他知道兔子跑得比他快，只有坚持爬下去才有可能赢。于是，他不停地往前爬。离大树越来越近了，只差几十步了，十几步了，几步了……终于到了。

兔子呢？他还在睡觉呢！兔子醒来后往后一看，咦，乌龟怎么不见了？再往前一看，哎呀，不得了了！乌龟已经爬到大树底下了。兔子一看可急了，急忙赶上去可已经晚了，乌龟已经赢了。乌龟胜利了！

【分析】《乌龟和兔子》原文多为概述性语句，语言凝练，情节简单。修改后，文本中的文字改成艺术化、规范化、儿童化的讲述性口语，把平淡的叙述改成了对话形式，语言变得活泼生动，浅近易懂，也充满童趣，幼儿听来很容易明白；人物形象也突出了，尤其是将兔子的行为动作、心理活动、个性化的语言描写得非常生动，一个骄傲自大的兔子形象如在眼前。

（四）设计好开头结尾

讲好故事的关键是要有好的开头和结尾。好的开头语可以一下子就抓住幼儿的注意力，引导他们很快进入故事情境中。好的结束语能够让幼儿有所思考，富有意味。故事的开头和结尾都可以根据故事的特点和讲述的目的进行设计。

1. 开头

适合给幼儿讲故事的开头方式有以下几种：

（1）提问式

先提出一个幼儿感兴趣的问题，引起幼儿的思考。提问时，语调要上扬，停顿时间稍长些，让小朋友思考或主动参与进来，与教师互动。如《曹冲称象》故事文本的开头是"讲一个小孩子称大象的故事。……"这样的开头不免有些贫乏，激不起孩子们的兴趣，更不能激发孩子们听故事的欲望。我们可以设计这样的开头：

老师：小朋友们，你们说说，我们要想知道大象的重量有什么办法呢？

幼儿：用秤称！

老师：对，用秤称。可是古时候没有很大的秤，怎么秤呢？（此处教师可以让孩子发表个人看法，完了之后）好，下面我就给大家讲一个曹冲称大象的故事。

这样的开头设计，吸引幼儿的兴趣，激发起幼儿听故事的欲望，引导幼儿的思考，使幼儿很快就集中注意力。

（2）介绍式

指对故事涉及的人、事、物等做三言两语式的简单介绍，或是对节选的、续编的故事先介绍故事起因，然后前后连贯起来，使幼儿有个完整的印象。例如，"大家都知道西瓜是吃瓤不吃皮儿的。可是那些猴子是不是也知道吃西瓜是吃瓤的呢？下面就讲个《猴子吃西瓜》的故事。""大家都知道孙悟空手里的兵器叫金箍棒，可这金箍棒是哪来的呢？现在我就来讲讲《孙悟空大闹水晶宫》的故事。"

需要记住一点：要在三行字以内进入故事主线，在故事的主线开始前不要描写，有些必不可少的交代尽量穿插在故事中，切忌一上来就长篇累牍式地介绍，或者在故事主线周围打转。

（3）悬念式

悬念式开头，就是在故事的开头设置扣人心弦的悬念，调动幼儿的好奇心，引起探究的欲望，激发幼儿的听赏或阅读兴趣。

当然，开门见山，直接进入故事也是一种常用的方法。还可以用模仿动物的叫声、猜谜语等形式开头。如"头戴大红帽，身披五彩衣，夜来它不叫，清早催人起"，幼儿很快就能猜出是"公鸡"，听故事的兴趣就被激发起来了。

2. 结尾

怎样结尾也是一个值得重视的问题，除了按照故事情节发展自然结束外，可根据故事内容和幼儿情况，对原结尾进行加工处理，以取得更好的效果。给幼儿讲述的故事，一般都不长，其结尾可以采取以下几种方式：

（1）提问式结尾

启发幼儿思考故事中的意义。例如，"小朋友，你们知道寒号鸟的教训到底是什么吗？"

（2）高潮处结尾

故事讲到情节的高潮部分戛然而止，言尽而意不止，引起幼儿的种种猜测。

（3）总结性结尾

用一两句话简单地对故事内容进行总结，或直接告诉幼儿故事的教育作用。例如，"谁叫他们上课不专心呢！"

巩固训练

一、给幼儿讲故事前选择故事材料要注意哪些？

二、如何对幼儿故事材料的语言进行处理加工？

三、请为以下几个故事设计一下开头和结尾。

狐假虎威　守株待兔　画蛇添足

四、针对幼儿故事《三个伙伴》，从主题、情节、人物三个角度进行整体把握分析。

三个伙伴

（俄罗斯）奥谢叶娃

魏佳把点心丢了。上午休息的时候，小朋友们都去吃点心了。只有魏佳站在一旁。

郭良问她："你怎么不吃呢？"

"我把点心丢了……"

"真糟糕！"郭良一边吃一大块白面包，一边说："到吃午饭还有好长一段时间呢！"

米沙问："你把点心丢在哪儿了？"

"我不知道。"魏佳小声地说，把脸转了过去。

米沙说："你大概放在口袋里，不小心丢的。往后得放在书包里。"

可是沃罗佳什么也没问，他走到魏佳跟前，把一块抹着奶油的面包掰成两半，拉着这个伙伴说："你拿着吃吧！"

五、下面是安徒生的《皇帝的新装》原译文的开头和修改后的开头，请对它们进行比较，看看哪一种更适合幼儿听赏，并说明理由。

原译文：

许多年前，有一位皇帝，为了穿得漂亮，他不惜把他所有的钱都花掉。他既不关心他的军队，也不喜欢去看戏，也不喜欢乘着马车去游公园——除非为了去炫耀一下他的新衣服。正如人们一提到皇帝时不免要说"他在会议室里"一样，人们提到他的时候总是说："皇帝在更衣室里。"

他居住的那个大城市里，生活是轻松愉快的。每天都有许多外国人到来。有一天，来了两个骗子。他们自称是织工，说他们能够织出人类所能想到的最美丽的布。这种布不仅色彩和图案都分外地美观，而且缝出来的衣服还有一种奇怪的特性：任何不称职的或者愚蠢得不可救药的人，都看不见这衣服。

修改后：

从前，在一座金灿灿的房子里住着一个胖胖的大肚子皇帝，他呀，最喜欢穿好看的新衣服了。一会儿穿这一件，一会儿穿那一件。他的新衣服多得就像天上的星星，数也数不清。但是，他还嫌不够呢。

有一天，皇帝正在房间里，一面穿新衣服，一面照镜子。忽然听见门外有人在喊："谁要做新衣服，谁要做新衣服啰？"皇帝一听，可高兴了，连忙派人"蹬蹬蹬"地跑出去，

把这两个人叫到屋里。

皇帝问他们："你们会做什么样的新衣服？"

那两个人眨眨眼睛，眼珠子一转，回答说："我们做出来的新衣服是世界上最美丽的衣服，金的丝，银的线，红红的领子白花边。"

皇帝听了，心里乐滋滋的，他想："我如果穿上了世界上最美丽的衣服，我就是世界上最美丽的人了。"

其实，那两个人都是骗子，他们根本不会做什么衣服。

他们还对皇帝说，他们做出来的衣服还有一个优点，如果谁是个大笨蛋，谁就会看不见这衣服。

拓展延伸 >>>>>>>

美国老师讲故事

第三节　幼儿故事的讲述技巧

案例导学

在某校学前教育专业学生的一次"讲故事"比赛结束后，该校的某老师做了点评。他肯定了选手们在比赛前从故事的选材、语言、态势等方面都做了精心的准备，更赞赏选手们以生动传神的讲述、富有童趣的语言、抑扬顿挫的语调以及恰到好处的体态语将故事演绎得惟妙惟肖，举手投足间显示出了幼师生扎实的基本功。憨厚的大象、羞涩的兔子、狡猾的狐狸、机智的小猪……一个个生动的角色在选手们精彩的讲述中活灵活现地展现了出来，充满浓郁的儿童情趣。同时，该老师也提出了宝贵的建议："讲"幼儿故事不等同于"演"幼儿故事，更不能语调生硬地"背"故事，强调幼儿故事讲述应适合幼儿年龄特点，讲述时要注意"讲"与"演"的有机结合。最后，该老师声情并茂地给同学们示范了幼儿故事《猴子吃西瓜》，掀起了比赛又一个高潮。

【分析】　该校老师的点评集中表达了幼儿故事讲述技巧的运用问题。给幼儿讲故事，需要凭借通俗生动的语言、丰富的表情、形象的动作，绘声绘色地展现故事情节和人物性格。只有这样，才能引起孩子的兴趣，增强故事对孩子的感染力。

学海畅游

讲故事在一定程度上跟评书相似。借鉴评书的讲述方式，讲故事也有"文讲"和"武讲"之分。"文讲"是指在讲述的时候动作幅度小，语调适中，表情含蓄一些。对于幼儿来说,通常是采用"武讲"形式,即动作表情适度夸张,语气语调变化较大,并且有鲜明的拟声造型等,既用动听的语言"讲"故事,也要有极富特征的态势语"演"故事,以达到绘声绘色的效果。这不是一件容易的事情,需要掌握一些技巧。

一、精心处理讲述语言

要讲好故事,语言必须准确、清晰、生动,声音的高低快慢一定要符合情节的展开和人物性格,注意区分故事中作者的叙述语言和情节中的人物语言,并注意两者间的自然转换。

(一)叙述语言的处理与技巧运用

叙述语言指故事中人物独白、对白以外的语言。它包括时间、地点、背景、人物的一般交代,也包括对故事中人物的动作、神态、心理和人物关系的描述,以及讲述者个人情感的表达和对人物、事件的评论等。

幼儿故事中的叙述语言,既要体现幼儿老师的亲切柔和、富有引导性,又要体现幼儿故事的活泼形象、富有趣味性,还要体现出讲述者的感情和态度。不同的故事内容和风格,运用不同的语气、语调、语速、节奏、音量等,借助声音的高低、强弱、明暗,语速的快慢缓急,语调的抑扬顿挫等方面的变化来表现。

一般说来,故事的自然交代、情节的叙述和逐步展开,叙述时声音、语速适中,有顿有连,呈平行的语势;描述人物连续的动作,要加快节奏,增强动感;当讲到事件突发、境况危急、矛盾激化、情绪激动时,常常声音高亢有力,语速加快,语调多是上扬;而当人物境遇特别危险、情绪极度紧张(焦虑、恐惧、悲痛等)时,也可以突然放慢节奏,减慢语速,降低音高,减小音量,甚至运用气声,显出凝滞和压抑,等等。

比如,像"猴王找到个大西瓜"这个句子,讲述时,"王"字后面稍作停顿,"王""西"两字调稍高,"个""瓜"都是轻声念法,"王""大""西"三字念得较重;语速上,"找到个大西瓜"较"猴王"稍快。这样一来就显得起伏有致,自然也就生动活泼多了。

(二)人物语言的处理与角色转换

人物语言指故事中人物的独白和人物之间的对白,它对于塑造人物形象起着举足轻重的作用。

讲述人物语言时应该把握人物的"角色感",做到"声如其人"。要抓住故事中人物的言行和心理活动的语句,依据人物的情感、性格和环境变化等,用恰当的语气、语调、语速、语音等来塑造角色形象。如动物故事中常见的一些形象,猴子机灵,说话声音高而细,吐字靠前,语速较快;小熊憨厚老实,说话声音低而粗,吐字靠后,语速较慢;小白兔乖巧可爱,语气亲切呆萌;大灰狼凶残狰狞,语调低而沙哑;老牛温和敦厚,低而沉缓;表现孙悟空说话时,可以用爽快、干脆的语调,声音尖一点,节奏快一点;表现猪八戒时,可用慢一点的节奏,厚一点的声音,表现他憨实的性格。

不同性格的人,声音的处理也不一样:性格刚强的人说话声音厚实,吐字饱满有力;性格懦弱的人说话声音半虚半实,吐字轻缓;骄傲的人说话盛气凌人;谦虚的人说话平稳;奉承拍马屁的人说话低三下四;病危的人说话断断续续……这样,讲述人抓住人物的个性心理,尽可能符合生活真实,幼儿就能通过声音区分出角色和剧情的变化。

⇄ 小示例

小马过河

扫码听朗读

马棚里住着一匹老马和一匹小马。

有一天,老马对小马说:"你已经长大了,能帮妈妈做点事吗?"小马高兴地说:"怎么不能? 我很愿意帮您做事。"老马高兴地说:"那好啊,你把这半口袋麦子驮到磨坊去吧。"小马驮起口袋,飞快地往磨坊跑去。跑着跑着,一条不知深浅的小河挡住了去路,河水哗哗地流着。小马为难了,心想:我能不能过去呢? 如果妈妈在身边,问问她该怎么办,那多好啊! 可是离家很远了。小马向四周望望,看见一头老牛在河边吃草,小马"嗒嗒嗒"跑过去,问道:"牛伯伯,请您告诉我,这条河,我能走过去吗?"老牛说:"水很浅,刚没小腿,能蹚过去。"小马听了老牛的话,立刻跑到河边,准备过去。突然,从树上跳下一只松鼠,拦住他大叫:"小马! 别过河,别过河,你会淹死的!"小马吃惊地问:"水很深吗?"松鼠认真地说:"深得很哩! 昨天,我的一个伙伴就是掉在这条河里淹死的!"小马连忙收住脚步,不知道怎么办才好。他叹了口气说:"唉! 还是回家问问妈妈吧!"小马甩甩尾巴,跑回家去。妈妈问他:"怎么回来啦?"小马难为情地说:"一条河挡住了去路,我……我过不去。"妈妈说:"那条河不是很浅吗?"小马说:"是呀! 牛伯伯也这么说。可是松鼠说河水很深,还淹死过他的伙伴呢!"妈妈说:"那么河水到底是深还是浅呢? 你仔细想过他们的话吗?"小马低下了头,说:"没……没想过。"妈妈亲切地对小马说:"孩子,光听别人说,自己不动脑筋,不去试试,是不行的,河水是深是浅,你去试一试,就知道了。"小马跑到河边,刚刚抬起前蹄,松鼠又大叫起来:"怎么? 你不要命啦!?"小马说:"让我试试吧!"他下了河,小心地蹚到了对岸。原来河水既不像老牛说的那样浅,也不像松鼠说的那样深。

【分析】 故事中四个人物性格鲜明,老马耐心、亲切、严格;小马天真、幼稚、单纯;老牛温和、老成、沉稳;小松鼠性急、热情、活泼。讲述时,应把握好人物的性格特点,用不同的音色、语气、语调和语速来表现他们:老马声音低沉,语气老练、沉稳、亲切;小马声音稚嫩,语气单纯;老牛语速缓慢,声音浑厚;小松鼠语速稍快,声音尖细。

二、运用摹声技巧

由于情节的需要,讲故事有时还要模仿大自然的风声、雨声、流水声,模仿人的笑声、哭声、叹息声,也要模拟动物的鸣叫声以及汽车声、轮船声、飞机声、枪炮声等等。这些模仿都可以渲染环境气氛,增加如见其人、如闻其声、如临其境之感。

这种模仿很难一蹴而就,首先要求我们师范生平时注意观察和积累;其次,不要怕丑怕羞,只有当我们的声带和发音器官彻底放松了,才有可能伸展自如,发出尖细粗哑、大小高低各不相同的声音来。最后,便是要注意观察体会,细心琢磨。如:羊叫的声音是极为尖细且有些发颤；公鸡打鸣高亢嘹亮且往往由小到大；母鸡的一声"咕嗒"，"咕"音是反复出现的，"嗒"的音拖泥带水得较长，有点像"咕咕咕嗒——"；狗叫声精而且锐，有股狠劲；牛叫声低沉浑厚而且悠长。

▶ 小示例

唱歌比赛

扫码听朗读

有一天，小鸡、鸭子、小狗、小羊和小猫比赛唱歌，它们请小白兔做评判员。

小鸡第一个唱："叽叽叽，叽叽叽。"小白兔说："小鸡唱得太轻了。"

鸭子接着唱："嘎嘎嘎，嘎嘎嘎。"小白兔说："鸭子唱得太响了。"

小狗说："我来唱。"它很快跑到前面，唱："汪汪汪，汪汪汪。"小白兔说："小狗唱得太快了。"

小羊说："我来唱。"它慢吞吞地走到前面，唱："咩——咩——咩——"小白兔说："小羊唱得太慢了。"

最后，轮到小猫唱。小猫不慌不忙地走到前面，唱起来："喵，喵，喵。"小白兔说："小猫唱得不快也不慢，声音不小也不大，好听极了，小猫应该得第一名。"

【分析】　这是幼儿生活中常见的几种动物。摹声训练时注意突出六个动物形象的特性：小鸡胆小、羞涩，声音尖、细、慢、轻；鸭子大胆、无所谓，声音沙哑而洪亮；小狗豪爽、泼辣，声音快速、洪亮；小羊胆怯、温柔，声音细、柔、慢；小猫不慌不忙、悠闲自若，声音细、长、尖；而裁判员小白兔的声音干脆、坚定、自然。

三、恰当使用态势语

讲故事是以讲述语言为工具，但是，为了内容和感情的需要，我们要用动作、手势、眼神、表情等态势语的"演"来辅助"讲"。态势语是一种无声语言，是讲述语言的必要补充。虽然它的使用仅仅是一种手段，但用得好，可以使讲述语言锦上添花，令你的故事更加生动形象。

给幼儿讲故事，态势语言的恰当使用更是不可少，因为故事讲述不仅作用于幼儿的听觉，同时也作用于幼儿的视觉，面部表情和手势动作对幼儿来说更直观、更具体、更形象。孩子们的思维是以形象思维为主，而在认识上也多是感性认识，所以当你借助手势、表情、动作、眼神等身体语言表达故事意思时，能将幼儿带入故事特定的情境中，帮助孩子理解故事情节，体会故事里人物的喜怒哀乐。

态势语包括面部表情、手势和身姿等。

（一）面部表情

讲故事时，面部表情要自然，既要真实感，又要艺术感。作为幼儿老师，给孩子讲故事要表现出一定的亲和力、形象性，面部表情首先要到位。交代故事的一般内容时面部放松，面带微笑，表情和蔼可亲，拉近与孩子的距离，给孩子亲切感。随着故事情节的发展和变化,表情随之变化,或神情紧张,或眉头紧皱,或喜笑颜开,或愁眉苦脸,一笑一颦,尽与故事情节和人物吻合。

眼神在故事讲述中起到画龙点睛的作用,喜、怒、哀、乐、惊、恐、悲等各种情感,都在眼神里。眼神的闪动,有时甚至可以产生"此时无声胜有声"的艺术感染力。讲故事要学会用眼睛说话,用多姿多态的眼神,紧密地应答故事的内容和人物的情感。眼神儿活了,人的情态就有了灵魂,就能够眉飞色舞,"表""里"合一,艺术表现力自然会增强。

(二)手势动作

幼儿故事一般都带有表演性,附以手势动作表演,这是提升故事精彩程度的有效手段,能为故事增光添彩,显得丰富有趣。比如配合语言适当增加脸部扬起、眼角一瞥、侧耳倾听、双手叉腰、双手背后、抓耳挠腮、摊手叹息等动作,如讲到小鸟,就飞一飞;讲到生气时就噘噘嘴、跺跺脚;讲小白兔时,语言欢快,两手放在头两侧展示小白兔的两只大耳朵,把小白兔活泼可爱的形象表现出来。

但手势要适度,千万不能一字一动作,一词一比画,或是僵硬造作,夸张变形,让人看上去不舒服、不自然。又或是手势与内容不一致,为了手势而手势,和内容分了家,这样的手势不如不要。

(三)身姿

讲故事与有声语言配合的态势语,除了面部表情和动作手势之外,还有身姿,即根据故事情节需要的弯腰、侧身和脚步移动等。一个故事讲下来,不可全身僵直、纹丝不动,否则显得很呆板。但脚步的移动要服从故事的需要,适当即可,不宜过大,不可以毫无目的地移来移去,更不宜忽东忽西像孙悟空一样满台乱蹦,身体运动的范围基本是一步之内。

根据故事情节的需要,还可以通过左侧45°或右侧45°的站位来表现人物的对话。如《骆驼和羊》故事中有三个角色:骆驼、羊、老牛。在讲述时可以用不同的站位区分。骆驼说话时,讲述者可以采用固定的右侧站位;羊说话时,可采用左侧站位;老牛说话时则可以站中间。由于运用了不同的站位,幼儿就不难分清"骆驼、羊、老牛"三个截然不同的角色了。但运用站位时,要避免侧得过分,也不要像机器人那样硬邦邦地转身、跨步,在不知不觉中移步换位,脚步有契机出去,还得找契机收回。

🔄 小示例

猴子吃西瓜

猴王找到个大西瓜。可是怎么吃呢?↗这个猴王啊是从来(摇头)也没吃过西瓜。忽然,它想出一条妙计,于是把所有的猴儿都召集来了,对大家说:(双手背后)"今天,我找到一个大(双手掌心向内比画一下)西瓜,这个西瓜的吃法嘛,我是全(晃一下脑袋)知道的,不过我要考验一下你们的智慧,看你们谁能说出这西瓜的吃法,要是说对了,我就多(和颜悦色地、右手向右前方点一下)赏它一份儿;要是说错了,我可是要(瞪眼,向左臀一下)惩罚的!"

小毛猴一听,挠了挠腮说:"我知道,吃西瓜吃瓤儿!"猴王刚想同意,"不对,↘我不同意小毛猴的意见!↘"一只短尾巴猴儿说:"我清清楚楚地记得我和我爸爸到我姑妈家去的时候,吃的是甜瓜,甜瓜是吃皮,我想(神情认真)西瓜是瓜,甜瓜也是瓜,当然该吃皮啦!"

大家一听,有道理。可是到底谁说的对呢,于是都不由把眼光集中到一只老猴儿身上。老猴儿一看,出头露面的机会来了,就清了清嗓子说道:"(清嗓子状)这……这西瓜嘛,当然……该吃皮啦,我从小就吃西瓜,而且是一直吃西瓜皮,我想(摸长胡须)我之所以老而不死,正是吃了这西瓜皮(得意地摇头晃脑)的原因!"

有些猴儿早就等急了,听老猴儿这么一说,也跟着嚷嚷起来,"对,吃西瓜吃皮!↗""吃西瓜吃皮!↗""吃西瓜吃皮!↘"猴儿王一听,认为已经找到了正确的答案,就向前迈了一步说:"对! 大家说的都对,吃西瓜嘛,就是吃皮! 哼,就小毛猴儿说吃西瓜吃瓤,好,(冷漠地)那就让它一个人吃去,咱们大家伙都吃(双手搅一下)西瓜皮!"于是,西瓜一刀两断,小毛猴儿吃瓤,大家伙儿共分西瓜皮。

有个猴儿刚吃了两口,就捅了捅旁边的猴说:"哎,(皱眉,吐舌)我说这可真不是滋味啊!"

"咳——老弟,↘我常吃西瓜,这西瓜嘛,(不以为然地挥一下手)就这味儿……"

【分析】　文中不同方向的箭头表示语调的升降变化,括号里表示人物形象说话时的动作态势等。《猴子吃西瓜》这个故事,作者写了几个不同的猴子,由于性格不同,它们说话的时候语气语调就不一样,神情举止等态势语也各有千秋:猴王是个不懂装懂、爱摆架子的角色,因此说话时用故作镇静、爱发命令的口气,一边想一边大声讲,还故意做出摇头晃脑、双手背后的动作,面部表情也是或喜或怒,这样便把猴王自作聪明、内心空虚的心理状态充分体现出来;老猴是倚老卖老、摆老资格的角色,因此,老猴说话时的声音要老气深沉、语速缓慢,辅之以清嗓子、摸胡须、摇头晃脑的动作,把貌似对吃西瓜很有经验的情态表达出来;短尾巴猴是个形而上学、根据想象下结论的角色,因此,塑造它的形象时采用边思考边说的方式;小毛猴呢,只有它实践过吃西瓜,因而它说话时语气要肯定又要显得轻松,表情要单纯天真。

四、要有幼儿意识

幼儿教师在讲故事时要时刻有幼儿意识,想到是幼儿在听故事,开始时要注意打招呼,引起孩子们的兴趣。比如:"小朋友们注意啦! 好听的故事马上就要开始了!"过程中还要注意遵循幼儿的身心发展规律。幼儿是无意注意占优势,有意注意的时间很短,考虑到他们思想可能游离,可以适时互动,在适当的时候设置一些提问或者卖一下关子,故意吊起小朋友的胃口,引起小朋友的兴趣。结尾也要有幼儿意识,如启发思考,说明道理等。如"小朋友,你们说,母鸡的话对吗?""小朋友,你们知道那只鸟的教训到底是什么呢?"

总之,给幼儿讲故事,教师一定要认真分析、正确理解作品的主题、情节、人物等,在此基础上发挥自己的艺术想象,调动各种口语表达技巧,以富有表现力和感染力的声音,加之生动灵活的态势语,鲜活地再现作品中的人和事。

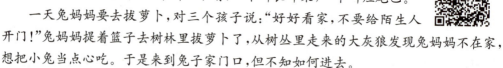

巩固训练

一、什么是叙述语言和人物语言?幼儿教师讲述故事时一般如何处理叙述语言?

二、参照"学海畅游"中《猴子吃西瓜》故事中的语调、停连和态势语的提示,结合所学的故事讲述技巧,讲述给全班同学听赏。

三、先对《小兔乖乖》的内容、主题、人物、情节进行感知分析,然后根据所学的幼儿故事讲述技巧,绘声绘色地讲述下面故事。

小兔乖乖

扫码听朗读

兔妈妈有三个孩子,一个叫红眼睛,一个叫长耳朵,一个叫短尾巴。

一天兔妈妈要去拔萝卜,对三个孩子说:"好好看家,不要给陌生人开门!"兔妈妈提着篮子去树林里拔萝卜了,从树丛里走来的大灰狼发现兔妈妈不在家,想把小兔当点心吃。于是来到兔子家门口,但不知如何进去。

正在这时兔妈妈回来了,大灰狼赶紧藏了起来。兔妈妈来到门前唱到:"小兔乖乖,把门儿开开,妈妈回来,快把门儿开!"三只小兔一听妈妈回来了,高兴地就把门打开了。兔妈妈带回整整一篮子的萝卜,小兔子们高兴得不得了。

第二天,兔妈妈到树林里去采蘑菇,小兔子把门关得紧紧的。过了一会儿,大灰狼又来了,他一边敲门,一边用那又粗又哑的声音唱歌:"小兔子乖乖,把门儿开开! 快点儿开开,我要进来。"红眼睛一听,以为是妈妈回来了:"妈妈回来了,妈妈回来了!"短尾巴一听,也以为妈妈回来了:"快给妈妈开门呦,快给妈妈开门呦!"长耳朵一听,拉住红眼睛和短尾巴:"不对,不对! 不是妈妈的声音。"红眼睛和短尾巴从门缝里一看:"不对,不对! 不是妈妈,是大灰狼。"小兔子齐声说:"不开,不开,我不开! 妈妈不回来,谁来也不开。"

大灰狼着急了:"我是你们的妈妈,我是你们的妈妈!"小兔们说:"我们不信,我们不信! 要不,你把尾巴伸进来让我们瞧一瞧。""好咧,我就把尾巴伸出来,让你们瞧一瞧。"小兔子把门打开一点儿,大灰狼就把自己的尾巴伸了进去。嘿! 一条毛茸茸的大尾巴。一、二、三,嘭——小兔子们一使劲,把门关得紧紧的,大灰狼的尾巴给夹住了。

大灰狼痛得哇哇直叫:"哎哟,哎哟,痛死我了……放了我,放了我!"小兔子把门松了松,大灰狼夹着尾巴逃走了。

这时兔妈妈回来了,她放下篮子,一边敲门,一边唱歌:"小兔子乖乖,把门儿开开! 快点儿开开,我要进来。"小兔子听见妈妈的声音,抢着给妈妈开门,抢着帮妈妈拎篮子,还把刚才发生的事告诉了妈妈，兔妈妈高兴地说："你们真是好孩子。"

四、下面是全国职业院校技能大赛"学前教育专业教育技能"幼儿故事讲述的评分标准，请自选一则幼儿故事，以班级为单位开展"讲故事"比赛。

内容		评分标准	分值
幼儿故事讲述（10分）	基本功	1. 语音标准，口齿清晰，语速适宜，语言表达流畅、清晰，内容完整 2. 恰当、自然地运用语言技巧，感情充沛，精神饱满，抑扬顿挫 3. 脱稿讲述	4
	表现力	1. 语气、语调、动作、表情符合角色形象，符合故事内容和特点，有感染力 2. 有幼儿意识，表现出对幼儿讲故事，恰当地运用态势语言，亲和力好	4
	创意	故事内容合理加工，表现具有个性	2
评分分档	基本功扎实，表现力好，创意好，幼儿意识好		9～10
	基本功较扎实，表现力较好，创意较好，幼儿意识较好		7～8
	基本功一般，表现力一般，创意一般，幼儿意识一般		5～6
备注	该项未完成		0～4

拓展延伸 >>>>>>

常见动物体态语言

第四节 幼儿绘本故事讲述

 案例导学

　　今天小谢老师给大班的孩子们带来了一个绘本故事《母鸡萝丝去散步》。小谢老师相信今天的故事一定能够赢得孩子们的喜欢。可当她讲述时，却发现孩子们并没有被故事打动，他们只是对母鸡安全回到家的故事结尾报之以一两声笑声。

　　这是怎么回事呢？小谢老师仔细看看手中的

绘本,突然明白了,原来这个绘本故事文字讲述部分很少,且平淡无奇,而用图画描述狐狸追逐猎物的故事却引人入胜。她只是照着文字讲述了母鸡萝丝的故事,却忽略了隐藏在文字背后的狐狸的故事,难怪孩子们没有感受到故事的幽默有趣。

【分析】 绘本故事属于幼儿故事一个类型,它和一般幼儿故事的讲述有很多相似点,但也有不同点。结合图画讲述绘本故事,方可带领孩子们领略绘本世界的精彩。

一、什么是绘本故事

绘本故事是以图画为主、文字为辅,或全部用图画表现故事内容的一种故事形式。在我国通常叫"图画故事",在日本简称为"绘本"。绘本具有强烈的画面感,能吸引幼儿的兴趣,在阅读过程中可以培养和发展幼儿的多种能力。国际上公认"绘本是最适合幼儿阅读的图书"。

绘本故事中存在着两种信息系统:一是绘画,二是文字。这两个系统只是在表达方式上不同,并不是各自独立的,而是互为补充。在绘本阅读中,所有绘画都作为一种语言形式被阅读。教师可以通过讲故事的形式,借助书中的绘画将文字和图像有机结合起来,引导幼儿去学习知识、建构精神,去享受"阅读"一本书的快乐,从而激发起阅读的兴趣。这对于培养幼儿的阅读兴趣、提高其阅读能力大有裨益。

二、绘本故事讲述的作用

绘本故事讲述在学前教育中有着重要的价值。2001年7月教育部颁发的《幼儿园教育指导纲要(试行)》指出:"利用图书、绘画和其他多种方式引发幼儿对书籍、阅读和书写的兴趣,培养前阅读和前书写的技能。"幼儿教师利用绘本中的图画来培养幼儿对书籍、对阅读的兴趣,正是讲述绘本故事的重要价值。

虽然说,绘本主要是借助于绘画来展开故事的,幼儿一般都能自行阅读,但幼儿自己阅读绘本和听别人讲述有着很大的不同。日本最负盛名的绘本研究者松居直和美国的教育心理学家杰洛姆·布鲁纳,都一致认为成人要为幼儿讲读绘本故事。因为绘本是通过优美的语言和生动的图画表现故事的,当教师配合图画讲述绘本的文字时,幼儿用耳朵听语音,用眼睛看图画,这两个途径获得的信息在孩子的心里融为一体,使故事活动起来,形成更为广阔的故事世界。这时,阅读带来的快乐、喜悦、美感会被淋漓尽致地展现出来,图画书的体验会永远地留在孩子的记忆中。

三、如何讲述绘本故事

(一)引导幼儿关注图画

阅读绘本既可以促进幼儿语言能力的发展,又可以培养幼儿的图画审美能力,丰富幼儿的想象力。因为绘本作为一种综合运用图画与文字表现故事内容的图书,不仅体现语言美,更体现色彩美与构图美。绘本的图文互相依赖、互为补充并互为影响,文字描述解释了画面,是故事的线索和内容简介,而图画是通过色彩、图案等表达故事内容,是故事内在的思想和情感的外显形式。幼儿教师在指导幼儿阅读绘本故事时,通过有声语言表现的同时,应当强调对图画的关注,使幼儿视觉欣赏的重点是绘本的"图画"。

对于文字较多的绘本故事,基本上可以按照文字讲述,语言表达技巧与一般幼儿故事讲述一样,口语化、儿童化,生动形象,富于表现力和感染力。与一般幼儿故事讲述不同的是注意引导幼儿观察画面,尤其是画面上的细节、画面之间的关联,帮助幼儿连贯地理解故事。同时通过必要的问题、过渡句激发幼儿想象和思考,让幼儿视听结合,既感受到听故事的愉悦,也有视觉上的审美享受,更训练了幼儿的观察力、思考力、想象力、表达力等。

对于文字较少的绘本,教师如果只按照现有的文字讲给儿童听,儿童只能接受到来自听觉的故事描述,接收到的内容简单,缺少绘本故事更多的背景等相关信息,对绘本故事内容没有较全面的了解。这样,绘本故事的价值将无从发挥。比如绘本《母鸡萝丝去散步》,只讲文字不配合图片,幼儿是没有兴趣的。再如绘本《兔子先生去散步》也是一个文字与图画紧密配合、缺一不可的故事,不配合图画,故事中起引导作用的各种"标志"就完全用不上了,也就无法起到引导孩子理解生活中各种标志内涵的作用。

对于无文字的绘本故事,教师更应该引导幼儿观察、分析图画,比较画中人物的行为、表情,寻找故事发生的线索,启发幼儿联想、想象,进一步引导幼儿把看到的故事用语言表达出来。

因此,讲述绘本故事,应尽可能地配合呈现图片,让幼儿能将听觉信息和视觉信息整合在一起。教师可以从绘本的封面、环衬、扉页开始,引导幼儿观察图画,预测故事的主要人物和主要情节,以激发幼儿的听赏兴趣。正文部分,教师根据画面提供的时间、地点、人物、背景等自行建构故事的框架,结合幼儿的实际生活,用适合幼儿特点的语言来呈现故事。讲述过程中,教师还要给予幼儿观察图画的时间,鼓励幼儿注意画面的细节,推测将要发生的故事内容。如果绘本的封底也有一定的价值,也要引导幼儿观察,使整个绘本故事的理解更加完整。

(二) 注意保持故事的完整性

作为故事的讲述者,教师要确保叙事的完整性,避免在讲述过程中提一些不必要的问题。如果教师走出故事多提问,把故事分解成支离破碎的片段和问题,那么就无法给幼儿带来情感的共鸣和审美的愉悦。完整的故事才是生动的、富于启发性的。所以讲述者要注意不要在故事开始前就提很多问题,在讲故事过程中也要少提问题,更别急着在故事讲完后,就要求幼儿复述故事。讲述者要在故事讲述结束后,给幼儿留出一些回忆、思考、回味的时间,让幼儿在对故事的回忆中学着去感受故事本身的内容与情感。

比如,有位幼儿老师在与孩子们阅读绘本故事《爷爷一定有办法》时,一开始就问幼儿:"妈妈为什么要丢了约瑟的小毯子?"幼儿对故事一点儿也不了解,怎么能知道妈妈为什么要丢了约瑟的小毯子? 在爷爷每次动手之前,这位老师都问幼儿:"能不能猜到爷爷要做什么?"这样的提问貌似是在引导孩子们思考和表达,其实是在打断幼儿的阅读思路,扼杀幼儿的阅读兴趣。所以,作为幼儿教师,我们一定不要讲述时频繁地停下来提问,让幼儿回答各种各样的问题,要知道这样做的后果是故事在不断的提问中被分割了,失去了故事本身的流畅、动人和美好。当然,一些引导幼儿观察、推测、思考、表达性的问题是不可少的。

(三)恰当使用多种表现手段

绘本故事讲述与一般幼儿故事讲述一样,在发挥有声语言魅力的同时,也要借助于其他表现手段,来增强艺术效果。

态势语的巧妙运用可以有效再现情境,增强故事的感染力。比如经典的绘本故事《猜猜我有多爱你》,人们在讲述时,多借助不同程度地张开手臂的动作,来表现小兔子和妈妈对彼此的爱。这些动作的运用使得故事更加生动、形象,充溢着爱的气氛和快乐的童趣。在讲述《苏菲生气了》时,教师用表情和眼神生动地再现苏菲的各种心情:哭泣时的伤心,听见鸟叫时的好奇,风吹起头发时的惬意,看着水波时的宁静……苏菲在大自然的抚慰下心情变化的过程得以传神地表现。

头饰、手偶等道具的运用也会使绘本故事讲述更加生动。比如讲述《月亮,生日快乐》这个绘本故事时,可以带上小熊的头饰,第一时间带幼儿进入童话的世界。讲述《我绝对绝对不吃番茄》时可以在左右手上套上一个外国男孩和一个外国女孩的手偶,这样教师在讲述时会更自如地切换角色。

适当的音乐有时也可以为故事讲述增添魅力。音乐最能调动人的情感,贴近人的心灵,渲染情境,创造气氛。舒缓优美的乐曲往往可以帮助幼儿快速进入绘本的情境中。比如睡前给孩子讲《猜猜我有多爱你》时,适当放一些轻音乐,配合讲述者温柔轻松、充满爱意的声音,有助于孩子放松心情,慢慢进入梦乡。

四、科学选择绘本故事

绘本的种类丰富多彩,有情感认知类、品格培养类、情绪管理类、习惯养成类、科学知识类等,丰富的绘本是幼儿教师故事讲述材料的宝库。但是,作为幼儿老师,须科学选择绘本故事素材,否则会影响教育教学效果。下面几种类型的绘本在教学活动中慎重使用。

(一)不适合作为故事讲述的绘本

有一些绘本虽然对孩子的发展很有利,但是不适合作为故事来讲述。观察力培养类绘本就是一类,这类绘本更注重对画面的分析,比如《谁咬了我的大饼》是本培养幼儿观察力的绘本,旨在以图画为主,让幼儿通过逐一观察大饼上牙印的形状来推理和判断是谁吃掉大饼,而不是由教师通过故事讲述告知幼儿每一种动物的牙印是什么形状的。同类型绘本《是谁嗯嗯在我头上》也是以培养幼儿观察力为主的。如果直接将其作为一个绘本故事讲述,就不能够挖掘出这个绘本的最大价值。科学知识类也不适合作为故事来讲述,如《THIS IS 米先生的世界旅游绘本》,这套绘本更适合让幼儿多观察画面,在对图画的欣赏中饱览每座城市最经典的景色。还有一些绘本,虽然故事性很强,但是过多的重复情节难以吸引幼儿,或者有些内容容易误导幼儿等,也不适合在课堂教学中讲述。

🔆 小示例

中班绘本教学活动《我绝对绝对不吃番茄》课堂实录(节选)

....

师:今天我们一起来看的书的名字就叫《我绝对绝对不吃番茄》。看看书上画的是谁?

生:有个小朋友不动手吃;有个番茄,有两个小朋友不去吃。

师:好,我们一起来看看这个故事。我先给大家介绍一下,这个是妹妹,她的名字叫罗拉,还有个子高的是哥哥,叫查理。我们一起和他们打个招呼。

生:查理哥哥罗拉妹妹你们好!

师:(按故事顺序讲述)我有个妹妹叫罗拉。她是个有趣的小人,有时候我不得不看着她,有时候爸爸妈妈还让我安排她吃饭。这里这个"我"是谁?

生:罗拉

师:这个我到底是谁?

师:这个我是查理哥哥,他的任务是什么?

生:让妹妹吃饭。

师:我们一起来看看。(继续讲述)这个任务很困难,因为罗拉是一个非常挑食的小家伙。什么叫"挑食"?

生:就是西红柿也不吃,蔬菜也不吃,肉也不吃。

师:对,挑食就是这个也不吃,那个也不吃。(继续讲述)罗拉当然不愿意吃胡萝卜,她说胡萝卜是给小兔子吃的,那我就问她,来点豌豆怎么样啊?罗拉说,豌豆看起来太小了,而且颜色也太绿了。如果你是罗拉的哥哥或者姐姐,你会怎么哄她吃饭?

生:就骂她,就打她。

师:这可不行,如果你不吃东西,难道骂骂你就吃下去啦?妹妹是你爱的人呀,有什么办法哄她呢?要关心她。

生:喂她,骗妹妹说,吃饭就给她讲个故事。吃完饭带她去公园玩滑滑梯,吃不好就不带她去。

师:那我们来看看,查理哥哥有什么好办法。(继续讲述故事)罗拉说,我不吃豌豆。并且,我是绝对绝对绝对地不吃番茄!你们爱吃番茄吗?

生:爱吃。

师:番茄的味道怎么样啊?

生:酸酸甜甜的。

师:(继续讲述)你说得挺好的,因为你吃的东西我们都没有,我们不用吃这些。这时候,你们猜猜罗拉是什么心情?

生:会很高兴,很甜蜜。

师:那么今天查理哥哥会给她吃什么呢? 我们一起来看看,她看到了什么?

生:胡萝卜。

师:她爱吃吗?

生:不爱吃。

师:那她会怎么说呢?

生:我永远都不吃,我不喜欢吃。

师:(继续讲述)罗拉看着桌子说:可是,这里还有胡萝卜,我永远都不吃胡萝卜。查理哥哥说:哦,你以为他们是胡萝卜,可是他们不是胡萝卜,他们是从木星来的橘树枝!胡萝卜是不会长在木星上的。猜猜,罗拉听了哥哥的话,她做了什么事情?

生:她在和外星人一起吃胡萝卜了。

师:(继续讲述)如果他们真的是从木星上来的话,我倒是愿意尝一尝,接着,罗拉又看到盘子里的豌豆了。罗拉喜欢吃豌豆吗? 她会怎么说?

生:(争先恐后地)说:我讨厌吃,我不爱吃,我很讨厌很讨厌。

师:(继续讲述)这当然不是豌豆,这是从绿色王国来的绿色圆球。他们是用绿色的东西做的,然后从天上掉下来的。但是罗拉又说:我还是不愿意吃绿色的东西。我说,那太棒了,我愿意把你那份也吃掉,这种绿色的东西可是非常少见的。于是,罗拉就说,那好吧,也许我可是吃上一颗或两颗。

……

【分析】《我绝对绝对不吃番茄》是英国绘本作家罗伦·乔尔德的作品,讲述了一个挑食的小姑娘罗拉在哥哥查理的创意引导下,接受了各种原本不爱吃的食物,最后竟然连"绝对绝对不吃的番茄"也吃了! 整个故事就在兄妹俩的对话中进行,开始是妹妹不断地拒绝,然后是哥哥具有创意的想象和爱的表达,最后是妹妹一次一次地妥协在哥哥的创意描述之中。

从绘本的选择上来看,这个绘本虽然非常有趣,但并不适合以集体教学活动的形式开展,而更适合在亲子阅读或者活动区域的自主阅读中运用。原因有以下几点:第一,绘本故事情节虽然简单,但是中间重复部分比较长,且不具有猜测推理的趣味和其他悬念,难以吸引幼儿的注意力。其次,绘本的主题虽然是阐述了挑食是坏习惯的理念,但是幼儿好模仿的特点,使得教师在教学的过程中较难把握主题思想,容易给幼儿一个错误的导向——"绝对绝对不吃"是一个正确的饮食态度。因此,这整个活动虽然进行了下来,但是教学有效性并不能得到保证,教师预设的目标其实是让孩子明白挑食是坏习惯,同时让孩子感受故事中哥哥对妹妹细致的关怀和爱。但是实际教学并没有达到这样的效果。

（二）无文字的绘本

有些绘本没有文字，如瑞士绘本作家莫妮克的"小老鼠无字绘本系列"的《大风》。这本绘本故事情节非常简单，小老鼠无意中揭开了一张不知道在什么地方的白纸，看到了一个飞翔的世界。小老鼠自己开动脑筋，借助这张白纸飞向了那个世界。对于这类绘本，教师不要急着给幼儿讲述故事，而应该把绘本还给孩子，让孩子充分观察其中的图画，去感知绘本里那个有趣的世界。然后再引导幼儿用自己的语言讲述自己看到的那个世界，最后才是教师讲述自己根据这个绘本改编的故事。

（三）需要改编的绘本

有些绘本文字很少，而图画则是故事中非常重要的内容，如《母鸡萝丝去散步》。这类故事也不适合直接照绘本上的文字讲述，而是以绘本文字为纲，依照图片重新创编故事。下面是绘本原来的的文字：

母鸡萝丝去散步。她走过院子，绕过池塘，越过干草垛，经过磨坊，穿过篱笆，钻过蜜蜂房，按时回到家吃晚饭。

这么短的文字，怎么讲述呢？可以适当进行改编，如下文：

母鸡萝丝出门去散步，她走过院子，狐狸紧紧地跟在后面。院子的中央有一只钉耙，狐狸一脚踩在钉耙上，钉耙一下子竖起来，"啪"的一声打在狐狸的脑门上，狐狸被打得眼冒金星。

母鸡萝丝继续往前走，她绕过池塘，狐狸还是紧紧地跟在后面。突然，狐狸脚下一滑，"扑通"一声，一头栽到池塘里，水花四溅，差点被淹死。

母鸡继续往前走，她越过干草堆，狐狸仍然紧紧地跟在后面。眼看就要靠近母鸡了，它向前一扑，却一下子掉进了干草堆里。

母鸡萝丝继续往前走，她经过磨坊。面粉袋的绳子缠在了母鸡的脚上，当狐狸经过的时候，面粉袋的口"哗"地打开了，面粉洒在了狐狸的身上，压得狐狸动弹不得。

母鸡萝丝继续往前走，她穿过篱笆。狐狸看见篱笆的缝隙太小，钻不过去，就用力地一跳，不偏不倚正好跳到山坡上的小推车上。小推车顺着山坡轱辘轱辘往下滚。

母鸡萝丝继续往前走，她从蜂箱下钻了过去。载着狐狸的小推车却正好滚下来，"轰"的一声撞倒了蜜蜂房。蜜蜂房里的蜜蜂"嗡嗡"地纷纷向狐狸飞去，狐狸撒开四条腿飞快地没命逃走了。

母鸡萝丝什么也不知道，她按时回到家吃晚饭。

改编后，教师可以一边引导孩子观察画面里母鸡和狐狸的行为，一边用生动形象的语言讲述母鸡和狐狸的故事。这样，孩子们既观察欣赏了图画，又听了故事，还锻炼了语言表达能力。

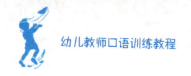

 巩固训练

一、什么是绘本故事？绘本故事讲述对幼儿的发展有什么意义？

二、改编无字绘本《十朵小云》，并在全班同学中尝试讲述。

三、将班级同学分成几组，每组同学分别自编一个幼儿故事，然后根据故事内容进行绘画创作，自编绘本故事书，并模拟幼儿园课堂教学情境，进行绘本故事讲述训练。

四、课后观看绘本《我爸爸》《我妈妈》《爷爷一定有办法》《逃家小兔》《再见的味道》《我懂礼貌》《大卫，不可以》《獾的礼物》。

拓展延伸

 >>>>>>

国际著名的绘本大奖

第七章

幼儿教师童话剧指导训练

　　幼儿对世界充满着好奇和想象,观看和表演童话剧,有助于他们了解世界、发展想象力、丰富生活经历。著名文化学者余秋雨说过:"一个孩子如果没有机会从小学习表演,将来很难成为有魅力的社会角色。让儿童参加戏剧表演,不是要培养文艺爱好者,而是要赋予孩子们一种社会技能。"《幼儿园教育指导纲要(试行)》中明确指出:"语言能力是在运用的过程中发展起来的,发展幼儿语言的关键是创设一个能使他们想说、爱说、会说,并能得到积极应答的环境。"

　　童话剧表演是角色游戏的一种重要形式。一部优秀的童话剧不仅给幼儿在视听上带来强烈的震撼,提高语言的理解力和表达力,还可以借助鲜明的形象、生动的表演和丰富的内容等引导幼儿认识社会、观照自我,促进幼儿形成正确的三观。学前教育专业学生应该学会组织、指导幼儿进行童话剧表演。

　　1. 认识童话剧对幼儿的教育价值,借助优秀童话剧引导幼儿认识社会、关照自我,促进幼儿形成正确的三观。

　　2. 掌握童话剧剧本选择与改编的方法,能够依据幼儿身心发展和童话剧的特点,科学选择剧本并进行改编。

　　3. 掌握童话剧台词表达、形象表演、舞台设计等技巧,把握幼儿语言发展特点,形成指导幼儿童话剧表演的能力。

第一节　童话剧表演概述

案例导学

　　小张老师带的是大班。从这个班小班时她就带了,和孩子们感情很深,大多数孩子在语言、体能、艺术等各方面都发展得很好,但是在规则、责任、安全、合作等方面,反复教育提醒还是不能很好地执行,总有几个小朋友上厕所或运动时不排队、不遵守规则。于是,小张老师指导幼儿排演了童话剧《小猴过桥》,让孩子们通过模仿小猴们的动作、语言亲身体验不遵守规则带来的危害,又让幼儿们体会小猴一个一个排好队便能顺利过桥摘到了桃子的道理。果然,孩子们在玩滑滑梯、进教室时都主动排队,连最调皮的毛毛也乖乖地排队了。很快地,孩子们在其他方面的行为规范也有了进步。

　　【分析】　童话剧表演是幼儿园中最好的一种寓教于乐的方式,它对幼儿成长的影响是多方面的。孩子们在表演中,不仅提高了对语言的理解和表达能力,还明白了生活、做人的道理,有利于养成良好的行为习惯。

 学海畅游

一、童话剧及童话剧表演的概念

　　童话剧是幼儿话剧的一种。幼儿话剧是以角色形象的台词、表情、动作等为主要表现手段的幼儿戏剧。其中,以拟人形象为主要角色,用幻想形式来表现的叫幼儿童话话剧,简称童话剧。

　　童话剧表演是以童话剧剧本为原型,通过演员扮演剧本中的角色,运用一定的表演技能(言语、动作、手势等)和道具、场景等,再现童话剧剧本的内容(或某一个片段)的一种高级游戏。

　　童话剧表演经常被作为一种特殊的教育手段成为幼儿教育工作的一部分。这就要求幼儿教师有一定的文学艺术修养和表演技巧,不仅自己能改编、会演,更要会做幼儿的导演,组织辅导幼儿进行表演。因此对于幼师生来说,童话剧的表演是一项综合性艺术实践活动,从改编剧本、排演,到设计制作道具、舞台布景、化妆、灯光、配乐直至公开演出,都要积极参与其中。这是对自身文化素养和专业技能的一个综合的锻炼和提高。

二、童话剧的特点

（一）具有游戏性

游戏是幼儿重要的生活内容和活动方式。幼儿通过游戏认识社会、感受生活、获得知识和经验。童话剧受到幼儿的欢迎，正是因为它适应了幼儿的认知特点，具有强烈的游戏性。如包蕾的《小熊请客》，其创作素材来源于幼儿常常玩的"过家家"游戏。童话剧表演是对幼儿日常玩的类似游戏加以改造、丰富和提炼的一种高级游戏。

（二）戏剧冲突单纯而有趣

"没有戏剧冲突就没有戏剧。"童话剧主要是表演给幼儿欣赏的，因此童话剧中的戏剧冲突必须符合幼儿的年龄特征、审美心理及接受能力。童话剧为了顾及幼儿有限的思维和理解能力，其戏剧冲突往往比较单纯，而且充满幼儿情趣。一方面，冲突是由角色生活经验和认知水平不足引发的，如柯岩《小熊拔牙》的戏剧冲突，是因小熊贪吃甜食又不爱刷牙的行为性格与缺乏自制力之间的矛盾造成的。这类冲突不但情节简单，而且往往滑稽、诙谐、生动，富有幼儿情趣。另一方面，冲突是由对立角色引起，表现为幼儿能够理解的真假、善恶、美丑之间的冲突。如《小熊请客》中蛮横霸道的狐狸被勤劳善良、团结友爱的小动物们合力赶跑。

（三）语言动作化形象化

幼儿的特殊性使得童话剧的语言也要与幼儿的接受能力相适应，必须浅显活泼、生动形象且富于动作性，充满幼儿趣味。形象化的语言配合大幅度、夸张的动作，能够恰切地展示角色思想感情和性格特点，如《小熊拔牙》中，小熊在妈妈出门后的独白具有高度动作化的特点，通过其在舞台上"唱""跳""洗""擦""抹""拿""抓"等动作表演，形象展示了其活泼、顽皮、马虎、有些任性的性格。

三、童话剧在幼儿教育中的作用

童话剧是综合的舞台艺术。在幼儿园教育实践活动中，教师给幼儿排演童话剧，让孩子们在欣赏和表演中获得审美愉悦、发展语言能力、养成高尚的道德情操和行为习惯，是对幼儿进行艺术素质教育和思想品德教育的重要手段。

（一）童话剧能够给幼儿以艺术熏陶和审美愉悦

幼儿健康心理的成长离不开快乐自主的实践活动。舞台上，演员的形体扮相和活灵活现的表演、生动活泼的台词，加上布景、灯光、道具和烘托气氛的音乐等多种艺术手段，能迅速吸引幼儿的注意力，引发他们欣赏的兴趣，调动他们的情绪，进而启迪他们的思想，打动他们的心灵，愉悦他们的身心。

（二）童话剧能够提升幼儿素养，促进能力发展

幼儿不会局限于只当观众，他们爱模仿、爱幻想、爱表现的特点，决定他们十分乐意参加童话剧的表演。经老师启发幼儿理解、想象剧本里不同角色，通过台词、动作、神态

等将人物表现出来,可以提高孩子们的思维、想象、创造及语言表达能力等。这在幼儿素质教育中起了很大的促进作用。

(三)童话剧能够培养幼儿高尚的品格情操及良好的行为习惯

童话剧中塑造的各个形象一般都鲜活生动、褒贬分明,显示的主题也很明朗,教育意义一目了然。它能够引导幼儿明辨是非,区分真善美和假恶丑,潜移默化地影响着孩子们高尚品质的培养和良好行为习惯的养成。

⊙ 小示例

小猴过桥

人　物　猴妈妈、猴老大、猴老二、猴老三、猴老四

(旁)　河边的草地上有一群快乐的小猴子。瞧!他们在干什么呢?(音乐起,有的踢着球,有的打着滚,还有的在捉迷藏。)

(旁)　咕噜、咕噜。咦!是什么声音哪?原来是小猴子们的肚子在叫哇!(小猴子们跑到妈妈身边)

小猴子们　妈妈,妈妈!我们饿了!(趴在妈妈怀里)

猴妈妈　你们瞧!河对岸的桃树上结满了好吃的桃子,你们就去那儿摘桃子吃吧!

小猴子们　(高兴得拍着手跳起来)好啊!好啊!

(旁)　小猴子们向河边跑去,眼前出现了一座独木桥。

猴老大　啊!这么窄呀!

猴老三　(推开猴老大、猴老二,先上了桥)让我先过,让我先过。

(旁)　小猴子们都争着过桥,只听见"扑通"一声,猴老三掉进了河里。

猴老三　(坐在地上,手脚乱拍乱蹬)救命!救命!

猴老大　哎呀!快回去叫妈妈来。

小猴子们　(边往回跑边喊)妈妈,妈妈!老三掉进河里了,快去救他吧!

(旁)　妈妈赶到河边,把猴老三救了上来(大家回到草地上)。

猴妈妈　你们瞧!多危险哪!桥这么窄,你们怎样才能过去呢?

猴老大　(动脑筋)有了!一个跟着一个走,就能过独木桥了。

猴老三　不能推,不能挤。

小猴子们　对!只有一个跟着一个走,才能过独木桥。

猴老大　来!排好队!(音乐起,猴子排队过桥,摘桃、吃桃)

(旁)　就这样,小猴子们一个跟着一个过了独木桥,吃到了好吃的桃子。

小猴子们　啊!吃饱了!

猴老四　我们再给妈妈摘几个桃子吧!(上树摘桃)

猴老大　不早了,我们该回家了,妈妈要等急了!来!排好队!(音乐起)

小猴子们　妈妈!我们回来了!我们给你带了桃子!

猴妈妈　　你们真是我的好宝宝!

【分析】《小猴过桥》是以培养幼儿规则意识为主题的童话剧。教师组织幼儿通过表演该话剧,模仿其中的动作、语言来亲身体验不遵守规则带来的危害性,让孩子们充分领会到像小猴们那样一个一个排好队不争也不抢就能吃到桃子的道理,提高了幼儿的规则意识,促进他们养成良好的行为习惯。

巩固训练

一、什么是童话剧? 向全班同学分享自己所熟悉的童话剧。

二、阅读童话剧剧本《"没长耳朵"的小老虎》,结合作品谈谈童话剧的特征。

"没长耳朵"的小老虎

角　色　　小熊、小老虎、小兔、袋鼠、小猪

道具及场景　　生日场景,活动室四周悬挂气球,桌上有橡皮泥制作的蛋糕,娃娃家的碗筷、勺子、蜂蜜罐一个(可用奶粉罐替代,里面装上少许水替代蜂蜜),各种角色头饰一个。小熊、小兔、袋鼠一起在桌边为生日晚会做准备工作,袋鼠在绑气球,小兔在倒蜂蜜。

小　熊　　今天是小猪的生日,我们准备开个生日晚会,要准备气球、蛋糕还有蜂蜜……

小老虎　　(登场做跳跃状,兴奋地)嗨! 我做些什么? 挂彩带,还是挂气球? 我最拿手的就是做跳起来的事情。

小　兔　　(皱起眉头,讨厌地)你能不能不到处跳,停下来好好听。

小老虎　　(摇头晃脑地)没问题,我听着呢。

袋　鼠　　小老虎,帮我把气球绑一绑。

小老虎　　没问题,没问题,包在我身上(边说边弄破两个气球)。

小老虎　　(做得意状)怎么样? 气球爆炸的声音好听吗?

袋　鼠　　(大吃一惊,用手掩耳,生气状)我让你把气球绑上去,没让你"嘭嘭"地把气球弄破呀!

小老虎　　(低头,抱歉地)哦,真对不起! 下次,我一定听仔细。

小　兔　　小老虎,帮我倒点儿蜂蜜,就倒一点儿。

小老虎　　(拿起蜂蜜罐,往蛋糕上倒蜂蜜,倒得太多,蜂蜜都滴到了地上)那就多倒点儿吧!

小　兔　　(张大嘴巴,吃惊地)我让你倒一点儿,你倒这么多干啥? 你要竖起耳朵听清楚。

小老虎　　(不好意思地搓着手)对不起! 下次,我一定竖起耳朵听清楚。

小　熊　　(招呼同伴过来)你们看! 我家被小老虎弄得乱七八糟,小兔,还是换到你家去开生日晚会吧。小老虎,你去请小猪,听清楚,请他到小兔家……

小老虎　（还没听完小熊的话，就一蹦一跳地走了）知道啦！我就去！

〔教师将场景稍做整理变为小兔家。

小兔　小熊　袋鼠　（走到台角，然后走到台中，齐说）小兔的家到了，我们赶紧布置吧！

小　熊　（着急地张望远处，看看手表）都过了这么久了，小老虎怎么还没来啊？

小老虎　（和小猪一起急匆匆，气喘吁吁地跑上）对不起！真对不起……

小　兔　怎么这么久才来啊？

小老虎　（难过地低下头）你们跟我讲话，我没认真听，所以没听清楚要把小猪带到谁了。我们找了很久，好不容易才找到小兔家的，都怪我。

小　熊　（拍拍小老虎的肩膀，做安慰状）没关系！以后你要记住：别人讲话的时候，一定要竖起耳朵认真听，才能把事情做好。

小老虎　对！以后，我一定认真听别人讲话，再也不做"没长耳朵"的小老虎了。

小　猪　那我们就一起庆祝生日吧！

（音乐起，大家欢快地唱歌，跳舞。）

三、根据教材讲述，结合自己参与见习或者参与表演的经历，谈谈童话剧表演活动对幼儿教育的价值。

拓展延伸　>>>>>>

我国幼儿戏剧发展历史

第二节　童话剧的选择与改编

案例导学

有位语文老师在给学前教育专业的学生上课时，组织了一次改编童话剧的活动。他指导学生结合已学的儿童心理学的相关知识，将童话《夜莺》改编为童话剧，并让学生自由排练、集中展示、交流分享，最后还让学生自编作品集。以下是该活动的过程描述（略做修改）。

（一）自主学习、探究学习

教师制订初步计划，提出活动要求：第一阶段：将《夜莺》分成四场，分四个小组改写剧本，每一组选取两位导演、两位编剧。在课上各组分角色朗读，讨论发现问题，再修改剧本，如此反复。第二阶段：制作道具，预演剧本，要求每一场演员不超过三个。在准备过程中发现问题,进一步修改。

（二）自我体验、自我思考

老师详细介绍活动的流程与规则,并明确要求:每一组选取一位评委,其他组员都当观众,以幼儿的视角看表演,并投票。

夜莺

学生们按照事先分好的小组进行表演,同时老师担任摄影师,将学生们的表演录制下来。第一场:寻找夜莺;第二场:夜莺歌唱;第三场:人造夜莺;第四场:夜莺归来。同学们的演出都很认真,有的运用自己的特长边弹边唱,有的和着优美的音乐翩翩起舞,有的表情生动、动作形象……每组表演都有自己的特色。同学的积极性很高,虽然中间也有忘词、音乐放不出来、ppt打不开等情况,但同学们都能随机应变将童话剧表演完整。

（三）自我总结、自我感悟

吴同学:我演的是皇帝,但是感觉没什么威严嘛,看上去倒像是大臣。

石同学:是啊。我觉得还是第二场的李某某演得好,那个语气真的像皇帝。

李同学:我的语速太快了,还是紧张啊。下次一定要放轻松。

张同学:王某某演的夜莺真好。舞跳得很好,歌唱得也好。最佳夜莺非你莫属啊。

胡同学:我们这一组的台词太长了,不够简洁。不要说小朋友了,如果不是我们熟悉作品,我听了都有些吃力。

学生们七嘴八舌地议论着,有的表现出对自己表演的不满,有的是对别人的赞美,总之通过观看自己表演的视频,学生们对自己的作品又加深了认识。

（四）发现问题、解决问题

老师:我们已经观看过表演的视频。下面请每一组的导演根据本组的表演总结表演中的不足之处,并提出修改意见。最后提交自评表。

卢同学:我觉得我们这一组的表演很好。虽然中间有忘词的现象,但总的来说,大臣、渔夫这些角色演得还是挺到位的。特别是我们的走台,不像其他组,仅仅局限在中间的位置,还将舞台拓展开,甚至还和台下的观众小朋友们有一个互动。(同学们笑)我想这是我们这一组的优势。当然了,第一次担当导演还存在许多的缺点和不足,比如在剧本的把关上,有些台词太长了,旁白部分太多等还是要再进一步改进的。

老师:谢谢卢导的精彩陈词。我觉得有一点确实如卢导所说,他们这组注重了与观众的互动。这一点在童话剧的表演中还是较为重要的。下面我们欢迎第二组导演——姚导。(第二组、第三组总结,此处省去)

老师:很好。几位导演的发言都很精彩,既总结了自己的闪光点,也提出问题,对今后的整改提出了一些设想。接下来请观众评委在导演自评结束后提交投票表。(评委同学们愉快而紧张地忙碌着,进行评分,并选出各奖项获奖者)

老师:好,下面我们给同学们颁奖。奖杯是老师亲自制作的"夜莺杯"。(同学看到老师亲自画的夜莺,并做成的夜莺杯都笑了)在掌声和音乐声中老师给同学们颁奖。

（五）建构知识体系

老师：颁奖结束并不代表着我们这一活动已经结束，还有一项收尾工作，要完成一个作业。各组提交本组作品集。包括：一稿剧本、修改剧本、表演剧本、编剧自述、导演自评、投票表、评分表、表演照片。各组将这些材料集成册。这既是一个纪念，也是一个总结与深化。期待着同学们更好的作品出现！

【分析】　案例中的语文老师组织将课文改编成童话剧的活动，使学生对童话、童话剧有更深层次的了解，也锻炼了改编剧本、排演童话剧的能力，同时也增强了幼儿意识。从幼儿视角看童话剧，就要从幼儿心理的角度来审视排演的童话剧，看是不是符合幼儿的审美，能不能被幼儿接受。

 学海畅游

一、童话剧的选择

开展童话剧表演，首先要有童话剧剧本作为脚本。剧本选择是否恰当直接影响幼儿的表演和观赏的兴趣与效果。选择时要考虑接受对象的审美特点和心理感受，考虑以下三个方面的要素：要有健康活泼的思想内容；要有符合幼儿心理和思维方式的情节，富于幼儿情趣的戏剧冲突；要角色简明。具体选择时，须把握以下几个原则：

（一）主题的思想性、启发性原则

童话剧可以说是以"小的面积"集中"大的思想"的最佳载体。它在较短的篇幅中融汇深刻的理想，起到弘扬"真、善、美"、鞭笞"假、恶、丑"的作用。童话剧本可以是歌颂性的、比喻性的，也可以是讽刺性的，但都必须对幼儿有益，能启迪幼儿思想。

（二）情节的生动性、曲折性原则

对于幼儿来说，童话剧要尽量发挥"寓教于乐"的功能，枯燥无味的童话剧会使他们失去欣赏的兴趣，更谈不上从中获得教益了。唯有线索比较单纯但情节生动曲折的作品能激起幼儿浓厚的观赏欲望。所以，在选择剧本时，一定要注意看情节是否有完整性、趣味性，是否能够吸引幼儿，符合幼儿的审美心理，看戏剧冲突是否单纯而富于幼儿情趣，充分吸引幼儿。

（三）角色的形象性、动作性原则

对于童话剧来说，角色形象是构成童话艺术造型的主体。塑造鲜明、生动的角色形象是根本的任务。因此，我们在选择剧本的时候必须充分考虑角色的形象特点，要符合幼儿的形象思维占重要位置、抽象思维还比较薄弱的发展特征，符合幼儿好动不喜静的心理，角色一定要具有形象性、动作性的特点。角色语言朗朗上口，合辙押韵，便于幼儿记诵，就更会受小朋友欢迎。

➤ 小示例

小熊请客

人物　小熊、小猫咪、小狗、小公鸡、狐狸

背景　大森林(场景一)、小熊家(场景二)

道具　食物、礼物、头饰、石头道具、动物衣服等

第一场　森林里,大树下

狐　狸　(数板)我的名字叫"狐狸",一肚子的坏主意,人人见我都讨厌,说我好吃懒做没出息。太阳升得高又高,可我肚子里还没吃东西,饿得我呀两条腿一点劲儿都没有了,嗨! 还是让我到大树底下歇一会儿吧!

〔小猫咪提着一包礼物,唱着歌跑出来:喵、喵,小猫叫

狐　狸　小猫咪,小猫咪,你今天打扮得这么漂亮,这是要到哪里去呀?

小　猫　今天过节,小熊请客,我们到它家去,又吃又玩又唱歌,真呀真快活!

狐　狸　(焦急地)小猫咪,你带我一块去吧!

小　猫　(指着狐狸的鼻子)狐狸狐狸你不干活,还想白白吃东西。哼! 我才不带你去呢!(说完就跑掉了)

狐　狸　小猫咪真是个坏东西!

〔狐狸叹了口气,刚想躺下去,忽然看见小花狗蹦蹦跳跳地提着一件礼物跑出来

狐　狸　小花狗,小花狗,你今天打扮得这么漂亮,这是要到哪里去呀?

小花狗　今天过节,小熊请客,我们到它家去,又吃又玩又唱歌,真呀真快活!

狐　狸　(焦急地)小花狗,小花狗,你带我一块去吧!

小花狗　(指着狐狸的鼻子)狐狸狐狸你不干活,还想白白吃东西。哼! 我才不带你去呢!(说完就跑掉了)

狐　狸　小花狗真是个坏东西!

〔狐狸叹了口气,刚想躺下去,忽然见小公鸡蹦蹦跳跳地提着一件礼物跑出来

狐　狸　小公鸡,小公鸡,你今天打扮得这么漂亮,这是要到哪里去呀?

小公鸡　今天过节,小熊请客,我们到它家去,又吃又玩又唱歌,真呀真快活!

狐　狸　(焦急地)小公鸡,小公鸡,你带我一块去吧!

小公鸡　(指着狐狸的鼻子)狐狸狐狸你不干活,还想白白吃东西。哼! 我才不带你去呢!(说完就跑掉了)

狐　狸　(生气地)你们这些坏东西! 好哇! 你们不带我去,我偏要去。到了小熊家,我就把好吃的东西一口气都吞到肚子里,你们等着吧!

〔说着舔舔舌头,摇摇尾巴,挺着胸,大摇大摆地朝小熊家走去

第二场　小熊的家

小　熊　(正在家里忙)把地扫干净,桌子椅子擦干净,朋友来了多高兴!(忽然听到敲门声)谁呀?

小猫咪　我是小猫咪。

小　熊　欢迎你,欢迎你!

小猫咪　这包礼物送给你!

小　熊　谢谢你,谢谢你,我也请你吃东西。这是骨头、小鱼和小虫,随便吃点别客气!

小猫咪　骨头、小虫我不爱,小小鱼儿我最欢喜!(小猫咪在吃的时候又响起了敲门声)

小　熊　谁呀?

小花狗　我是小花狗。

小　熊　欢迎你,欢迎你!

小花狗　这包礼物送给你!

小　熊　谢谢你,谢谢你,我也请你吃东西。这是骨头、小鱼和小虫,随便吃点别客气!

小花狗　小鱼、小虫我不爱,香香的骨头我最欢喜!(小猫咪和小花狗在吃的时候又响起了敲门声)

小　熊　谁呀?

小公鸡　我是小公鸡!

小　熊　欢迎你,欢迎你!

小公鸡　这包礼物送给你!

小　熊　谢谢你,谢谢你,我也请你吃东西。这是骨头、小鱼和小虫,随便吃点别客气!

小公鸡　骨头、小鱼我不爱,小小虫儿我最欢喜!(门咚咚响,狐狸在门外拼命敲门)

小　熊　谁呀?

狐　狸　(大声地)快开门,我是大狐狸!

小　熊　(吓了一跳,急得团团转)哎呀!是这个坏东西来了。

狐　狸　(把门敲得更响了)快开门,把好吃的东西都拿来!

小　熊　(悄悄地与伙伴围在一起商量)

合　　　好!(小熊把石头分给了大家,小熊开门狐狸大踏步地走进门,东瞧瞧,西看看)

狐　狸　快把好吃的东西拿来!

合　　　给你!给你!(大家边喊边扔石头)

狐　狸　(抱着头)哎呀!疼死我啦!边喊边逃走了)

合　我们胜利啦!

【分析】《小熊请客》是一出脍炙人口、深受几代孩子青睐的童话剧,比较适合幼儿园中、大班幼儿欣赏或者表演。

首先,思想内容健康。爱劳动的小猫、小花狗、小鸡在去小熊家做客的路上遇到了懒而馋的狐狸,并先后拒绝狐狸也要去做客的要求;随后,狐狸蛮横霸道闯进小熊家,要吃掉所有好东西,最终被小动物们齐心协力用石块轰跑。通过演绎告诉孩子们:只有勤劳、懂礼的人,才会受到别人的欢迎。

其次,情节设计和戏剧冲突符合幼儿心理和思维方式,富有游戏性和趣味性。狐狸多次乞求,都因为好吃懒做遭到拒绝,使剧本的趣味性明显。狐狸和小动物们之间的矛盾冲突,在情节中两处反复,幼儿容易学会。第二场是情节发展的高潮,小动物们用石头砸狐狸的部分是戏剧冲突的集中性体现,游戏味很浓。

最后,角色的动作化形象化很强。几个角色都是蹦蹦跳跳地出场,形象地表现出小动物们的可爱活泼特点。最后几个动物合力向狐狸扔石头,有很强的动作性;不同的拟声词强调突出了人物角色,富有幼儿情趣;运用韵文和散文两种语言形式,代表和区别出两类动物迥然不同的特征,使对白和歌唱结合,形式活泼,符合幼儿接受水平。

二、童话剧的改编

长时期以来,社会为幼儿提供的原创作剧本太少,无法满足孩子们对童话剧的需要。所以,幼儿文学作家和广大幼教工作者积极行动起来,挑选已有的幼儿文学作品加以改编,缓解童话剧剧本的供求矛盾。童话剧剧本的改编是依据原作品进行的文学创作活动,是在原作品基础上进行审美再创造的活动。改编童话剧剧本可以从下面几个方面着手。

(一)选择恰当的幼儿文学作品作为改编的素材

并非所有的儿童文学作品都适合改编成童话剧。改编前,应从童话剧的特点去审视、衡量原作,看其有没有改编的可能。

一般来说,用于改编的原作,应当是适宜舞台演出的幼儿叙事诗、故事或者童话;内容贴近幼儿生活、能够激趣,符合幼儿思维能力和心理特征;线索比较单纯、情节完整连贯,并且情节或语言有一定反复,幼儿容易学会和表现;主要人物 3~5 个为宜,人物形象鲜明;场景变化相对集中,矛盾冲突较为紧张,能够引人入胜。如《小蝌蚪找妈妈》《没有牙齿的大老虎》《"咕咚"来了》等都曾被改编成儿童剧,搬上舞台演出,受到小观众的欢迎。

(二)对选择的幼儿作品依据童话剧要求进行再创作

由于文体不同,选定原作后,要把它改编成童话剧剧本,需经过一个再创作的过程。改编时既要尊重原作,不随意改变主题,增减人物、情节,又必须根据剧本要求和舞台演出需要做改动,重组作品。可以从以下几个方面进行设计改编。

1. 设计提示语

提示语是剧中叙述性语言,改编时主要依据原作的环境描写和叙述性语言来设计,安排场景和人物活动,包括舞台提示语和角色提示语。舞台提示语用于交代人物角色、时间、场景及上下场等;角色提示语用于说明人物言语时的外部动作及内在情绪等。

小示例

故事《春天里的雪人》开头：

深山里站着一个雪人儿。风呼呼地响着，时常传来雪从树枝上落下来的声音。除了这，就什么声音也听不到了。林子里做雪人儿的孩子也不来玩了。只有雪人儿一直孤零零地待在那儿。

有一天，树林里传来了说话声……

根据开头的环境描写和人物的出场，改编同名剧本将开头提示语设计为：

场景　冬末春初，天下过了大雪，深山里很安静，只有一个雪人孤零零地待在山里。

〔树林远处传来了几个小动物的说话声，伴着音乐响起，小兔子、松鼠、小狐狸上场

2. 设计角色语言

角色语言要个性化、动作化、口语化，能充分表现人物的性格特征，引起相应的动作、表情变化，推动剧情发展，便于演员与观众理解。对于一些旁白多、对话少、心理活动多、表现较困难的故事，可以将旁白的表述、角色心理活动等改编成易于表演的角色语言。

小示例

柯岩的《小熊拔牙》里一段台词：

小　熊　先洗洗小熊眼，再擦擦熊嘴巴；熊鼻子抹一抹，熊耳朵拉两拉；熊头发梳三下，嗯，就不爱刷牙。

【分析】　"洗""擦""抹""拉""梳"，动作性极强，便于演员表演；台词口语化、韵文化，"巴""拉""牙""下"一韵到底，演员易记易演，观众也容易理解。通过这样的台词表演，小熊顽皮、任性、活泼可爱的形象十分鲜明。"就不爱刷牙"也为后面拔牙做好了铺垫。

小示例

故事《咕咚》里有一句叙述语言：小兔子听到"咕咚"一声，心里好紧张，转身就跑。可改编成小兔的台词：

"啊！这是什么声音？咕咚！咕咚是什么？一定是个大怪物吧！啊！太可怕了，我还是逃命要紧！"

【分析】　通过这样的改编，剧本更具有趣味性、生动性和表演性，演员能够更投入地将角色人物此时此景的心态表现出来。

3. 在主要情节部分设计加入音乐、舞蹈等元素

这样既能丰富表现内容，又能增强表演的观赏性。例如童话《小青虫的梦》讲的是一条丑小青虫梦想成为丛林地区的舞蹈之王，蜕变成美丽的蝴蝶，最终获得成功的故事。改编时，可以在开头部分、比赛蜕变部分加入唱跳等方式。

另外，对原作进行改编再创作的时候，只要不违背戏剧艺术特点和规律，只要符合

幼儿的审美心理和观赏趣味,思路可以更宽广,构思可以更大胆一些。例如将童话《小青虫的梦》改编成剧本:第一,增加了原作人物,将原作中的竞争对手蟋蟀改成了评委,增加了蜗牛记者、蜜蜂、蜘蛛、瓢虫、星星等角色;第二,在不改变题旨下,对情节做了创新。这些都使得内容更加丰富,符合儿童的审美趣味。

(三)规范、得体书写剧本文面

剧本文面指剧本呈现的样式,它由系列语言符号构成。在改编时,要了解剧本语言组成,掌握其书写要求,写出的剧本才会规范、得体。

(1)确定人物、时间、地点、场景,放在标题下方。

(2)把提示语和台词区分开。舞台提示用"〔"标示;角色提示用"( )"标示。台词以对白为主,独白、旁白为辅。除对白外,独白、旁白前用(独)或(旁)作提示。角色称呼和台词间不加冒号,只需空格即可,台词不加引号。

(3)全剧结束注明"剧终"或"闭幕"等字样。

▶ 小示例

雪狮子

鲁 兵

小朋友,

小朋友,

雪地里,

滚雪球,

雪球堆个大狮子,

狮子,狮子,开大口。

少条尾巴怎么办?

有了,插上一把破扫帚。

改编:

人物 小朋友、小猫、小狗、雪狮子

时间 早上

场景 院子里,地上、树上、篱笆上都是积雪

〔幕启后,音乐声中,小朋友、小猫、小狗在雪地里滚雪球。

小朋友 下雪天,真好看,

房子变成胖老汉。

小树好像大白伞,

地上铺了白地毯。

我也变成小神仙,

嘴巴鼻子冒白烟。

小朋友甲 (唱)北风呼呼叫,大雪飘呀飘。

下雪了,真正好! 我来把雪玩。

(白)哎,堆一个雪狮子好不好?

众　　　　(唱)堆一个雪狮子,好,好,好!

〔音乐起,众人一起跳堆雪狮子舞。

小朋友乙　真像,真像! 哎,怎么没有尾巴?

小狗　　　(提一把扫帚)汪汪汪,尾巴在这。

(众人把尾巴插好)

雪狮子　　(摇摇头,伸伸腰)小朋友,谢谢你们!

众　　　　(兴奋)雪狮子好!

雪狮子　　我带你们滑雪去吧!

〔音乐起,大家围着雪狮子。

众　　　　(唱跳)嘿,冲破大风雪,我们坐在雪橇上,快奔驰过田野,我们欢笑又歌唱。……鞭儿抽得啪啪响啊,雪狮子快快跑。叮叮当叮叮当,铃儿响叮当,坐上雪橇多快乐,我们飞奔向前!

……

(剧终)

巩固训练

请参照本节开头的"案例导学"的步骤,灵活运用改编技巧,将下面的童话故事改编成童话剧剧本,并进行分组比赛。

拔河马比赛

你会说:错了,题目错了,应该是拔河比赛。不,我说的就是拔河马比赛。

河马先生是个大胖子,他不喜欢运动,越长越肥胖。他的朋友毛驴先生呢,是个瘦子,他也不喜欢运动,越长越瘦。

有一天,河马先生来毛驴先生家做客。

他一进门,就一屁股坐在毛驴先生家的一把漂亮椅子上了。可是当他离开的时候,无论如何也站不起来了。

胖胖的河马先生,被毛驴先生家的瘦椅子给卡住了。

毛驴先生请来了医生白鹤和木匠老狼,来解救河马先生。

医生白鹤拿出听诊器,仔仔细细地听了河马先生的心脏,他安慰河马先生,说他没有生命危险,但要从椅子里拔出来,只有一个办法——减肥。河马先生一个星期不吃不喝,也许瘦椅子会放开他。

"天啊!"河马先生叫了起来,"一个星期不吃不喝,我会给饿死的!"

木匠老狼在边上插嘴了,他说:"还是我来吧,让我用斧子、锯子,把椅子拆了,河马先生不就出来了吗?"

"天啊!"这次轮到毛驴先生叫了,他说,"这把椅子可是我家祖传的珍藏品啊,我爷爷的爷爷的爷爷,就曾经在上面坐过……"

最后还是机灵的小兔提出:"我们来举行一次拔河马比赛吧!"

大伙儿把河马先生和椅子抬到河边上。

小熊、小兔、小猴、白鹤、松鼠一边抓住河马先生的手,老狼、獾、熊猫、公鸡、刺猬一边拉住椅子的腿,河马先生嘴里喊着一、二、三,大伙儿一使劲儿,终于把河马先生从椅子里拔出来。

从此,大伙儿都爱上了这个"拔河马"活动,不过他们是用一根绳子代替了河马先生和椅子,因为他们不能让河马先生老卡在椅子里。

大伙儿把这项有趣的活动叫作拔河马比赛。

河马先生呢,他挥舞着小旗,当然是个裁判。

拓展延伸

>>>>>>

皮朝晖谈儿童剧

第三节　童话剧表演训练

案例导学

亲情童话剧《小蝌蚪找妈妈》传递母子深情,告诉孩子们母爱是天底下最伟大的爱,2006年率先在中国儿艺推出,至今已经走过了10多年的历程,其感人的故事和结局令无数妈妈为之动容,每场必有家长与孩子感动落泪,被誉为"强力催泪弹"。该剧在舞台设计、化妆和人物刻画上都精雕细琢,打造的舞台呈现出水底世界的梦幻色彩,被誉为中国版《海底总动员》。该剧荣获中宣部"五个一工程"优秀作品奖,是中国儿艺的重点保留剧目。著名剧作家欧阳逸冰评价:"这部童话剧的可贵之处在于它蕴含着生命意识:每个人都要完成自己的生命过程,妈妈也是这样。"他认为:"儿童剧不应是一次性甩卖的地摊商品,而是应该陪伴孩子们一生的,就像安徒生的童话,让人终生不忘,终生咀嚼,不断反刍,渐次加深,而《小蝌蚪找妈妈》做到了。"

【分析】《小蝌蚪找妈妈》的演出说明,童话剧表演要获得成功,必须考虑诸多的要素,运用多种视听元素,花费很多的心思。幼师生在进行童话剧表演训练时,虽然不要求做到像专业的舞台剧那样高端,但必须要付出心力,提升自己的幼儿文学素养和专业技能,成为编、导、做、教和演的多面手。

学海畅游

一、童话剧表演的要求

其一，表演童话剧，要拥有一颗"童心"，即用幼儿的思想感情来看待剧情、人物。让每一个角色都童心化，使自己对外界的反应、思想方法、行为方式及语言都有幼儿特色。

其二，要通过台词、动作、神态等表现剧中人物的个性。台词表达时要注意清晰、标准、夸张和富有情趣性，表演时尽量用生活化口语的语气、语调，自然流畅，亲切可信。

其三，对于重复出现的语言或者对话，不能只做机械重复，而是要根据剧情的要求注意区别，显示意思的不同层次，从而推动情节的发展。

其四，表演时要充分运用空间，舞台调度丰富多变，充满动感。这样的表演才能使幼儿长时间保持注意力，保证演出的效果。

其五，为了增加童话剧的观赏性，在表演时适当选择和融入音乐以及舞蹈等艺术元素，还应注重舞美及演员的形象设计。

二、台词表达技巧训练

台词是构成一个剧本的基石。如果没有台词，就没有剧本，没有人物的冲突，更没有剧情的发生、发展、高潮和结局。剧中的人物必须通过台词才能表达各自的身份、地位、性格、特点等。

（一）声音造型

作为舞台上的有声语言，台词的表达同朗读、讲故事等表达形式一样，都要注意科学发声、吐字清晰、归音到位、控制自如；要利用语气、语调、重音、停顿等有声语言的表达技巧，在生活语言基础上，适当调整语调，夸张但又有分寸感，借助于声音的高低变化和轻重缓急等方式来完成台词的声音造型；还要注意声音悦耳动听，富有表现力和感染力，既能抓住观众，又能给人以美的享受，使观众产生感情上的共鸣。如童话剧《小兔乖乖》中同样的一句话："快开门！"如果是兔妈妈说，就要用细柔的声音、较慢的语速及向上的语调说出来，能表达甜美、快乐、欣喜的情绪；如果是大灰狼说，则应用较粗的音色、较快的语速及向下的语调说出来，表达的是一种粗暴、野蛮、急躁的情绪。再如《小红帽》中，为了能让妈妈同意她去给外婆送药，小红帽说："妈妈，我都上二年级了，幼儿园的小朋友都叫我大姐姐了，让我去嘛。"其中小红帽叫"妈妈"时，语调要上扬，表示撒娇和祈求。"二年级"的"二"要重读，表示她认为自己已经长大了，完全能完成给外婆送药的任务。

（二）感受力

台词的表演一定要突出人物的个性特质，富有感染力。演员要对扮演的角色做深入分析，探讨角色的心理，反复揣摩角色的台词，不仅要了解角色说什么，更要了解为什么这么说。没有个性化的语言，人物形象也就没了光彩，语言也就失去了生命力。

感受力指表演者要运用想象带动感情,产生丰富而生动的"内心视像",使人物活起来。把自己全身心投入到所扮演的角色中,去把握人物具体的、积极的、活跃的思想活动,并根据其性格特点,找到其特有的语言表达方式,再通过声音、语调、节奏的变化,恰如其分地将台词表达出来,塑造出具有立体感的、活生生的人物形象。如童话剧《小红帽》中每个角色的性别、年龄、性格、经历、阅历都大不相同,所以个性突出,大灰狼虚伪、造作、凶狠、贪婪;小红帽天真活泼、纯洁善良、爱憎分明;妈妈亲和而善解人意;外婆善良而机智等。因此,演员言语时应抓住角色特征和心理状态、情感变化运用不同语调处理。

（三）交流感

童话剧台词主要以对白为主。因此,演员在创造角色过程中,要使台词说得有生命力有感染力,不能仅仅琢磨自己的台词,还必须把对方台词研究透,并在真实的交流中随时掌握对方的思想言行的变化。说话的人心中要有对象,注意与其他角色的交流,听的人要认真倾听、及时反馈,适当切入自己要说的台词。

➡ 小示例

下面是《小红帽》中外婆与大灰狼的对白:

外　婆　谁呀?

大灰狼　（模仿小红帽的声音）外婆,我是小红帽,我带东西来看您了!

外　婆　啊,小红帽,你可来了,我的乖孙女!咦?不对啊,小红帽,你的声音怎么怪怪的呢?

大灰狼　外婆,我跟您一样感冒了。喉咙好痛,所以声音不太一样了,你快开门让我进去吧!

外　婆　可怜的小红帽,感冒了怎么还跑这么远来呢!（边说边去开了门）啊!大灰狼……

大灰狼　哈哈哈……我是来吃你的。我好几天没吃东西,饿死了!（扑上去）

外　婆　不好了!……

【分析】　这是典型的对白。在表演时,演员充分体会角色之间对话的情绪、情感和心理状态等,在交流时把内在的思想状态和情感变化通过声音色彩的变化表达出来。

三、态势语表演

童话剧要塑造出栩栩如生的人物形象,除了用声音为人物造型外,态势语言的运用也非常重要。童话剧中"演"的成分很浓,人物的表情、步态、手势、身段、习惯动作都应找到最能表现人物特征,展示人物个性的最佳契合点,让幼儿能够直观地感受,给幼儿带来视觉冲击。这就要求演员上场前要反复思索角色形象特征、心理状态,通过艺术想象,体会角色,将角色的行为动机转化为演员自身行为动机,将剧中角色动作转化为演员自身动作,将台词中蕴涵的动作表情转化为活生生的舞台动作。

童话剧态势语要注意适度的夸张和美感,更要表现出个性化。童话剧表演中的态

势语分为以下几种类型：

（1）善良类：表情温和，以甜甜的笑为主，动作优雅或可爱。如小兔。

（2）憨厚类：表情憨憨，笑时眼睛微闭，嘴巴张大、摸头、翘肚等态势语居多，走姿和跑姿可处理为同手同脚，增加憨厚感。如小熊。

（3）狡猾类：表情变化非常丰富，擅转动眼珠以体现狡猾，动作轻巧，协调感强。走路谨慎，站立时擅打量周围情况。如狐狸。

（4）凶恶类：表情以瞪目、龇牙居多，动作幅度大，具有力量感。如老虎。

四、舞台设计

（一）舞台调度

舞台调度，又叫场面调度，是指演员在舞台上对表演活动的位置变化进行处理，是把剧本思想内容、故事情节、人物性格、环境气氛以及节奏等，通过场面调度传达给观众。角色的站位需遵循三点：保证主角居中；配角站两边，或与主角相对；全体演出时要铺满舞台。

（二）舞蹈编排

为了让童话剧更具有观赏性，一般在童话剧的编排中会融入舞蹈元素。童话剧的舞蹈编排比较简单，富有个性化特色，讲究队形的整齐和充实。舞蹈队形可以是圆形队形、棱形队形、对称队形、不对称队形等，动作要符合各种角色的性格特点，便于幼儿模仿。时间不超过30秒钟。

（三）舞美设计

舞台美术设计简称舞美设计，是舞台演出的重要组成部分，能够创造出剧中环境和角色的外部形象，渲染舞台气氛。分为布景、灯光、化妆、服装、效果、道具等的综合设计。

童话剧的舞美设计应该遵循以下几个原则：

（1）符合幼儿审美心理。幼儿喜欢形象简单、内容单纯、富于趣味性、颜色丰富又不断变化的活动场景。

（2）具有趣味性和互动性。给幼儿营造符合剧情又能引发幼儿无限想象的舞台梦幻空间。

（3）具有视觉吸引力。色彩丰富、鲜艳，构图饱满、造型夸张、富有童趣，灯光符合剧情要求。

（4）体现环保理念。可以利用废旧物品制作道具、服装等。

比如童话剧《"咕咚"来了》布景及道具可以这样设计：两颗木瓜树、三堆草丛、六个金箍棒、六个花草帽、六朵红玫瑰，再加上小兔、狐狸、猴子、小鸟、狮王动物服装。这样的布景道具形象简单，富有童趣，符合幼儿审美趣味，能够吸引幼儿。

（四）配乐选择

音响与配乐是在听觉感官上吸引观众的注意力及对剧情的兴趣，带领观众跟随剧情的节奏走并维护剧情的进展及主题的拓展。不同时间（如早晨和晚上）、不同性格（如主角和反面人物）的人物出场，情节发展的不同（如情节紧张和舒缓）都分别配上不同的音乐，也可以配上特效音乐以增强剧情的感染力，如脚步声、开门声、打斗声等。

⊜ 小示例

小猪和十二只蚊子（节选）

角色　小猪、小兔、小羊和十二只蚊子

背景　小猪家

〔小猪坐在屋里看电视，可一群蚊子老跟他捣乱。

〔音乐起。

（配乐指导：蚊子出场用舞蹈《猫鼠之夜》第一分钟的音乐，滑稽幽默富有感染力。）

小　　猪　（气呼呼地数了数）天哪，有十二只蚊子。这么多蚊子，叫我一个人怎么对付得了？

蚊子老大　（对小猪）你再找一个人来就好受了！

〔十二只蚊子大笑。

小　　猪　（点头）那好，那请你们现在别吸我的血！

十二只蚊子　好吧！快点！

〔这时，小羊上台。

（小羊的出场采用配乐《菊次郎的夏天》，体现小羊的欢快。）

小　　猪　（招手，大声呼喊）小羊，小羊快点来帮帮我！

小　　羊　（笑着说）好的，小猪。

〔小羊一进屋，蚊子马上分成两群，一群围住小羊，一群对付小猪。

（加入特殊音效——蚊子飞动的嗡嗡声和吸血的夸张音效。）

小　　猪　（转向小羊）现在有六只蚊子还在咬我，另外六只咬你去了。哈哈，我觉得好受一些了。

小　　羊　（痒得难受，准备离开）可我觉得一点儿也不好受。

小　　猪　（拉住小羊）咱们再找个伙伴来看电视，你肯定会觉得比现在好过。

……

▱ 巩固训练

一、请分析下面童话剧节选部分每个角色的语言和态势特点，并将它们分小组合作表演出来。

没牙齿的大老虎（节选）

〔大老虎大摇大摆地上场。

大老虎　我是一只大老虎。森林中的大大王。谁敢不听我的话,啊呜啊呜都吃光。

〔小狐狸规规矩矩地拿着一个大包上场。

小狐狸　啊,尊敬的大王,我给你带了世界上最好吃的东西——糖。

大老虎　糖是什么?(拿起一颗糖,疑惑地看了看,剥开,慢慢地放入嘴里)(露出微笑)啊,哈,好吃极了!

小狐狸　(露出狡猾的笑容)大王,你喜欢我就再去拿些给你吃。

大老虎　(嘴里含着糖,含糊地说)好,好,好!

〔小狐狸下场。旁白:老虎吃了一粒又一粒,连睡觉的时候,糖都含在嘴里哩。就这样过了好几天。

〔狮子拿着牙刷上场,走到老虎跟前。

狮　子　虎兄,在干吗呀,呀,地上有这么多的糖纸。

大老虎　呵呵,我在吃小狐狸给我的世上最好吃的东西呢。

狮　子　那你刷牙了吗?

大老虎　刷什么牙呀!

狮　子　哎哟哟,糖吃得太多,又不刷牙,牙齿会蛀掉的。狐狸最狡猾你可别上他的当呀。

大老虎　嗯。

〔狮子下场,小狐狸又拿着一包糖上场,大老虎拿着牙刷准备刷牙。

小狐狸　(紧张)啊,大王,你在刷牙吗?你把牙齿上的糖全刷掉了,多可惜呀。

大老虎　可听狮子说,糖吃多了会坏牙的。

小狐狸　唉唉,别人的牙怕糖,你大老虎的牙这么厉害,铁条都能咬断,还会怕糖?让森林里的动物们知道了,岂不可笑?

大老虎　对,对,狐狸说的对!(大老虎把牙刷扔在一边)我要天天吃糖,我的牙不怕糖!(突然,大老虎捂着嘴巴)哎哟……哎哟哟……我的牙……快、快、快去找来马大夫……

〔小狐狸急匆匆地下场……

二、请仔细阅读《小熊请客》剧本(参见本章第二节示例),给第二场(小熊的家)进行舞美设计和舞台调度设计,并排练展示。

拓展延伸

　>>>>>>

舞美设计

第四节　幼儿园童话剧表演指导

案例导学

小李老师为了参加幼儿园庆"六一"的童话剧比赛,精心编选了剧本,挑选了自己班里最会表演的幼儿。经过一段时间的辛苦排练,自信满满参加了比赛,结果却不尽人意。她心情郁闷了好几天,园长发现了她的心事,主动和她谈心:"可以看出,你确实花了不少的精力,但孩子们的表演缺少生气,语言动作僵硬。不能让孩子们一味跟着你模仿,你还要善于引导,激发孩子们的表演天赋。你试试看,下回一定会成功。"小李老师此后听取园长的建议指导,效果果然不一样。

【分析】　案例中园长的建议体现了在童话剧活动中,充分发挥幼儿主体性的教育理念,教师起着指导作用。把表演的一些"权力"下放给幼儿,有利于激发孩子兴趣,发掘孩子潜力,发挥创造力,让他们在活动中有所收获。

学海畅游

幼儿喜欢童话剧,喜欢表演童话剧,也是最具表演天赋的,因为孩子们有丰富的想象力和模仿力。在幼儿园的教育实践活动中,进行童话剧的表演是一件非常有意义的活动,幼儿园教师更应该具备指导幼儿表演童话剧的能力。

一、幼儿园童话剧表演指导原则

(一)分学段实施指导

不同年龄段的幼儿,他们的认知水平和思维能力存在差异。因此,对不同学段幼儿采用不同指导策略,可以对小班幼儿采取"模仿表演"的方式进行指导;中班以"剧本分段指导"的方式进行指导;大班以"小组表演"的方式进行指导。

(二)充分发挥幼儿的想象力和创造性,使他们成为表演活动的主人

孩子身上具有天赋的表演才能,有丰富的想象力,需要老师去有效激发引导,使幼儿毫无顾忌地表现着与生俱来的表演天分,充分展示幼儿的个性,让幼儿一起在自然、轻松的表演过程中,在快乐中获取知识。因此,老师可以利用讲述、讨论、比赛等手段,调动幼儿的主观能动性,让孩子充分想象,引导幼儿分析、判断,培养他们使用不同音色表现人物形象的能力。同时,老师要保护孩子们对舞美制作的热情和创造力,尝试让他们参与到道具、布景设计制作过程中,要经常性地"征求"他们的意见和想法,鼓励他们去尝试,从而激发孩子对童话剧的兴趣,增添他们的表演欲望、成就感和创造力。总之,要明确孩子才是表演游戏的主人,老师只做欣赏者和引导者。

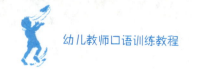
（三）让每个幼儿都有机会参与表演，共同享受表演游戏的快乐

幼儿园童话剧表演是有组织的幼儿高级游戏，它注重的不是演出最终效果，而是让幼儿享受排练过程和参与游戏带来的快乐。作为童话剧的组织和引导者，老师要想办法扩大幼儿参与表演的机会，而不是让它成为几个幼儿的事情。可以增加剧本群演角色，同一个角色，可以让几个幼儿轮番表演，让一些孩子担任"道具"演员，或是让更多的孩子参与到活动编排等各个环节，或是增加台上台下的互动，留一些台词给台下的观众，让台下的幼儿也感受到表演的乐趣。

二、幼儿园童话剧的排演

（一）选择和改编剧本

童话剧表演的首要环节是选择剧本。剧本的选择恰当与否直接影响幼儿的表演兴趣及效果。小班适合选择篇幅简短、情节简单有趣、动作性强、对话多次重复、语言朗朗上口的童话剧，例如《拔萝卜》《小兔乖乖》等；随着孩子的成长，逐步选择情节稍复杂、角色形象内涵更丰富、反映道理更深刻，但仍能为幼儿所理解的剧本，如《小红帽》《小熊请客》《动物职业介绍所》等。选好剧本后，教师还可根据情况进行适当地改动加工，根据需要增删情节、修改角色语言、增加舞蹈动作或配乐增效等。

（二）引导熟悉剧本情节和角色形象

幼儿识字数量非常有限，不可能自己阅读剧本，因此，老师一般要采用讲故事方法，引导幼儿记住剧情，感受剧本内容及角色形象。老师要有感情、有表情地绘声绘色讲，用自己声音塑造各种生动形象，孩子们产生兴趣，便自然对情节和角色有了鲜明的印象。随着现代多媒体技术的发展，老师还可以利用现成的动画故事或者别人的表演录像等帮助幼儿感受剧本内容，记住人物语言。在熟悉故事基础上鼓励幼儿大胆地表述故事里的对话。很多幼儿会有一些好的语言，好的想法，而故事中角色比较有限，在幼儿的意愿下，我们可以适当修改剧本，每当一个故事的情节逐步铺开后，启发幼儿将生活中一些动作、行为、语言也编入剧本，这样源于幼儿生活的表演对幼儿是那么熟悉，演起来也就十分得心应手。

（三）确定角色演员

采用幼儿自行选择角色和教师分配角色相结合方式。让孩子们自行选择角色或者竞选角色，可以调动孩子们的表演积极性。同时，教师也可以根据某个或某些孩子的特点和特长给孩子们推荐相关角色。教师要做到尽量让每一个孩子都能参加角色的表演。

小示例

自从听完故事《小青虫的梦》之后，大二班的孩子们对这个故事就像着了迷一样，天天想听，甚至想亲自去表演。莉莉老师因势利导地说："好啊！你们谁来演小青虫呢？"对于谁扮演什么角色，孩子们有他们自己的想法和建议：

祥祥说:"让熹熹扮演小青虫,因为她最能干。"

浩浩说:"请心心扮演蜘蛛,因为她跳舞跳得好。"

文文说:"请朵朵扮演瓢虫,因为她最漂亮。"

熹熹说:"让维维扮演蟋蟀,因为他最帅了。"

佳佳说:"要不我们请愿意扮演角色的小朋友都表演一下,看谁表演得好就请谁扮演谁,好不好?"

大家都觉得佳佳的主意不错,莉莉老师就请愿意扮演的小朋友都上台表演一下,根据大家一致的评判,最终确定了表演的角色。

【分析】 大班幼儿的身心发展迅速,表演能力也大有发展,他们在游戏中已经显示出计划和组织的能力,并对表演质量有了新的和高的要求,他们通过公正、公平的角色竞争来让自己的表演才能得到充分的发挥,在这种全身心投入的过程中,让幼儿去感受、去领悟表演游戏所带来的快乐。通过与同伴合作、交流,让幼儿的表演能力在游戏中得到全面的提高和锻炼。

(四) 指导排练

孩子的表演热情很高,但往往表现出无序、杂乱、自我,没有专业老师的指导是演不好童话剧的。幼儿老师须指导孩子深入细致理解剧本和角色,准确、形象地通过声音和态势语塑造形象,指导孩子对台词和态势的处理符合角色年龄、性格、情感、心理特征等,角色之间还要有交流感,配合自然、默契。每个演员上下场的方位和舞台上的站位和走位,都要老师依据剧本内容、情节、人物等精心地设计和指导。

(五) 舞美设计和配乐选择

童话剧表演中的道具等材料不要追求精致高档、富丽堂皇。但选用什么材料和方法来制作,应给予幼儿发表自己意见和想法的机会,并尊重他们的想象力和创造力,充分挖掘幼儿的潜力。布景、道具不一定必须是生活的真实,可以利用代替物。要体现环保理念,让幼儿参与制作。

选择配乐要注意把握剧情和角色,结合情节和环境氛围,这样才会有说服力和感染力。早晨场景配有晨间气氛的音乐,晚上场景配有夜间气氛的音乐,主角出场一般是欢快的音乐,反面人物出场则配合阴森恐怖或滑稽可笑的音乐,等等。

(六) 展示演出

教师在演出前要根据角色特点为演员化妆,帮助演员更好地进入角色。然后,指导演员清除杂念,酝酿感情,进入角色,准备上场。为演员设计好上场和下场形式。

巩固训练

以小组为单位,挑选出两名同学充当幼儿老师,其他同学充当幼儿,模拟幼儿老师,指导幼儿排演童话剧。配乐选择、舞美设计、舞台调度等都要仔细讨论确定,在班级展演之后,各组总结交流组织指导排练童话剧的经验体会。

三只小猪盖房子

人物　猪大哥、猪二哥、猪小弟、农夫、大野狼

背景　森林里

旁白　森林里住着三只可爱的小猪,他们是猪大哥、猪二哥和猪小弟,瞧,他们来了。

〔开场音乐1响起,三只猪跳着开场舞走到自己的位置。

猪大哥　大家好,我是猪大哥。(摸摸肚皮)

猪二哥　大家好,我是猪二哥。(叉着腰)

猪小弟　大家好,我是猪小弟。(可爱的小脸)

猪大哥　过新年了,我们也长大了,要盖一间属于我们自己的房子了。

猪二哥　嗯!出发吧!

猪小弟　哦!盖房子去喽!(欢快地拍手跳)

(音乐1响起,随着音乐的节奏绕场走一圈)

〔农夫推着小车上场。

猪大哥　你好,你的稻草可以送给我吗?我要盖一间草房子!

农　夫　可以啊!拿去吧!

猪大哥　谢谢!我要开始我的草房子啦!

(猪大哥开始做盖房子的动作,音乐《粉刷匠》,所有小猪一起跳,将草房子拿出来展示在小朋友的面前。)

猪大哥　我的房子盖好了!我要到里面睡觉去了!

(猪大哥推开门,钻进房子里面。)

〔猪二哥和猪小弟继续随音乐1绕场走。

〔木匠推着小车上场。

猪二哥　你好,你的木头可以送给我吗?我要盖一间木头房子!

农　夫　可以啊!拿去吧!

猪二哥　谢谢!我要开始盖我的木头房子啦!

(猪二哥开始做盖房子的动作,音乐《粉刷匠》所有小猪一起跳,将房子拿出来展示在小朋友的面前。)

猪二哥　我的房子盖好了!我要到里面睡觉去了!

(猪二哥推开门,钻进房子里面。)

(猪小弟继续随音乐1绕场走)

猪小弟　我要造一个最坚固的房子。

〔泥瓦匠推着小车出场。

猪小弟　你好,你的砖头可以送给我吗?我要盖一间结实的砖头房子!

农　夫　可以啊!拿去吧!

猪小弟　谢谢!我要开始盖我的砖头房子啦!

（猪小弟开始做盖房子的动作，音乐《粉刷匠》，将房子拿出来展示在小朋友的面前。）

猪小弟　房子终于盖好了，可是还不能休息啊！ 我要进去烧点开水！

（猪小弟推开门，走进房子里面。）

〔音乐2，大野狼出场。大野狼出现在小朋友的面前，做出很凶狠很饿的样子。

大野狼　我的肚子好饿啊（摸摸肚皮），听说来了三只小猪盖房子，我要把他们都吃掉，哈哈哈哈，（大野狼来到草房子前）。

大野狼　小猪啊，小猪啊，快开门让我进去！

猪大哥　我不开门，我不开门！ 你是大野狼！

大野狼　你再不开门，我就把你的房子吹倒！

（大野狼开始"呼哈，呼哈，呼哈！"鼓足力气吹房子，大风吹的音乐）

（房子哗啦倒了）

猪大哥　救命啊！ 大野狼要吃我啦（音乐3，追逐绕圈跑）

（猪大哥绕场跑一圈跑到猪二哥的房子里面。）

（大野狼追到木屋的前面。）

大野狼　小猪啊，小猪啊，快开门让我进去！

猪大哥、猪二哥　我们不开门，我们不开门！

大野狼　你们再不开门，我就把你的木屋给吹倒！

（大野狼又开始"呼哈，呼哈，呼哈！"吹房子，大风吹的音乐）

（房子哗啦倒了）

猪大哥、猪二哥　救命啊！ 大野狼要吃我啦（音乐3 追逐绕圈跑）

（猪大哥和猪二哥绕场跑一圈跑到猪小弟的砖块房子里。）

（大野狼也跑到了猪小弟的房子前面。）

大野狼　小猪啊，小猪，你们快开门让进去！

三只小猪　我们不开门，我们不开门！

大野狼　你们再不开门，我就把你们的房子给吹倒！

（大野狼开始"呼哈，呼哈，呼哈"地吹房子了，大风吹的音乐）

猪小弟　这个房子是砖块做的，你是吹不倒的！

大野狼　我只要再鼓足力气，我就可以把你的砖块房子吹垮！

（大野狼开始"呼哈，呼哈，呼哈"吹房子了。房子还是没有倒掉，大风吹的音乐。大野狼做气喘吁吁状）

大野狼　吹不倒你的房子，我就从烟囱钻进去，把你们吃掉！

（大野狼站在椅子上，做爬烟囱的动作。）

旁　白　当大野狼沿着烟囱往下爬时，三只小猪合力把锅盖打开，大野狼砰的一声掉进了锅子里，大野狼痛得大叫。

大野狼　痛死我了，痛死我了。

旁　白　那天晚上猪家三兄弟享受了美味的大野狼大餐。

（《小猪吃得饱饱》音乐）

旁　白　从此三兄弟就住在猪小弟盖的砖块屋里过着幸福的生活。

拓展延伸

教育戏剧

第八章

幼儿教师教学口语训练

《幼儿园教师专业标准》中对教师的语言能力有明确要求："使用符合幼儿年龄特点的语言进行保教工作。"作为幼儿教师职业口语的重要组成部分，教学口语是幼儿教师从事教学活动、达到教学目标而使用的口头语言，是教师最基本、也是最重要的工作语言。

优美规范的教学口语，是吸引幼儿注意力和增强教学感染力的极为重要的因素，能鼓励幼儿学习，引导幼儿探索、发现和表达，促进幼儿的学习与发展，直接关系到幼儿园教学质量和幼儿思维、智力、语言水平的提高。幼儿教师拥有较高的语言修养，将为教学增添无穷的魅力。

1. 热爱学前教育事业，形成较高的职业语言素养，能够根据教学情境，使用规范、优美、得体的教学口语进行教学。

2. 了解幼儿教师教学口语的特点、要求、类型及各教学环节的用语要求。

3. 能够根据幼儿身心发展的特点和水平，设计各学科不同教学环节的教学用语。

第一节　幼儿教师教学口语的基本特点

✎ **案例导学**

师：请小朋友们摸一摸桌上的棉花球和玻璃球，捏一捏有什么感觉？

幼：玻璃球滑滑的，捏不动。棉花球软软的，能捏动。

师：捏得动，叫软，捏不动，叫硬。谁来告诉大家玻璃球、棉花球是软的，还是硬的？

……

师：现在请你们再摸一摸砂纸，摸有砂的一面，什么感觉？摸摸它的反面，再看看又有什么感觉？

幼：这面砂纸滑滑的，反过来那面粗粗的、糙糙的。

师：滑滑的就叫光滑，粗粗的就叫粗糙。砂纸有砂的一面是粗糙的，反过来那面是光滑的。

【分析】　教师让幼儿通过摸一摸的方式感知物体，激发他们在自我感知的基础上进行表达，再巧妙地插进"软"和"硬"、"光滑"和"粗糙"的概念。教师的教学口语简洁、清晰、规范而有启发性，指导幼儿进行思维和表达，使幼儿自然接受知识，又准确、科学地概括物体的性质。

学海畅游

一、幼儿教师教学口语的含义

教师在从事教学工作中使用的口头语言我们称为教学口语或教学用语。它是根据教学内容和学生特点，为达到传授知识、表情达意等目的而使用的工作语言。

幼儿教师教学口语特指幼儿教师在从事幼儿教学活动中使用的口头语言。相对于小学、中学、大学的教学口语，它不仅具有教育性、规范性、知识性、启发性、情境性等一些普遍特点，还要具有儿童化特点，这符合幼儿心理发展和幼儿教育特殊的语言要求。

幼儿教师教学口语按照教学环节，可以分为导入语、讲解语、提问语、过渡语、应变语、结束语等。

二、幼儿教师教学口语的基本特点

幼儿教师语音标准优美、情感丰富细腻、形象生动有趣、科学严谨规范的教学口语，是打开幼儿心灵之门的钥匙，是引领幼儿走向快乐的阶梯，是开启幼儿心智的启明灯，更是提升幼儿思维能力的重要途径。幼儿教师教学口语有以下特点：

（一）具备一般教师口语的基本特点

1. 规范性

规范性是指教学口语应当遵守汉语口语的规范，在语音、语汇和语法等方面符合全国通用的普通话的规范规定，还应具有合理的语气、语调、速度与节奏等口语表达技巧。

2. 知识性

教师组织教学的一个很重要的目的是为了传授知识，教学口语是传递知识的主要手段。幼儿教师教学口语要包含一定的知识信息量，能让幼儿增长知识、获取经验。在教学活动中能用准确的词汇表达知识的内涵，用简洁的语句表达丰富的内容，用层次分明的语序表达明确的目的。

➡ 小示例

幼儿:"老师,我奶奶说猫头鹰是坏鸟,对吗?"

教师:"猫头鹰能帮助农民伯伯捉庄稼地里的老鼠,而老鼠会咬坏庄稼,猫头鹰是在帮助农民伯伯,对我们人类有好处,所以它是益鸟,我们应该保护它!"

【分析】 上述师幼对话中,教师不仅帮助幼儿获取了关于猫头鹰的相关知识,纠正了奶奶的错误说法影响,还明确表明应该保护它的态度。

3. 启发性

循循善诱是教学口语的又一个特征。幼儿处于启蒙阶段,掌握的知识少,教师要充分调动和发挥幼儿的主动性,引导幼儿去发现和探索,启迪幼儿去归纳和总结。

➡ 小示例

以下是一位教师教学"种子发芽"的部分内容:①

教师:今天给小朋友们讲个故事,故事的名字叫"三个宝宝"。小朋友们认真听,想一想哪个宝宝最听妈妈的话,哪个宝宝能够发芽?(故事讲述部分略)

教师:小朋友们,想一想,哪个宝宝发芽了?

(幼儿抢着回答。)

教师(微笑着):小朋友们,不要急。老师这里有故事里的三个玻璃杯,老师还给杯子编了号,三个菜豆宝宝都在杯子里。小朋友们,来看一看,看哪个杯子里的菜豆宝宝发芽了?(出示三个杯子)

幼儿:第三个杯子。

教师:小朋友,把话说完整。

幼儿:第三个杯子里的菜豆宝宝发芽了。

教师:对,第三个杯子里的菜豆宝宝发芽了,长出了小芽就是发芽。(请小朋友们想一想,为什么另外两个菜豆宝宝没有发芽?)

幼儿1:因为第一个菜豆宝宝没有听清楚妈妈的话,到了一个没有水的杯子里。

幼儿2:第二个菜豆宝宝也没有听妈妈的话,他跳进了一个水很多的杯子,让水淹死了。

教师:啊,小朋友们想一想,如果把跳进水里的菜豆宝宝捞出来,他能不能再出芽呀?

幼儿:能。

教师:那……它是淹死了吗?

幼儿:没有淹死。

教师:对,菜豆宝宝没有淹死,只是让水淹没了。小朋友们,你们不喝水行吗?

---

① 转引自:李志行,许昶著.教师口语[M].成都:电子科技大学出版社,2014:212-214.

幼儿：不行。

教师：第一颗菜豆宝宝没有喝到水，就是没有吸收到水，所以他会渴得要命，当然不能发芽。

教师：小朋友们，你们不呼吸空气行吗？捂上鼻子试试看。

幼儿：不行。

教师：第二个菜豆宝宝的身体被水淹没了，他就不能呼吸了，那么这个菜豆宝宝会怎么样？

幼儿：不能发芽。

教师：对，没有空气，不能呼吸，也就不能发芽。那第三颗菜豆宝宝为什么发了芽了呢？

幼儿：他听妈妈的话。

幼儿：他有空气、有水。

幼儿：还很暖和。

教师：对，第三个菜豆宝宝最听妈妈的话，到了有空气、有水、又很暖和的杯子里，所以他长出了嫩芽。不久他会像妈妈一样长出绿色的叶和长长的藤。

……

【分析】 在案例中，教师先是用讲故事的方式激发幼儿的兴趣，此后不断用问题启发幼儿发现规律，语言生动活泼，让幼儿快乐地学到了种子发芽的知识。

（二）具有独有的儿童化特点

儿童化指幼儿教师教学口语应符合幼儿心理特征和接受能力，易于儿童接受和理解。幼儿处于人生起步和发展的阶段，他们的思维还不够健全、知识还相对贫乏、情感还相对脆弱。幼儿教师教学口语，须体现出独有的特点——儿童化。具体表现在形象性、情感性和针对性几方面。

1. 形象性

幼儿的思维方式以形象思维为主，他们更容易理解和接受直观、生动、具体的教育形象，需要借助形象来认识事物。因此，教学口语要凸显形象性特点，着力描绘事物的大小、形状、颜色等，描述事情发展的经过、原因、结果和人物的外貌、语言、动作等具体可感的方面，还要恰当运用比喻、拟人、夸张等多种修辞手法，巧妙运用拟声词、摹色词、叠音词。同时要体现出语言的动态感，创设动态的语言环境，使教学内容更加鲜明、生动、有趣。

▶ 小示例

"小朋友们，请你们闭上眼睛，听听窗外的雨声像什么？哗哗——像小河在流。滴滴答答——像钟表响。睁开眼睛，看雨像什么？一串一串多像穿起来的珍珠。从远处看，更像门帘儿。"

【分析】 这个示例里，教师综合运用了拟声词、比喻、富有动感的词，对雨的声音、雨的状态描述具体细致,很好地吸引幼儿的注意力,又激发了他们的形象思维。

2. 情感性

教师的教学语言要富于情感,态度亲切、和蔼,声音柔和、悦耳,音量不能过大,语速不能过快。这样营造出和风细雨般的教学环境,使幼儿在其中自在、舒适,使师幼之间产生极大的亲和力,缩小师幼之间的距离。还要用充满积极情感的语言去激发幼儿参与活动的热情,用惟妙惟肖的语言带领幼儿沉浸在语言的快乐中,用语音、语调、节奏、态势语传情达意,激励幼儿奋发向上的激情。

小示例

认识水果(小班)

老师引导幼儿进入角色:"水果丰收啦,许多小动物要去摘果子,大家多快乐呀!请小朋友把动物的头饰戴上,我们也去找找水果在哪里吧!"

【分析】 小班孩子的情感非常容易受老师暗示,教师用"水果丰收啦!""大家多快乐呀!"这样充满积极情感的语言,很容易激发幼儿参与活动的热情。

3. 针对性

幼儿的思维水平、知识水平、接受能力因年龄的不同会有较大的差异。教学中,教师要根据不同年龄阶段幼儿的身心发展规律和特点,有针对性地使用教学用语。一般来说小班教师说话语气缓慢、亲切,角色意识强;中班教师说话生动、有趣,游戏情趣强;大班教师的语言更加富有启发、诱导、激励和知识性。

(1)对小班幼儿的教学口语

小班幼儿的思维处于具体形象思维阶段初期,他们掌握的词汇量很少,知识经验也少,理解能力较弱,情感容易受周围人或事物的暗示和影响。因此,对小班幼儿,教学口语要多用单句、短句,词语要浅显易懂,修饰语多用叠音词;情感要具体鲜明;语言拟人化,态势语要丰富;语气要夸张,语调要柔和,语速稍慢,可适当地多重复。表扬和批评内容具体,有感情色彩。

小示例

小猪走在大街上,圆鼓鼓的肚子,短短的尾巴……

今天芳芳自己穿好衣服,老师特别特别高兴!

涵涵今天玩滑梯时打了明明一下,这样可不好哦!老师不喜欢打人的孩子,以后不要再打人了,好吗?

大家仔细听听,现在是什么乐器在唱歌?

(2)对中班幼儿的教学口语

中班幼儿的思维处于形象思维阶段,知识经验比小班稍丰富,接受能力也有所增强。因此,对中班幼儿,教学口语句式灵活有变化,陈述句、疑问句、祈使句等句式灵活使用,单句、简单复句交替使用;语言表达的内容、用词均比小班丰富、多样化,重复次数

减少,只需说一两遍就可以。

➡小示例

假如你正在过桥,对面走来一个人,你该怎么办?

现在我们来做游戏。这里有许多小旗子,请你们辨认一下哪些是国旗? 每个小朋友拿一面国旗到老师这里排队。

师:叶子有什么作用?

幼1:菜叶子能吃,维生素丰富呢!

幼2:树叶能挡太阳。

幼3:有的叶子是药,能治病。

幼4:叶子可以用来拼图。

【分析】 上述例子中,句式多样化,陈述句、疑问句、祈使句、感叹句都有,使表达的内容更丰富。例子中最后一个问题设计巧妙,提问内容宽泛,幼儿回答具体、多样,激发了幼儿的思维。

(3) 对大班幼儿的教学口语

大班幼儿的神经发育已趋于完善,虽仍处于形象思维阶段,但已有初步的抽象思维能力。因此,大班幼儿教学口语中可以出现一些表示类别概念的词语,如家用电器、交通工具、塑料制品等;复句的使用增加,语言更加简洁概括。

➡小示例

刚刚同学们讲了自己喜欢的人,有的说喜欢爸爸,有的说喜欢妈妈,有的说喜欢爷爷,有的说喜欢奶奶,还有的说喜欢老师。

因为丽丽是个好孩子,所以大家都喜欢她。

小东表现真不错!

5的相邻数是几?

【分析】 第一句中使用并列复句形式,描述喜欢的人种类多样;第二句中使用因果关系的复句;第三句"表现真不错"概括性很强;第四句"5的相邻数是几?"语言简洁不啰嗦。

巩固训练

一、幼儿教师教学口语有哪些特点? 它在幼儿教育中有什么作用?

二、你认为下面教师的回答是否合适,为什么? 该怎么回答呢?

一个幼儿园小班孩子问:"老师,为什么孙悟空会腾云驾雾啊?"

教师答道:"这是假的。人不是鸟,怎么能飞呢?"

另一个老师答道:"孙悟空只是个神话人物,腾云驾雾只不过是古人想飞向天空的愿望而已。"

三、根据幼儿教学口语的特点,试着设计幼儿园小班语言活动《小手开花》的教学口语。

小手开花

我的小手会开花,
开了几瓣花?
开了五瓣花/十瓣花。

拓展延伸

 >>>>>>
幼儿教师运用教学口语的注意事项
幼儿园语言课优秀案例

第二节　幼儿教师教学口语的分类及要求

案例导学

大班手工活动《服装设计师》①

师:昨天,我们小朋友欣赏了模特走秀,看到了很多漂亮的衣服。你们知道这些漂亮的衣服是谁设计的吗?

幼:服装设计师设计的。

师:今天我们也来做一回服装设计师,为模特儿设计服装。你们想设计什么样的服装呢?

幼:我想设计一条连衣裙。

幼:我要设计一条背带裤。

幼:我想设计一件长袖衬衫。

师:(出示服装模板,有衬衫、裤子、裙子等)老师这里有服装模板,我们今天用各种不同的材料来设计和装饰这些服装。

【分析】 这是教学口语中导入语的一种方式。案例中教师采用和幼儿对话方式导入活动的主题,目的明确,语言简洁,使孩子明白自己要做什么,充分调动他们内在的积极性。

---

① 转引自:钱维亚主编.幼儿教师口语[M].北京:高等教育出版社,2008:232.

 **学海畅游**

美国心理学家布鲁纳曾经指出："教学过程是一种提出问题与解决问题的持续不断的活动。"幼儿园的教学活动包括导入、讲解、提问、过渡、评价、总结等环节。依据教学口语在教学活动不同环节中的运用，幼儿教师教学口语可以分为导入语、讲解语、提问语、过渡语、应变语、结束语等。

一、导入语

导入语是教师在组织教学活动的开始，为了集中幼儿注意力，激发兴趣，引出教学主题而使用的教学口语。

导入语其实就是开场白。在教学活动开始时，为了激发幼儿的学习兴趣，唤起幼儿的注意力，使幼儿的兴奋中心转移到活动中来，教师需要使用导入语。好的导入语有助于创设最佳教学情境，引导幼儿尽快进入教学状态，还可以帮助幼儿明确学习任务和目的，激发幼儿探索和发现的兴趣。

（一）导入语的主要形式

导入语应该"缘事而发"，导入点应该是幼儿熟悉的人、事、物或景。幼儿园教学中，常用的导入语形式主要有情境导入、问题导入、故事导入、游戏导入、实验导入等几种类型。其中，情境导入、问题导入和故事导入都可使用教学口语恰当地表达。

1. 情境导入法

情境导入法是教师根据具体的教学内容通过口头语言或借助图片、音乐等创设一种情境，使幼儿身临其境的导入方法。情境导入法的语言必须是富于表现力的优美语言，但同时还要照顾到幼儿的理解能力，不宜过于追求词语的优美。

小示例

小班主题活动《冬天真冷》

冬天到了，北风呼呼地吹着，吹得行人裹紧了衣服，吹得树上的树叶一片片地飘落下来，就像一只只小蝴蝶在舞蹈。冬天的风吹在我们身上，吹在耳朵上，吹在脸上，我们会感到怎么样？

【分析】 这段导入语用简洁、生动、充满动感的语言把幼儿带到了冬天的户外，寒风瑟瑟的场景似乎就在眼前。

2. 问题导入法

问题导入法就是先向幼儿提出问题，激发幼儿进入思考的状态以进入学习情境的导入法。

小示例

《六一儿童节》

教师把班级布置得非常漂亮,放了欢快的背景音乐,为幼儿庆祝"六一"儿童节。

教师:"小朋友们看看活动室有什么变化?"

幼儿:"哈哈,大灯笼、大气球⋯⋯"

幼儿:"还有许多小动物都来了。"

幼儿:"还有外国小朋友呢!"

教师:"为什么今天要把我们的班级打扮得这么漂亮呢?"

幼儿:"今天是六一儿童节!"

教师:"对,今天是全世界小朋友的节日! 你们快乐吗?"

(然后引出《六一儿童节》的教学内容)

【分析】 教师首先创设一定的情境氛围,再通过问题导入语,将幼儿的兴趣点一下子集中到教学内容上来,为随后的教学做好思想上的准备。

问题导入法中还有一种比较特殊的方式——谜语导入法。特殊在它的谜底是一个"谜"。运用这种方式要注意选择的内容简单、押韵、朗朗上口;不宜过难,以幼儿经过考虑之后能够比较容易猜出谜底为宜。

小示例

大班科学活动《看时钟》

教师先用一个谜语开头:"会说没有嘴,会走没有腿,它会告诉你,什么时候起,什么时候睡。"

【分析】 运用谜语,可以很好地调动幼儿参与的积极性,有利于快速进入思考状态,自然导入到教学内容《看时钟》。

3. 故事导入法

故事导入法是教师运用讲故事的方法去激发幼儿兴趣、诱导幼儿进入教学活动的方法。一般来说,作为导入的故事不宜讲得过长,如果讲得太长,幼儿可能完全进入故事的情境,反而可能影响教学的效果。

小示例

中班科学活动《萤火虫》

在学习《萤火虫》之前,一位教师运用了故事导入法:

小朋友们,老师给你们讲一个故事:一天,有一只小白兔提着篮子去采蘑菇,在回来的路上天就黑了。小白兔找不着家了,急得哭了起来。几只萤火虫飞过来了,对小白兔说:"别着急,我们来帮你。"说着,他们把身后的小灯点得更亮了,很快地帮助小白兔找

到了家。小朋友们想一想,萤火虫身后那个发亮的小东西,真的是灯吗? 它为什么会发光呢? 好,今天啊,我们一起来认识萤火虫。

【分析】 教师用萤火虫"点灯"为小白兔照路的故事引导幼儿进入萤火虫知识的学习。有了这样一个生动的故事,幼儿自然很渴望知道萤火虫身后的小灯是怎样"点"起来的,为后面的学习做好了求知欲望的铺垫。

(二)导入语的运用要求

切题:必须从教学内容和教学对象的实际出发。

求精:语言力求概括精炼,不可喧宾夺主。

求巧:要根据教学内容力求巧妙、新鲜、富有吸引力。

设疑:通过设计疑问、设置悬念,将幼儿的思维引入教学中。

二、讲解语

教学讲解语是幼儿教师较完整系统地讲述、阐释教学内容的教学用语,也称讲授语。

讲解是教学活动的主要环节。幼儿园教学活动中,教师须讲解的内容很多,但主要应该讲清楚"是什么""为什么""怎样做"等问题。讲解语要求语言规范、表达准确、层次清晰、重点突出、深入浅出、简明易懂、饱含感情、形象生动、富有感染力,还要有趣味性、启发性。

(一)讲解语的主要类型

讲解是教学过程中的主体部分。通过教师讲解,幼儿能够更好地明白事情的发生、发展过程,体验人物的情绪、情感,掌握科学的道理,有利于有效理解教学内容。按照表达方式来分,可分为叙述性讲解语、说明性讲解语、评价性讲解语、抒情性讲解语。

1. 叙述性讲解语

叙述性讲解语是教师运用叙述性或描述性的语言为幼儿介绍知识或创设学习氛围的教学用语。

▶ 小示例

小班社会活动《中秋节》

今天是农历八月十五中秋节。中秋节的晚上月亮特别圆、特别亮。我们中国人有个习惯,中秋节这一天,圆圆的月亮挂在天上,一家人一边看月亮,一边吃月饼,也可以玩花灯、放焰火,一家人团团圆圆,真快乐,所以把中秋节叫作团圆节。又香又甜的月饼也被人们做成圆圆的,像月亮一样,"月饼"在古代也被人们叫作"团圆饼",中秋节是我们中国的传统节日。秋天也是收获的季节,粮食丰收了,水果丰收了,所以中秋节也叫丰收节。

【分析】 该示例用叙述加描述性的语言,向幼儿介绍了中秋节这一传统节日。

2．说明性讲解语

说明性讲解语是教师向幼儿解释事物的程序、步骤或操作方法等的教学用语。

 小示例

大班美术活动《泥娃娃》①

小朋友们，现在我们一起来捏泥娃娃。第一步，我们先把橡皮泥分成5块，5块橡皮泥一块大、两块中、两块小，像老师的这样(拿给小朋友们看)，我们再把5块橡皮泥都揉成小球。

第二步我们取最大的一块橡皮泥圆球做身体，拿一块比较大的圆球作脑袋，双手分别握住一块，用力一起，泥娃娃的身体和脑袋就连在了一起。

第三步呢，我们把两个最小的圆球贴在泥娃娃身体的两侧，再把比较大的一个圆球压扁做成帽子，戴在娃娃的头上。

小朋友们看，娃娃还缺少什么呀？(眼睛和嘴巴)对，我们第四步就用火柴为泥娃娃画出眼睛和嘴巴。好，一个生动活泼的泥娃娃就做好了。

【分析】　教师按照操作的程序一步步引导小朋友们塑泥娃娃，四个环节层次分明、语言条理清晰。在教师的讲解和示范下，孩子的泥娃娃也就很快做好了。

3．评价性讲解语

评价性讲解语是教师对具体教学内容进行针对性评价，以引导幼儿充分把握其特点的教学用语。

 小示例

中班语言活动《会滚的汽车》

教师：小朋友们听老师读这段故事，小朋友们注意听里面用了哪些表示动作的词。

(读)大木桶气坏了，飞快地滚着追了上去，嘎吱一下，压住了狐狸的尾巴。狐狸痛得哇哇叫，张开了大嘴巴。大木桶用力朝狐狸身上一挤，噗地一下跳出了小鸡；唰地一下蹦出了小鸭，跟着伸出了小鹅的长脖子。小鸡和小鸭抓住小鹅的长脖子，使劲拉啊拉，嗨哟！嗨哟！拉啊拉，把小鹅拉出来了。大木桶又用力一滚，把狐狸全压扁了！

小朋友们来说说故事里有哪些动作呢？(小朋友回答)

小朋友们，这段话太精彩了，这么短的一段话，里面表示动作的词就有十几个。小鸡"噗"地跳出来，小鸭"唰"地蹦出来，而小鹅呢，胆子就太小了，伸出了长长的脖子，还要等小鸡和小鸭把它拉出来，可大木桶只是用力地一滚就把大狐狸压扁了。小鸡、小鸭和小鹅、大木桶就好像在我们眼前一样。小朋友们，这段故事写得好不好？

【分析】　教师的讲解紧紧抓住童话中的小动物与木桶形象，围绕动词进行讲解，语

---

① 刘海虎等主编.幼儿园各科教案精选[M].上海：上海科学技术出版社，1911：69.(有改动)

言生动,对童话的动词点评也比较到位。

4. 抒情性讲解语

抒情性讲解语是教师在教学过程中为了激发幼儿的学习热情或陶冶幼儿的性情而进行的抒发情感的教学讲解用语。

 小示例

大班语言活动《长大做个好爷爷》

爷爷老了,起不了床,他不能再给小小熊讲故事了,他不能再让小小熊看三熊山,看金头发的河了……小小熊就给爷爷讲他们一起看过的风景,他们一起静静地流泪。在小小熊的心里,爷爷的视线始终温柔地注视着他,神态是那么安详。

孩子们,生命是一份珍贵的礼物,我们应该好好珍惜;爱是一份珍贵的礼物,我们应该好好珍惜……爱是美丽的,在亲情与爱的颜色里,没有恐惧,没有悲哀,只有温暖,只有希望。孩子们,老师相信如果你们是小小熊,你们也一定会在心里大声地说:"长大做个好爷爷!"

绘本《长大做个好爷爷》

【分析】 教师的语言里饱含着深情,故事情节的美丽在教师的语言中得到了真切的表现。生命的美丽与爱的温柔自然都透过教师深情的话语洋溢在孩子们的心中。

(二)讲解语的运用要求

第一,准确清楚,条理分明。

第二,系统连贯,详略得当。

第三,通俗易懂,深入浅出。

第四,透彻流畅,生动活泼。

三、提问语

教学提问是幼儿教师在组织教学活动中根据教学要求和幼儿实际提出问题,引发幼儿思考,了解幼儿学习现状的教学语言形式,也是幼儿园教学活动中运用最多的教学口语。爱因斯坦说:"提出一个问题往往比解决一个问题更重要。"美国心理学家布鲁纳指出:"教学过程是一种提出问题和解决问题的持续不断的活动。"课堂提问是引起幼儿反应、增强师幼之间相互交流、相互作用的重要手段。

(一)提问语的主要类型

教学提问贯穿教学活动始终,是幼儿园教学活动的主要环节。一般可分为描述性提问、启发性提问、拓展性提问、评价性提问等。

1. 描述性提问

描述性提问是用提问的方式提示幼儿细致地观察并描述事物。运用这样的提问方式可以引导幼儿发现新信息,有利于培养幼儿发现问题和观察事物的能力。

 小示例

中班美术课《画蝴蝶》

本课的教学目标是让幼儿画蝴蝶,因此在活动开始时先来了解幼儿是否认识和了解蝴蝶,在了解蝴蝶简单轮廓特征的前提下再来学习如何画出更优美的蝴蝶。

教师:小朋友们见过蝴蝶吗?

幼儿:见过。

教师:蝴蝶长得是什么样子呀?

幼儿:(七嘴八舌地回答)

教师:蝴蝶有翅膀吗?

幼儿:有,两只翅膀。

教师:还有什么呀?

幼儿1:嘴巴。

幼儿2:眼睛。

教师:哦,还有嘴巴、眼睛,还有什么呀?

幼儿:还有触角。

教师:嗯,还有触角,那蝴蝶的触角是什么样子的呀?

幼儿1:长长的。

幼儿2:弯弯的。

教师:哦,蝴蝶的触角有这么粗的吗(教师用手指比画了一个较粗的样子)?

幼儿:没有,蝴蝶的触角是细细的。

教师:蝴蝶是什么颜色的呀?

……

【分析】 在认识蝴蝶的过程中,教师不是用讲解的方式直接告诉幼儿蝴蝶的外貌特征,而是运用提问的方式引导幼儿观察蝴蝶,再引导幼儿用自己的语言来表达观察到的蝴蝶特征。这样,教师带给幼儿的不仅仅是知识的传授,还有学习的方法和观察的习惯;不仅仅是关于生物的知识,还有思维的意识和表达的能力。

2. 启发性提问

启发性提问是在幼儿思考与解决问题遇到困难时,教师用提问的方式予以适度的引导和启发。

▶ 小示例

大班科学活动《风云雨雪》

......

幼儿:老师,老师,为什么夏天下雨冬天就会下雪呢?

教师:明明真是一个喜欢思考问题的聪明宝宝,小朋友们也和明明一起想一想。小朋友们,雨是什么呀?

幼儿:是水。

教师:对,夏天下的雨就是天上落下来的水。小朋友们如果你们把水放在冰箱里,会怎么样呀?

幼儿:会结冰。

教师:小朋友说得对,水太冷了,就会……?

幼儿:就会变成冰。

教师:那冬天下的雪和冰有什么关系呀?

幼儿:雪就是冰。

教师:那为什么夏天下雨而冬天下雪呀?

幼儿:夏天热,就下雨;冬天冷,就下雪。

教师:小朋友们,自己能找到问题的答案,大家都是聪明的好孩子。

【分析】 教师对幼儿的问题没有直接给出答案,而是循循善诱地借助于幼儿在冰箱中冻冰块的经历引导孩子认识水遇冷会变成冰,而雪就是天上的水遇冷变成的冰落到地上。最后又对幼儿的探索成果给予了肯定。

3. 拓展性提问

拓展性提问是教师引导幼儿在已经掌握的知识基础上,运用已掌握的知识进行拓展性思考,以巩固和运用知识的提问方式。这种提问法,可以把知识连贯起来,培养"立体"地思考问题的能力,可以记得更牢,理解得更深,有由此及彼、融会贯通的作用。

▶ 小示例

大班科学活动《认识家禽和家畜》

......

教师:小朋友们,我们已经得到了答案:家畜有四条腿,有蹄子、有尾巴,母的还能生小宝宝,还能给宝宝喂奶……

幼儿:还要在家里。

教师:小朋友说得真对,家畜还是要养在家里的动物。小朋友们再想一想,我们都见过哪些家畜呀?

幼儿:小猪。

教师：是的呢，小猪和猪妈妈、猪爸爸都有四条腿、有猪蹄，猪妈妈能生猪宝宝、能给猪宝宝喂奶，他们都是家畜。还有什么呢？

······

【分析】　教师在幼儿已经掌握了家畜的基本特征之后，让孩子继续说出还有哪些家畜，是对家畜这一概念的巩固性学习和实际运用。这样的程序设计便于幼儿真正掌握这一概念。

4. 评价性提问

评价性提问是引导幼儿对学习中遇到的事物进行是非判断与优劣评价的提问方式。幼儿涉世未深，对许多事物缺乏明晰的认识，教师有意识地引导幼儿在思考的基础上做出自己的评判，不仅有利于孩子知识的掌握，而且有利于孩子世界观和人生观的形成。

小示例

大班科学活动《动物法庭》

······

教师：小兔吉米来到法庭，说他们以草为生，从不伤害别人，状告灰狼麦克吃掉自己的好多同伴；大灰狼说如果他们不吃兔子，兔子就会把草原上的草全吃光，小朋友们，你们觉得大灰狼错没错呀？

幼儿：错了。

教师：为什么？

幼儿：因为兔子从不伤害别人，兔子会疼、会死的。

教师：嗯，兔子也是生命。

明明：老师，老师，大灰狼没错。

教师：明明说说为什么大灰狼没错呀？

明明：我爸爸说小草也有生命，兔子会吃掉草，灰狼把他们吃掉是对的，是在保护小草。

教师：小朋友们说说明明说的有道理吗？

幼儿：没有，草原上有那么多草，就是给兔子吃的。

教师：小朋友们都是善于思考的好孩子，对事情有自己的看法。大灰狼该不该吃掉这些兔子？如果你是法官，你会不会把狼都关起来？大家接着说理由。

······

【分析】　充分运用评价性提问语，让幼儿通过思考和争论来解决问题。教育乃至人类整个的探索本身就是在思考与争论中完成的。

（二）提问语的运用要求

1. 问点准确

课堂提问要有明确的目的，操作性强，提出问题的语言要清晰明确，不要无意识地问或习惯性地随便问。提问要围绕教学的难点和重点来进行,问到点子上。有些教师习惯地问"是吗""对吗""明白吗"等,这样的问题对解决知识重点难点是毫无意义的。正确的教师提问语应该是教师在备课过程中紧紧围绕教学目的有准备、有顺序经过认真设计而提出的。

2. 启发智能

提问时,应注意做到把对幼儿智能的考查和训练融为和谐统一的整体。教师提问时,既考虑幼儿对知识掌握程度、问题理解程度、思维敏捷程度,又应当特别注意通过提问启发幼儿的智能,强化对幼儿这方面能力的培养训练。

3. 难度适当

提出的问题应当有一定的难度,要巧妙地把幼儿带入一个可能理解而又不是很容易理解、有障碍却可以逾越的境界,形象地说,就是要"跳一跳,摘果子"。

4. 层层递进

设计提问,要由简到繁,由易到难,环环紧扣,层层递进。为此,教师要注意设计好问题的"坡度",让幼儿回答问题像攀登阶梯一样,步步升高,让幼儿的思维也跟着"爬坡"。

四、过渡语

过渡语又称课堂衔接语或转换语,是指教师在教学环节与环节之间,为承上启下、连接活动而运用的教学组织语言。

(一)过渡语的主要类型

过渡语使教学内容层次分明,连接紧密。巧妙的过渡语能有效引导孩子思维的进程,使教学活动完整连贯,逻辑性强。主要有顺承式过渡语和悬念式过渡语。

1. 顺承式过渡语

运用顺承式过渡语要注意上一个问题自然地为下一个问题做好铺垫和准备。此种类型的过渡语是一种基本用语形式,也可用于课堂教学的各个环节。

➡ 小示例

大班科学活动《会送信的鸽子》

······

教师:好。我们知道了鸽子可以很容易地找到家,那鸽子是靠什么办法找到家的呢?

【分析】 教师用设问的方式,从"鸽子容易找到家"顺势一转很自然地引出"鸽子回家的办法"这一问题的教学。

2. 悬念式过渡语

运用前面问题推导的结果,制造一种悬念效应,巧妙引出下文。

小示例

大班科学活动《神奇的电》

......

教师：小朋友们听到这里，一定感到很奇怪，电真的有那么厉害吗？好，这个问题我们先放在这儿，一会就会明白。下边，我们先看摩擦起电这种现象......

【分析】　教师没有直接说明电的厉害，而是留有疑问悬念，接着展示摩擦起电现象，让幼儿直观感受电的厉害。

（二）过渡语的运用要求

过渡语的运用主要应该掌握两个原则：一是承上启下，二是言简意赅。具体来说应注意以下几点：

（1）教学环节设计环环相扣，层次分明，过渡语紧扣环节内容；

（2）过渡语简短精练，有效提起对下一活动环节的兴趣；

（3）过渡语要注意变化，避免单一重复。

五、应变语[①]

尽管教师在上课前会做好充分的准备，但教学过程是由多个因素相互作用的动态过程，教师经常会遇到一些事先没有准备的意外情况，这就需要教师灵活应变。教学应变语具体指教师在课堂教学中及时处理课堂突发事件、调整师生关系所运用的教学语言。

（一）使用应变语的主要方式

1. 巧用情境法

面对突发事件，抓住机会，适时对幼儿进行启发教育是教师灵活应变的常用方法，也是应变语的心理基础。

小示例

教师正在教儿歌，一只大蜻蜓飞进了教室，孩子们顿时兴奋地拍手喊起来："大头青！大头青！大头青！抓住！抓住！"教师认为这是对幼儿进行保护益虫教育的好机会，就悄悄地走到蜻蜓落脚的地方。几十双小眼睛目不转睛地盯着教师。教师一把抓住了大蜻蜓，边走边说："大蜻蜓，绿眼睛，飞来飞去捉苍蝇......"孩子们坐到自己的座位上安静了。教师问："小朋友们，大蜻蜓是害虫还是益虫呢？""是益虫。""为什么？""因为它能捉苍蝇蚊子。""咱们是把大蜻蜓用线拴上，在教室里玩，还是把它放掉呢？"孩子们异口同声地回答："放掉它！""好吧，老师请一位小朋友来放蜻蜓。"孩子们争着举起小手。教师把第一个发现蜻蜓又大声叫喊的明明请了出来。这个"蜻蜓迷"很正经地走到老师面前，用小手轻轻地捏住蜻蜓的翅膀，站在窗口说："大蜻蜓，你飞吧！飞吧！飞

---

① 李自行，许昶.幼儿教师口语［M］.成都：电子科技大学出版社，2014：244－247.(有改动)

吧!"孩子们一起喊起来。蜻蜓飞走了,教室安静了……教师继续教儿歌。

【分析】 面对突发事件——大蜻蜓飞进教室,正在教儿歌的教师对于孩子的好奇没有斥责,没有强行命令孩子们回到儿歌上去,而是灵活变通,从容应对,抓住机会对幼儿进行了保护益虫的教育。

2. 将错就错法

教师在课堂教学出现失误之后一种方法是勇敢地承认自己的错误;另一种方法是将错就错,随机应变及时创设教学情境。

▶ 小示例

一位老师在上大班科学课《辨别盐和糖》的时候,采用了实验法,左手拿盐、右手拿糖,分别放进装了水的杯子里,让孩子们通过品尝来了解盐和糖的味道。水杯外面事先贴了"盐"和"糖"的字样,但是这位教师无意中把右手中的糖倒进了写有"盐"的杯子里。等他意识到自己的失误,有些幼儿已经品尝过了。这位教师没有马上纠正自己的错误,而是干脆地反问了一句"你们品尝的盐咸吗?"几个孩子齐声回答:"不咸,甜的,应该是糖。"老师顺着说:"老师故意放错了,让你们细心辨别盐的味道。"

【分析】 失误之后的教师运用自己的机智巧设问答的情境,巧妙地化解了失误带来的不良影响和尴尬。

3. 幽默应对法

教学中有了异常情况,如果能够用幽默的语言,就能轻松化解尴尬的氛围。

▶ 小示例

教师:世界上鞋的种类有成千上万,小朋友们都认识什么鞋?

幼儿:凉鞋,旅游鞋。(教师张贴有"凉鞋""旅游鞋"图案和文字的纸片)

幼儿:皮鞋,布鞋。(教师张贴有"皮鞋""布鞋"图案和文字的纸片)

幼儿:雪地鞋,拖鞋。(教师张贴有"雪地鞋""拖鞋"图案和文字的纸片,却发现误把"拖"写成了"拉")

幼儿:老师,这个是"拉"字,我认识,你写错了!

教师:什么地方错了?

幼儿:你把"拖鞋"写成了"拉鞋"。

教师:"拖"和"拉"一样不一样?

幼儿:不一样。

教师:"拖"是什么意思?

幼儿:"拖"是脚带着鞋子往前走,方便又舒服。

幼儿:"拉"是拉车,得有轮子。

教师:啊,老师给拖鞋安了轮子。(小朋友们笑,老师也笑)这怎么行,你们都不让了,那样穿着在室内走不舒服也不方便。请同学们告诉我有没有安轮子的鞋?

幼儿:溜冰鞋。

教师：很好。老师错在这儿，把溜冰鞋的轮子安到了拖鞋上了。

【分析】　教师面对自己的失误，并没有匆忙地改正自己的错字，而是幽默机智地说自己错在把溜冰鞋的轮子安到了拖鞋上，让孩子们在一种其乐融融的气氛中不仅明白了"拖"和"拉"的区别，而且又非常自然地回到了鞋的主题上。

（二）应变语的运用要求

1. 处变不惊

课堂上的突发事件与其说考验的是教师的语言表达，不如说考验的是教师的心理素质和化解矛盾、处理问题的能力，应变与灵感的闪现必然以教师面对困难时的镇定与沉着为前提和基础。遇到特殊情况，对自己情绪的合理控制是第一步，平心静气地寻找方法是第二步，运用语言把自己的办法表现出来是第三步。

2. 因势利导

面对课堂上的突发事件，教师的任何回避与躲闪都是不应该的，只有充满勇气迎难而上，才可能根本地化解矛盾。这就需要教师能够因势利导，变被动为主动，视突发如常态。因为教学活动是"人"的活动，随时随地对孩子进行引导与教化是教师的责任，所以抓住特定时境及时进行教育是教育的性质决定的。

六、结束语

结束语是教学过程某一环节或教学活动结束时总结概括教学内容时采用的语言，是教师针对活动学习内容用简洁明了的语言概括总结本次教学活动的主题、主要知识点、幼儿表现、探究的问题以及延伸活动等。

（一）结束语的主要方式

结束语是教师教学用语的最后一部分，因而它必然要与前面的教学用语相协调，应该根据课堂的具体情况因时制宜，以自然延伸的方式进行设计。主要有归纳总结式、指导活动式、延伸拓展式等。

1. 归纳总结式

简单概括总结本节内容，使幼儿提高认识，加强记忆。

▶ 小示例

大班健康活动《怎样保护我们的大脑》

教师：小朋友们，我们刚刚讲过了如何保护我们的大脑，想要保护我们的大脑，首先要勤于用脑；其次不要用脑过度；再次要保证大脑的合理营养；还有，要保持乐观的情绪。

【分析】　该示例采用了归纳总结式结语，且条分缕析，用语简洁。

2. 指导活动式

教师运用组织活动的方式总结巩固教学内容，指导幼儿学以致用地掌握所学知识。

活动是幼儿园教育教学中的重要方式,因此,指导活动式结束语是幼儿教学中非常有效的结束方式。

➡小示例

小班音乐活动《宝贝在哪里》

(教师教幼儿认识五官)

教师:老师再弹唱一遍儿歌,小朋友和老师一起演唱和表演,一定要找到你的宝贝哦!

(教师弹唱:好宝宝,我问你,你的鼻子在哪里?好宝宝,我问你,你的眼睛在哪里?……幼儿边唱边指自己的鼻子、眼睛、嘴巴、耳朵。)

【分析】 教师弹唱儿歌,引导幼儿用手指五官的活动方式加强记忆。

3. 延伸拓展式

教学活动的结束不应该是学习的结束,而是拥有新的知识和体验,养成良好习惯的开始。这种结束语最大的优点就在于为幼儿创设一个继续求索的情境,做到由课内向课外的自然延伸。

➡小示例

大班科学活动《小壁虎借尾巴》

教师:小朋友们,今天我们学习了小壁虎尾巴的特点。实际上,大千世界里,各种动物的尾巴都有自己的奇妙之处。动物不同,尾巴不同,用途不同,奇妙的特点也不同。小朋友们,应该多去观察,也可以找来写动物尾巴的书,了解动物的尾巴,再讲给老师和小朋友听,我们比一比谁了解得多,谁了解得全面,好吗?

【分析】 上面的结束语承接所学的内容,在小壁虎尾巴的基础上拓展到了其他动物的尾巴,并告诉幼儿大千世界"动物不同、尾巴不同、用途不同、奇妙之处也不同",这样不仅开阔了幼儿的知识视野,而且激发了孩子的探索欲望,做到了课内向课外的巧妙延伸。

(二)结束语的运用要求

结束语要求重点突出,精炼简洁,表达时语速要放慢,让幼儿能边听边回顾,以达到更好的教学效果。一般来说,在设计结束语时,要注意两个原则:

1. 凝练简洁

教师的结束语首先要凝练,要很准确地概括教学内容,是整个教学内容的浓缩与精粹;其次要运用简洁的语言迅速结束。

2. 趣味悠长

与前面的导入语、讲解语一样,结束语也要充满韵味、耐人咀嚼。一个好的结束语必然应该在总结所学知识的基础上,进一步开阔视野,启发智慧。

巩固训练

一、导入语训练:请为小班社会课《认识肥皂》,设计出几种不同的导入语。

活动目的:

1. 初步感知肥皂的主要特性和用途。

2. 尝试运用各种感官感知和发现问题。

二、讲解语训练:为中班科学活动《树木是我们的好朋友》编写讲解语。

三、提问语训练:有位小朋友分不清"昨天""今天"和"明天"这三个概念,说:"明天老师教我跳了一个舞,今天我回家,跳给爸爸妈妈看。"请你按照提问语的要求设计一些问题,帮他理清概念。

四、过渡语训练:阅读下面的教学实录,评价划横线的教师过渡语。

音乐活动《渐渐变》(节选)①

(讲桌前放一台录音机,录音机里播放出悠扬的《蓝色多瑙河》的乐曲,声音由小变大⋯⋯)

教师:小朋友,听听这乐曲是怎样变的?

幼儿:开始声音变小,以后录音机开大了,声音就大了。

教师:声音怎样大起来的? 是一下子大的吗?

幼儿:是慢慢变大的。

教师:现在我让乐曲声由大变小,你们听听。

幼儿:声音由大变小了。

教师:怎样变的?

幼儿:录音机拨那个,就从大到小了。(应为:扭动录音机的钮,声音就从大变小了)

幼儿:是慢慢变小的。

教师:再听由小变大的是怎样变的。

幼儿:有那么一点声音,慢慢就大了。

教师:慢慢变大,就是渐渐变大。再听,怎么变?

幼儿:渐渐变大。

教师:听,怎么变?

幼儿:渐渐变小了。

教师:声音可以渐渐变大,也可以渐渐变小。现在我们看看吹气小狗。(慢慢吹气,塑料小狗渐渐鼓起来。)

五、应变语训练:试评论下面这则应变语:

---

① 转引自:国家教育委员会师范教育司主编.教师口语(试用本)[M].北京:语文出版社,1996:270-280.

教师教学时不小心把粘贴在黑板上的降落伞碰掉了,孩子们立刻发出了"咦——"的声音,有的还大喊:"降落伞飞下来了!"教师对孩子们说:"你们数一数,几个降落伞落下来了? 还有几个在黑板上贴着? 一共有几个降落伞?"

六、结束语训练:运用本节学习的结束语的知识,为中班音乐课《我有一个好妈妈》设计两种结束语。

拓展延伸 >>>>>>

上课怎样吸引幼儿的注意力
幼儿园优秀课例

第三节　幼儿教师教学口语的基本技能训练

 案例导学

大班美术活动《集体读画》①

师:小朋友们,你们看看,这张画上有什么? 他们在干什么?

幼:几只小鸟在一起玩。

幼:小鸟张开嘴巴在叫。

幼:许多彩色的小鸟在天上飞。

师:谁能用更好听的词语来形容小鸟?

幼:美丽的小鸟展翅高飞。

师:讲得真好! 大家发现洋洋说的句子里有好听的词语了吗?

幼:展翅高飞。

师:对了,他把小鸟飞的时候的动态表现出来了。 谁还能说得和他一样好?

幼:我看见六只快乐的小鸟在天空旋转,他们在快乐地跳舞、唱歌、做游戏。

师:瞧,天天的想象力多丰富啊! 他说小鸟在唱歌、跳舞、做游戏,说明小鸟们在一起非常快乐!"快乐"这个词说得太好了! 还有其他的词语形容小鸟吗?

幼:(七嘴八舌说)美丽、可爱、活泼、彩色、五彩缤纷……

师:这群美丽的小鸟要飞到哪里去呢?

幼:它们飞上蓝天,展翅高飞,飞向一个温暖的地方。

师:你是怎么看出小鸟正飞向一个温暖的地方?

幼:因为这些小鸟的周围都是用黄颜色、橘黄色来画的,给人温暖的感觉。

---

① 转引自:钱维亚主编.幼儿教师口语[M].北京:高等教育出版社,2008:225-226.

师:你看得真仔细,还能感觉出色彩,真了不起!

幼:一群美丽的小鸟飞过彩虹,飞过蓝天,飞到太阳上去了。小鸟飞呀飞,给人类寻找阳光,带来彩虹。

……

【分析】 大班幼儿的语言能力已经有很大的发展了,老师在教学中注重启发,引导孩子用丰富的词语、优美的语言描绘画面内容,大胆地表达了自己的感受和体验。教师自己的口语要为孩子做好示范,力求形象生动。

 学海畅游

幼儿教师在运用教学口语进行教学时,要做到:声音清晰悦耳,既让幼儿听清,又不会让幼儿感到刺耳;语速适宜,既让幼儿跟得上,又能很好地表达教学内容;语句通顺,语言流畅,为幼儿口语表达的学习做一个好榜样。此外,幼儿教师的教学口语还要注意语言的儿童化。使用儿童化的语言,是适应幼儿身心发展特点的要求,可以激发幼儿学习的兴趣,可以让幼儿更容易理解教学内容。幼儿教师教学口语的基本技能可以从修辞化、形象性、动态感角度加以训练提升,让语言更加生动形象。

一、修辞化

在幼儿教师的教学口语中,修辞手法的运用是常见的。幼儿的思维以形象思维为主,而且幼儿的阅历尚浅,接触的事物不多,这就要求教师的口语多运用修辞手法,让语言更加具体形象。最重要的也是最常用的修辞手法是比喻、拟人和夸张几种。

(一)比喻训练

比喻,就是打比方。被比的事物叫本体,用来作比的事物叫喻体。有些比喻有联系本体和喻体的比喻词,常用的比喻词有:好像、像、似、好似、如、若等。生动细腻的比喻可以出神入化地反映表达者自己的生活体验,让听者有身临其境的感觉。好的比喻充满着生活气息和个性色彩,会给幼儿广阔的驰骋想象空间,启发幼儿的思维,开启幼儿的智慧之门。

课堂训练

根据下面的小示例,两个同学为一组,一个同学说物,另一个同学说它像什么,然后轮换。训练要求:抓住并突出事物之间的相似点。

同学1:下雨天,雨从天上落下来的样子像什么?

同学2:像无数根银线从天上垂下。

同学1:女同学长长的披肩发像什么?

同学2:像一片黑色的小瀑布。

(二)拟人训练

拟人是把事物当人写,表现出人的思想、情感。幼儿的思维里还保留着泛灵论的特

点,不仅喜欢听动物故事,而且一草一木,甚至一片云朵都是会说话的,都是有感情的。基于幼儿对事物的认识具有这样的特点,拟人的修辞手法在儿童教育中是一种非常常见的方法。

➡ 小示例

教师引导幼儿认识动物有几种脚时,讲了这样一个故事:

小猴子开了个鞋店。仙鹤说:"请给我做双鞋,等我跳舞的时候穿。"小马说:"请给我做两双鞋,等我拉车的时候穿。"蜻蜓说:"请你给我做三双鞋,等我飞行的时候穿。"大虾说:"请你给我做五双鞋,等我游泳的时候穿。"蜈蚣来了:"我要做鞋。"小猴子急坏了:"你有二十一双脚,我什么时候能做完呢?"

【分析】 这样丰富的知识,教师没有用干瘪的数据要孩子记忆,而是用拟人化的动物故事的形式娓娓道来。

➡ 课堂训练

模仿下面的小示例,两个同学为一组,一个同学说物及状态,另一个同学用拟人的修辞将其详细表达出来,然后轮换。训练要求:抓住事物特征。

同学1:麦苗生长。

同学2:麦苗喝饱了水使劲往上长,长啊长啊,长得比大树还高。

(三)夸张训练

夸张是对事物进行夸大或缩小的描述。因为幼儿的头脑里有着非常神奇的想象,他们的意识里许多事物都是超现实的。可以说,幻想是幼儿思维的一大特点,而想象力又是创造性的重要基础。作为教师,我们应该适应孩子的这一特点并致力于开发他们的想象潜能。反映在幼儿教师的语言上就是要合理运用夸张为他们描绘一个传奇的世界。

➡ 小示例

小朋友们,你们看徐悲鸿爷爷画的《奔马图》,骏马的气势多雄壮啊,四蹄好像生风一样,奔腾在一望无际的大草原上,显示出无比巨大的力量,我们仿佛可以听到"哒哒哒"的马蹄声了。

【分析】 夸张的修辞描绘出了画作的气势,形象地给小朋友描绘出骏马奔腾的情形。

➡ 课堂训练

根据下面的小示例,两个同学为一组,一个同学说出具体的情景和需要夸张的事物,另一个同学说出夸张的句子,然后轮换。训练要求:抓住事物最突出的特点;使用夸张要以客观实际为基础。

同学1:故事《大怪物》中有一个大大的怪物,它长得特别可怕,尤其是它那张血盆大口,用夸张的手法描写一下怪物的大口。

同学2：那怪物有一张大大的嘴，差不多占到了它脸的一半。那张大嘴张开时，就像一个黑洞洞的山洞让人害怕。

二、形象化

幼儿由于年龄尚小，自制能力欠缺，有意注意的时间短暂，思维方式中以形象思维为主，主要依靠视觉、听觉等途径接受信息认识事物。因此，我们对幼儿的表达应该具体形象地运用多种信息途径刺激孩子的感官。这样不仅可以延长幼儿的有意注意的时间，而且可以提高教学活动效果。提高活动效果，重要的方法有摹色、绘形和拟声等。

⊙ 小示例

大班美术活动《漂亮的房子》

教师：有一首儿歌叫《小蜡笔》：小蜡笔，真好看，红、橙、黄、绿、青、紫、蓝。红笔画太阳，一个红圈圈。蓝笔画小河，三道弯弯线。黄笔画个小片片，那是小帆船。绿笔画个大三角，那是一座山。各种蜡笔一齐画，那是我们幼儿园。小朋友们，小蜡笔神奇不神奇？

幼儿：神奇！（七嘴八舌）

教师：今天，我们就来学习用小蜡笔画漂亮的房子。

【分析】　这位教师借用儿歌《小蜡笔》，用富于色彩和形象的语言说明小蜡笔神奇的用途，很好地诱发了幼儿的想象力，并使幼儿萌动起想用神奇的小蜡笔表现自己想象力的渴望。

上一个示例说的是摹色和绘形，拟声同样可以激发幼儿的形象思维，甚至使幼儿有一种身临其境的感觉。

⊙ 课堂训练

模仿下面的小示例，两个同学为一组，一个同学说出大自然中的现象，另一个同学说出拟声词，然后轮换。训练要求：抓住事物的特点，使用摹色、绘形和拟声的词汇。比如：

同学1：大自然是位非常伟大的音乐家，她能演奏出各种动听的音乐。比如风声——

同学2：呼呼。

同学1：雷声——

同学2：隆隆。

同学1：雨声——

同学2：哗哗，沙沙，滴答滴答

三、动态感

幼儿天性活泼，不仅自己好动，而且喜欢动态的事物。幼儿教师的教学口语表达也应注意到幼儿的这一特点,多用形象的动态词语,而且可以辅之以表情、手势等态势语,或者运用道具等增强表达效果。

🔄 小示例

大班语言活动《没有牙齿的大老虎》

……

吭唷,吭唷,狐狸拔呀拔,拔了一颗又一颗……最后一颗牙,狐狸再也拔不动了。(双手做拉的动作)嘿,有办法了!狐狸拿着一根线,一头拴住大老虎的牙,一头拴在大树上。然后他拿个鞭炮放在老虎耳朵边,一点火,呼——啪!"啊哟!"老虎吓得摔了个大跟头,最后一颗牙齿也掉下来了!

【分析】 大老虎的最后一颗牙太难拔了,这里连用了四个"拔"字,可大老虎的最后一颗牙还是拔不动。聪明的小狐狸终于有了办法,故事中又连用了"拿""拴""放""点""摔""掉"等几个动词描写用鞭炮拔牙的过程,趣味横生,生动地表现了大老虎牙齿的坚固和小狐狸的聪明勇敢。教师在讲述时一定要凸显出这些动词,同时辅之以一定的手势,让幼儿深切感受到狐狸拔老虎牙的动态情景。

🔄 课堂训练

两个同学为一组,一个同学说出一个动词,另一个同学作相应的表演,然后轮换。训练要求:抓住动作的特点。

📔 巩固训练

一、大声朗读下面两首儿童诗歌,分析诗歌使用了哪些修辞手法,有什么作用?

月 亮

盖尚铎

每一棵树梢,
挂一个月亮。
小鸟说:
"月亮和我好!"

每一条小河,
漂一个月亮。
青蛙说:
"月亮和我好!"

每一个脸盆，
盛一个月亮，
宝宝说：
"月亮和我好！"

摇 篮

黄庆云

蓝天是摇篮，
摇着星宝宝。
白云轻轻飘，
星宝宝睡着了。

大海是摇篮，
摇着鱼宝宝。
浪花轻轻翻，
鱼宝宝睡着了。

花园是摇篮，
摇着花宝宝。
风儿轻轻吹，
花宝宝睡着了。

妈妈的手是摇篮，
摇着小宝宝。
歌儿轻轻唱，
小宝宝睡着了。

二、根据下面的情境提示，运用所学的知识展开想象，用拟人的手法，表演水循环的故事。

情境：小水珠在太阳的照射下蒸发，随云漂移，再遇雨、雪、雹等返回地面、海里、河里……

人物：小水珠若干、太阳、云朵等

拓展延伸 >>>>>>

幼儿园教育对幼儿口语能力的培养

第九章

幼儿教师教育口语训练

　　幼儿园教育应是科学保育和教育的结合,这就决定了幼儿教师不仅要在课堂教学中教育、引导幼儿,还要在大量的非课堂教学时间里引导、熏陶幼儿。《幼儿园工作规程》中明确要求教师努力培养幼儿"爱祖国、爱家乡、爱集体、爱劳动、爱科学的情感,培养诚实、自信、友爱、勇敢、勤学、好问、爱护公物、克服困难、讲礼貌、守纪律等良好的品德行为和习惯,以及活泼开朗的性格"。

　　幼儿情感品德、行为习惯的培养离不开课堂教学,但更大程度上取决于教师课堂之外对幼儿的熏陶和教育,幼儿教师教育口语运用得好坏,直接关系到幼儿教育的成败。因此,幼儿教师应具备正确、艺术地运用教育口语的能力,只有这样才能科学地引导幼儿全面发展、健康成长。

　　1. 培养职业认同感,热爱学前教育事业,形成较高的职业语言素养,在实际教育工作中能最大程度地发挥教育口语的教化功能。

　　2. 了解幼儿教师教育口语的含义、特点、类型及使用技巧。

　　3. 能恰当地运用多种类型的教育口语,对幼儿进行教育工作。

第一节　幼儿教师教育口语概述

案例导学

　　班里的孩子们特别喜欢每天的玩具游戏时间。这天幼儿园新进了一批玩具,孩子们玩得不亦乐乎,虽然游戏时间已过,老师催促了多次,但仍有一些孩子不愿放回玩具。

这时,小李老师灵机一动,说:"孩子们,我来和大家玩个游戏吧。"孩子们一听,都抬起了头。小李老师接着说:"小玩具们出来和你们做了这么久的游戏,已经累了,想回家了。我要考考你们的记忆力,看看谁能最快地把小玩具准确地送回它们自己的家。"孩子们听后,纷纷爬起来,把玩具送回了玩具柜。

【分析】　教师利用幼儿的认知特点,将玩具拟人化,提醒孩子玩玩具的时间已经结束了,并且利用做游戏的方式规范幼儿行为,既保持了幼儿的愉悦心情,又达到了教育幼儿的目的。

一、幼儿教师教育口语的含义

所谓幼儿教师教育口语,是指幼儿教师在国家和教育部教育方针的引领下,对幼儿进行情感品德、行为规范等方面的教育时所运用的工作语言。

受幼儿心智发育状况和实际认知水平的影响,幼儿教育不仅仅局限于课堂教学,还要渗透在活动、游戏与保教工作中。而在活动、游戏与保教工作中,教师与幼儿进行思想与情感交流所使用的主要工具就是语言。因此,教师教育口语的运用,对于幼儿情感品德、行为规范的形成乃至语言的发展都有着深远影响。

苏霍姆林斯基说过:"教师的语言是一种什么也代替不了的影响学生心灵的工具。"恰当巧妙地运用教育口语,潜移默化地引导幼儿健康成长,是幼儿教师必备的基本能力。在具体教育工作中,幼儿教师须结合幼儿教育学、幼儿心理学、幼儿卫生学等相关专业的理论与实践知识,为幼儿创设一个自由、宽松的语言交往环境,以满足幼儿多方面发展的需求,使他们度过快乐而有意义的幼儿园时期。

▶小示例

又到了每天下午的吃点心时间,孩子们正在享用奶油蛋糕。点点拿着蛋糕到处走,结果一个不小心蛋糕掉到了地上。他害怕地缩在墙角,担心老师训他。旁边的小朋友说:"你惨咯,老师一定会骂你的,我在家打翻东西,妈妈也会骂我的。"点点吓得哇哇大哭。这时老师听到动静走过来,用手蘸了一点奶油,抹在点点的小鼻子上,笑着说:"点点你可真厉害,老师长这么大,也没见过这么香甜的蛋糕山呢,这造型真独特,你看看它还像什么啊?"点点有点诧异地蹲了下来,旁边的小朋友也都围了过来,有的说像一只趴着的小花猫,有的说像妈妈戴的遮阳帽。讨论了一会儿,老师说:"大家的想象力可真丰富,现在谁愿意帮老师和点点一起来把这里打扫干净?"小朋友们听后,纷纷举手,大家很快就将地面打扫得干干净净。接着,老师重新端来一块蛋糕给点点,点点这次乖乖地坐在桌前,笑眯眯地吃起来。

【分析】　点点打翻蛋糕本是无心之失,且已意识到自己做错了事,如果这时老师再训斥孩子,只会让孩子更加害怕、无所适从,从而给孩子带来心理阴影。这位老师的方

法充分体现了教育口语的艺术性,她不仅让点点不再难堪失措,也顺势带着班里的小朋友们进行了一场发挥想象力的思维体操。

二、幼儿教师教育口语的特点

(一)民主平等

《3—6岁儿童学习与发展指南》中指出:"应为幼儿创设自由、宽松的语言交往环境,鼓励和支持幼儿与成人、同伴交流,让幼儿想说、敢说、喜欢说并能得到积极回应。"尽管幼儿认知能力有限、心智发育尚未完善,但幼儿与教师在地位和人格上都是平等的。教师只有以民主的方式、平等的地位与幼儿交流,才能营造出自由宽松的语言环境,幼儿才能大胆地表达自己的心声。

幼儿虽小,但是每一个独立的个体都有自己的思想。教师在与幼儿交流时,应蹲下身子,保持与幼儿的眼神对视,可以适当用一些简单的问话鼓励幼儿进一步表达,如"哦,然后呢?""是这样啊!""太神奇了,为什么呢?"等等。只有孩子觉得自己是被接纳、被信任、被尊重的,教师才能够顺利地走近幼儿的心灵世界,实现师生间的有效沟通。

➡️ 小示例

王老师发现最近几天有孩子偷偷将碗里的菜倒在后门的墙根下,她决定好好留意抓住这个挑食的小朋友。快要吃完的时候,王老师发现妙妙偷偷地将剩下的土豆和牛肉拨到了后门口,然后才拿着空碗去交餐具。老师将妙妙拉到了一边,蹲下问道:"妙妙,你将午餐都吃光了吗?"妙妙将头别向了一边,说:"吃光了。""太好了,老师希望妙妙帮老师一个忙,老师发现有小朋友把碗里的菜放在墙根,你能帮老师找到他吗?"妙妙抿了抿嘴,没有说话。老师期待地望着妙妙说:"我觉得妙妙一向观察细致,只有你可以帮老师。"妙妙涨红了脸,说:"老师,其实是我倒的。"老师听了说:"哦,是这样啊。妙妙你这样做一定是有原因的吧?"说完微笑着看着妙妙。妙妙停了一会儿,看着老师说:"老师,我前几天看到墙角有一只小猫在叫,我觉得它饿了,就把自己的菜省给它吃,其实我最爱吃牛肉了。"老师点点头说:"你真是个善良的好孩子,不过,以后喂小动物要叫上大人一起陪着,防止不小心被动物抓伤、咬伤哦!"

【分析】 教师深入了解幼儿的一个重要途径就是认真倾听,且要相信孩子、尊重孩子,营造民主平等的语言交流氛围,引导孩子说出自己的所思所想,切忌自以为是,误解幼儿的行为。

(二)浅显易懂

教师在教育过程中所使用的语言须符合幼儿的思维特点。《3~6岁儿童学习与发展指南》要求教师"与幼儿交谈时,要用幼儿能听得懂的语言"。幼儿认识水平有限、自我控制能力较弱,教师应避免使用枯燥、复杂的句式与幼儿沟通,而应以简短的句子、浅显的词汇,创造生动直观的形象,帮助幼儿理解抽象的概念与要求,使幼儿听得明白、接受得顺利。

▶ 小示例

　　一次幼儿园开放日，家长们正在观看孩子们上阅读课。别的孩子都在认真翻看自己面前的绘本，只有牛牛时不时地东张西望，后来还离开座位到处跑。牛牛妈妈对他说："你为什么不认真看书，妈妈平时都是怎么跟你说的？'黑发不知勤学早，白首方悔读书迟'啊！"牛牛抬头看了看妈妈，继续来回跑动。这时老师拿过牛牛桌上的绘本，自言自语道："咦？太神奇了，开心熊怎么这么聪明呢，这么有趣的方法它都想得到！"牛牛一听，赶紧跑过来问："什么，什么？老师，开心熊怎么了？"老师说："开心熊在书里呢，你不理它的话，它自然也不肯跟你玩呀。"牛牛连忙拿过绘本，回到座位上，津津有味地读了起来。

　　【分析】　例子中提到的古诗文，幼儿受认知水平的影响，理解起来有难度。教师站在幼儿的角度去看待问题，可以适当运用拟人手法，赋予玩具、书本等事物以人的个性，来吸引孩子的注意，也更容易被幼儿理解接受。

（三）有针对性

　　面对不同的教育对象、不同的状况，教师应使用不同的教育语言、教育方法，在与幼儿进行交流时，语言应有针对性。

　　所谓针对性，一方面指教师就事件本身，就事论事。对于幼儿美好的言行举止应予以及时表扬，对于不当之处，则须准确加以批评指正。评论孩子时，应客观冷静，就事论事，切忌翻旧账，或将小事件上升到道德批判层面。另一方面是指教师应针对受教育对象的不同，因材施教。每个幼儿的个性特征、兴趣爱好、生活习惯、发育情况都不尽相同，教师对于不同的幼儿应运用不同的教育策略。对于敏感细腻的孩子，教师要保护其自尊心，注意自己的说话方式；对于爱争执的孩子，教师要控制好自己的情绪，尽量使用和风化雨式的语言；对于活泼好动的孩子，教师要因势利导，将孩子的精力引导到有意义的地方去；对于内向害羞的孩子，教师则要多使用鼓励性的语言等。

▶ 小示例

　　幼儿园有个孩子叫小明，是大家公认的"捣蛋王"。这天上课时，别的小朋友都坐得端端正正的，只有小明总是东张西望、动个不停。小王老师提醒了小明好几次，可是没多久小明就又跑下座位，对大家做起了鬼脸，引得孩子们哄堂大笑。小王老师很生气，说道："小明，你怎么这么不听话？上课让你认真听讲，你偏要乱动。昨天还用毛毛虫吓小倩，前天又打翻了小路的午饭，你真是个坏孩子！"

　　【分析】　小王老师面对小明的不当行为时，没有做到就事论事，而是"翻旧账""下定性"，将小错误上升到道德层面。这样的教育语言，不仅不能改善幼儿的行为习惯，反而可能让幼儿更加叛逆，不利于幼儿的身心健康发展。

巩固训练

一、什么是幼儿教师教育口语？它具有哪些特点？

二、说说你在见实习时见到的指导老师巧妙运用教育口语解决问题，或者不恰当地使用教育口语的例子，并加以分析。

三、两三个人一组，一个扮演幼儿教师，其他人扮演幼儿，模拟下面的问题情境，运用教育口语去解决问题。

1. 刚开学没几天，小班的红红一直在哭，老师虽然一直安抚她，但她仍然停不下来。旁边的明明本来一个人在一边玩玩具，还哼着歌儿。可是过了好一会儿，他看到红红还在哭，也放下玩具哇哇大哭起来。

2. 户外活动时，小明和小轩打了起来。老师过去一问，小明说是小轩抢自己玩具，小轩说是小明打了自己。双方争执不休，谁也不认错。

拓展延伸 >>>>>>

当幼儿遇到挫折时

第二节　沟通语和说服语的训练

案例导学

刚刚上完室外活动课，孩子们虽然人已经回到了教室里，可是仍然很兴奋，叽叽喳喳讲个不停，老师要求孩子们安静下来，可是说了好几遍，孩子们也没什么反应，仍然在大声讨论。该怎么办呢？老师想了一会儿，将食指放在嘴前，对孩子们说"嘘……"，班级稍微安静了一点点，但声音仍不小。于是老师轻轻地走到一个孩子面前，抚摸了一下他的小脑袋，然后贴在他耳边，说了一句悄悄话。说完之后，那个孩子笑眯眯地坐好，不再讲话。孩子们立刻被老师吸引住了，轻声问老师："你们说了什么呀？"老师神秘地说："我刚刚说了个小秘密，谁不讲话，我才告诉谁。"孩子们马上就安静了下来，于是老师对每个孩子说了一句相同的悄悄话："你是个好孩子，老师真喜欢你。请你快快坐好吧！"

【分析】　案例中的老师在直接提要求效果不佳后，用说悄悄话的形式，引起幼儿的注意。她温柔的动作、肯定的话语，使孩子们感受到了老师的喜爱与肯定，从而将纪律内化成了对自己的要求。这样，既达到了教育幼儿的目的，又拉近了师幼间的距离。

 学海畅游

一、沟通语的训练

（一）沟通语的含义

沟通语是指在一定的情境下，可以恰当地消除幼儿与教师的心理隔阂、取得幼儿心理认同的教育口语。具体而言，沟通语主要应用于教师与幼儿的沟通交流中，使教师能够深入地了解幼儿的个性特征、兴趣爱好、发育水平，帮助教师走进幼儿的内心世界，理解幼儿的所思所想。

沟通语是师幼间运用最普遍的教育口语。师幼之间如何进行沟通，沟通的品质怎样，在很大程度上决定了教育效果。只有取得了幼儿的完全信任之后，幼儿才会对教师敞开心怀，顺利实现有效沟通。

（二）沟通语的作用

首先，良好的沟通语可以帮助教师走进幼儿群体，让教师成为孩子心中的朋友，愿意对教师打开心扉，让教师得以了解幼儿的思想、情感、爱好、发育水平等。

其次，良好的沟通语可以帮助教师进行个别教育。教师在有计划、有目的地同某一个孩子交流时，往往也需要运用沟通语来剖析问题出现的原因，寻找问题解决的办法。

最后，良好的沟通语还可以引导幼儿自我表达能力的提升，促进幼儿语言能力的发展，沟通不应仅仅是教师在说，良好的沟通应该是师幼间的互动。

小示例

自由活动时间，班里的几个孩子凑在一起谈《熊出没》。牛牛说："我是熊大，我很聪明，我是森林的保卫者。"老师走了过去问道："你们都喜欢看《熊出没》吗？"孩子们兴奋地说："是的！"老师说："我也看过《熊出没》呢。"孩子们问道："老师喜欢看吗？"老师说："哈哈，我觉得熊二可真有趣，有点馋、有点懒，但是很有正义感。"明明说："是的是的，他总喜欢藏蜂蜜……"蒙蒙抢着说："光头强也很好玩，你别看他总说要砍树，其实他很爱森林的，还救过熊大熊二他们呢。"孩子们很放松地和老师热烈讨论着……

【分析】 例子中的老师找到与孩子们的共同话题，自然地加入到孩子们的讨论中去，目的是让孩子们觉得老师是大家的好朋友，拉近了师幼间的距离。这样，教师可以更好地了解每个孩子的兴趣爱好、个性特征。

（三）沟通语的运用技巧

1. 创设宽松氛围

师幼间的有效沟通必须建立在幼儿对教师的信任之上，幼儿只有觉得在教师面前充满安全感，才会对教师打开心门。所以，教师在与幼儿沟通交流时，首先要营造一种自由宽松的交流氛围，让幼儿感受到教师的关爱与呵护，幼儿才会想说、敢说、认真说。

为了创设出自由宽松的交谈氛围,教师要注意说话的语气与句式。交流时可用委婉平和的语调,给幼儿一种娓娓道来的舒适感。少用反问句,以免给人一种咄咄逼人的感受;切忌使用讽刺性的话语,否则会让师幼间的距离越拉越远,不仅起不到沟通交流的作用,还会使幼儿产生一种对抗和防卫心理。

➲ 小示例

每次午餐时间,老师都会点几名小朋友帮忙给大家端饭菜。每次到了选小帮手的时候,小朋友们都会一窝蜂往前涌,班级秩序就乱了,虽然老师多次提醒,但效果不佳。怎么办呢?

有一天,老师和孩子们专门讨论了这个问题:"你们为什么想要端饭菜呢?"孩子们有的说:"可以选择自己喜欢的那份端给自己",有的说"可以帮助老师",有的说"觉得当小老师很有趣"理由各种各样。

于是老师决定把问题抛还给孩子们,于是问:"大家都想端饭菜,可是每天只需要3个孩子帮忙,怎么办呢?"

"老师安排谁,就让谁端。"

"谁的表现好,就让谁端。"

"可以大家轮流端呀。"

"你们的主意可真不错!"老师笑着说:"老师听你们的,那我们以后就按座位顺序,大家轮流来端。"

【分析】 在成人的眼中毫不起眼的小事,在幼儿看来却十分有趣。教师通过与孩子们的沟通,了解了他们的想法,又充分信任孩子们,引导他们自己来分析问题,既创设宽松的氛围解决了眼前的困扰,又锻炼了孩子们的思维能力。

2. 尊重理解幼儿

幼儿年龄虽小,但他们对外界的感知却十分敏感,他们可以轻易感受到对方是否在真心关爱自己。因此,面对幼儿时,教师一定要从心底热爱孩子、尊重孩子,把每一个孩子都看作一个独立的个体,以平等、尊重的态度面对他们,才能走进他们绚丽多彩的内心世界。

尊重理解的另一重含义,是教师面对幼儿时需要有一颗包容宽大的心,去理解孩子的每一个奇思妙想,去支持孩子的每一次大胆冒险,去体谅孩子的每一个无心之失。

➲ 小示例

小强最近行为上出现了一个小问题,他总是爱掀女生的裙子。小强的父母制止了他好几次,但他似乎总在想着这件事,小强的父母和老师沟通时觉得很困惑,怀疑孩子是个"小色狼"。老师对小强说:"我也很喜欢各种美丽的东西,你觉得班里哪个女孩的裙子最漂亮?"小强想了想说:"都还不错吧,没有觉得最漂亮的。""哦,那你为什么要掀小丽的裙子呢?"老师问。小强红了脸,过了好一会儿才说:"其实我就是好奇,女生和我们男生究竟有什么不同。"

老师若有所思地点点头,下午在班级开了一节"认识我们的小身体"的科学课,向孩子们介绍男生与女生的不同。那天之后,小强再也没有掀过女生的裙子。

【分析】　幼儿有着强烈的探索欲望,有时会做出一些成人不能理解的行为。在与幼儿沟通时,教师要避免用成人的思维去解读幼儿的行为。要充分相信幼儿善良纯真的天性,并引导他们科学地认识世界。

3. 耐心倾听心声

幼儿受年龄和阅历的限制,语言表达能力还没有发展完善,有时说话会断断续续、语无伦次,甚至言在此而意在彼,但这并不意味着幼儿的心灵世界是空白无趣的。事实上,每一个孩子都有一片独特而美丽的精神世界等着教师来感知和发现,教师在与幼儿沟通时一定要认真倾听幼儿的心声,切不可因为缺乏耐心,而压抑了孩子的表达欲望。

小示例

早晨,天天在妈妈的护送下蹦蹦跳跳地来到幼儿园。看到主班老师,立即高兴地把手中的绘画作品递给老师:"王老师,快看! 这是我设计的娃娃!"这时正好有别的小朋友也来与王老师打招呼。王老师瞄了一眼天天手中的作品,感觉并没有什么特别的,随口说句:"你设计的是什么呀? 你看刘佳倩、张雨涵设计得多好!"天天的笑容一下子就僵住了。妈妈看到了,等王老师忙完到教室后,就拉着天天来到王老师面前,指着作品说:"这是张天设计的超能飞天娃娃,别看娃娃的脸和我们长得差不多,但是他真的有很多的超能本领哦! 来,天天,你给老师介绍一下。"于是,天天高兴地指着娃娃头顶上的圆点说:"这是开关,下雨的时候一按伞就可以打开了,这是翅膀,过河就不需要桥了……"。王老师听了觉得天天的设计很有创意。

【分析】　倾听,是很好的一种教育方式。对孩子来说,倾听是在表示尊重、表达关心。幼儿教师需要蹲下来耐心地倾听,保持一份亲切、一份平和。切不可只凭成人主观的思维去揣测幼儿的心里活动,否则往往会曲解幼儿的想法,甚至伤害幼儿,扼杀幼儿的创造力。

4. 融入肢体语言

幼儿以直觉思维为主,教师充满感情的肢体语言往往能迅速让幼儿感受到信任与安全。因此,教师与幼儿沟通时,应蹲下身子,保持与幼儿的眼神接触,用期待的眼神、微笑的表情鼓励幼儿进行自我表达,在恰当的时间,教师的一个拥抱、一个抚摸往往胜过千言万语。

二、说服语的训练

(一) 说服语的含义

说服语指当幼儿的言行举止、认知方式等出现了偏差时,教师通过摆事实、讲道理等方法促使幼儿听从教师建议的教育语言。幼儿的认知水平有限,对世界的理解和解释有时会与事实有偏差。加之幼儿认识世界时,往往以自我为中心,幼儿之间也不免会有争执与冲突。这时,教师就要从幼儿的性格爱好、认知能力等出发,通过生动有趣的事例或幼儿故事等,去影响和改变幼儿原本的观念和想法,切忌使用单调枯燥的说理和规劝。

(二)说服语的运用技巧

1. 态度明确,语气委婉

说服语的根本目的在于让幼儿明白道理、规范言行。幼儿的成长过程本来就是一个不断修正自我、完善自我的过程。教师作为幼儿成长道路上的引导者、守护者,当发现幼儿的行为举止、道德情感出现偏差时,应及时、坚定地引导孩子回归正轨。在说服幼儿时,教师既要态度明确、立场鲜明,又要语气温和、用词委婉,让幼儿感受到关心与呵护,愿意接受教师的意见与建议。

▶ 小示例

这天中班的午后点心是奶油蛋糕,一般孩子最多吃一、两块就饱了,可俊俊最爱吃奶油蛋糕了,他一连吃了四块还没够,又要领第五块。老师拉着俊俊问:"蛋糕好吃吗?"俊俊高兴地点点头。老师接着说:"可是你已经吃了四块了,还没吃饱吗?"俊俊央求道:"老师老师,我最爱吃奶油蛋糕了,再给我吃两块吧。"老师摇摇头:"再吃下去,晚上你的肚子会不舒服的哦。"俊俊却说:"没关系老师,我就是想吃嘛,求求你了。"老师笑着说:"蛋糕虽然好吃,可我们的胃就像一个小袋子,要是一下子往里面塞太多东西,袋子会撑破的。"俊俊听了之后,吐吐舌头,回到了座位上。

【分析】 面对孩子的不合理要求时,教师应从促进孩子身心健康的角度出发拒绝孩子,态度应坚定明朗。案例中的老师,将孩子的胃比作小袋子,委婉而形象生动地说明了道理,成功说服了幼儿。

2. 启发暗示,正面疏导

教师使用说服语是要提醒幼儿发现自身的错误与不足,改变一些观点和想法。劝说时教师不能用强硬的态度压制幼儿,而应考虑幼儿的接受能力和个性特征,循循善诱地启发幼儿,有时还需借助暗示、类比等技巧,引导幼儿自省自悟,完善言行。

▶ 小示例

陶行知的四块糖果

育才学校的校长陶行知在校园看到男生王友用泥块砸自己班上的同学,当即制止了他,并要求他放学后到校长室去。

放学后,陶行知来到校长室,王友已经等在门口准备挨训了。陶行知没有批评他,却送了一块糖给他,说:"这是奖给你的,因为你按时来到这里,而我却迟到了。"王友惊疑地接过了糖果。接着,陶行知又从口袋里掏出一块糖给王友,说:"这块糖也是奖给你的,因为当我不让你再打人时,你立即住手了,这说明你很尊重我,我应该奖你。"王友迷惑不解地接过了糖。陶行知又掏出第三块糖,说:"我调查过了,你用泥块砸那些男生,是因为他们不守游戏规则,欺负女生。你砸他们,说明你很正直善良,有跟坏人斗争的勇气,应该奖励你啊!"听到这里,王友感动极了,他流着眼泪后悔地说:"陶校长,你打我两下吧!我错了,我砸的不是坏人,而是自己的同学呀。"陶行知满意地笑了,他随即掏出第四块糖,递给王友:"为你正确地认识错误,我再奖给你一块糖果。"待王友接过糖,陶行知说:"我的糖给完了,我看我们的谈话也完了吧。"

【分析】　陶行知在面对学生的不良行为时,没有直接批评指责,而是正面引导,不断肯定王友行动中的正确因素,引导学生进行自我认知、自我反思,既达到了教育学生的目的,又充满了人文关怀。

(三) 说服语的类型

1. 提问型

提问型是教师以提问题的方式引导幼儿进行自我反思,可以是疑问句,可以是反问句,也可以是明知故问,旨在启发学生自己思考,辨明道理。

➡ 小示例

妞妞特别喜欢玩具柜里的一个洋娃娃,游戏时间她一直在玩这个娃娃。游戏时间结束了,在老师的要求下,其他孩子都已经将玩具送回了玩具柜,可妞妞却将娃娃悄悄塞进了自己的小书包。

老师发现了妞妞的小动作,于是说道:"老师知道许多女孩子都喜欢洋娃娃,你们为什么喜欢洋娃娃呢?"孩子们七嘴八舌地说道:"因为洋娃娃像公主""公主很善良""公主很聪明""公主很美丽"。

老师又问:"那你们每天都是怎么陪洋娃娃玩的呢?"

孩子们答道:"给它穿衣服""给它梳辫子""给它做饭"。

老师接着问:"那么美丽的公主娃娃要不要睡觉休息呢?"

孩子们说:"当然要啊,不然它多累呀。"

老师顺势问道:"那么公主休息的小床在哪里呢?"

孩子们答道:"在玩具柜里。"

妞妞低下了头,将洋娃娃送回了玩具柜里。老师会心地笑了。

【分析】　老师发现妞妞的不当行为后,没有当众指责她,而是从女孩子喜欢洋娃娃说起,谈到了洋娃娃的日常生活,一步步询问启发孩子,既使妞妞认识了错误,也保护了她的自尊。

2. 类比型

类比型的说服方式是指教师用举例子、打比方等方式向幼儿传达道理、规范幼儿言行。

⟫ 小示例

晨间活动时间，孩子们都是排好队一起去操场，做完操再排好队一起回教室。可是明明总是不愿站队，每次不是掉队，就是跑到一边去玩。

这天，早操时间明明又在花坛边磨蹭了，老师走了过来，拍了拍明明说："你看，地上什么动物在搬家？"明明说："小蚂蚁呀。"老师接着说："你看它们排的队伍多整齐呀，虽然没有人给他们整队，可是它们一个都没落下，你知道为什么吗？"明明摇了摇头说："不知道。"老师笑着说："因为脱离集体掉队的话，就很容易迷路，遇到危险哦。"明明若有所思地点点头，说："老师，我懂了。"然后便快步追上了班级的队伍。

【分析】 案例中的教师，通过类比方法，巧妙运用小蚂蚁搬家的现象来启发幼儿，让幼儿认识到自己掉队不对。

3. 暗示型

暗示型的说服方式指教师不直接言明自己的观点，而是运用一些看似无意的方式默默完成对幼儿的启迪。

⟫ 小示例

"三八"节到了，小王老师走进教室，看到讲台上有很多精美的贺卡和美丽的鲜花，都是班里的孩子或孩子的父母从商店买来的给她的祝福。贺卡堆里有一张特别显眼，朴素简单的卡片上画着稚嫩的儿童画，还歪歪扭扭地写着："老师节日快乐！"小王老师拿出这张卡片开心地说："梅梅可真棒呀，这张贺卡是你亲手做的吧？老师最喜欢了。"孩子们听了，都羡慕地看着梅梅。

【分析】 教师想让孩子们明白送礼物最重要的是心意，而非形式，因此看似无意地表扬了自己动手做贺卡的梅梅，实则在传达自己的价值观念。

📓 巩固训练

一、什么是幼儿教师的沟通语？沟通语有什么作用？怎样运用沟通语？

二、什么是幼儿教师的说服语？说服语有哪些类型？怎样使用说服语？

三、红红是个害羞内向的孩子，总喜欢一个人坐在一边捏橡皮泥，不爱和别的孩子一起做游戏。如果你是老师，你该怎么与红红沟通呢？

四、天天是班里最高大的孩子，他很喜欢圣斗士星矢，总是在模仿星矢的动作，经常打到别的孩子。如果你是老师，你该怎么劝说教育他呢？

拓展延伸 ▷▷▷▷▷▷

走近幼儿的小贴士

第三节　表扬语和批评语的训练

案例导学

最近两天雷雷的表现有些反常,连着两天都突然食量大增,以往每次都吃一碗饭的他,这两天每次都吃了三碗饭,吃完还要再添,老师怕雷雷吃伤了肠胃,不再给他添饭,他就去抢旁边梅梅的午餐,气得梅梅直哭。第一天老师劝止了雷雷,第二天他又这样。老师有点儿不高兴了,刚想严厉批评他,但想到他平时的表现,又将话咽了下去。

老师将雷雷带到了室外,拉着雷雷的手说:"老师一直觉得雷雷是个懂事体贴的好孩子。"雷雷有点诧异地抬头看了看老师,老师接着说:"你这两天抢梅梅的午餐一定是有原因的吧?"雷雷不吱声,可眼眶却突然红了。老师轻轻拍了拍雷雷的后背说:"没关系,老师相信你。"雷雷却突然哭出了声,在雷雷断断续续的描述中,老师终于了解了雷雷反常的原因:原来雷雷的父母刚刚离了婚,雷雷由妈妈抚养,因此,他想要快快长大,保护妈妈,听说爱吃饭的宝宝长得高,所以他才拼命吃饭。

老师听了之后也红了眼眶,她为自己一开始没有莽撞地批评雷雷而庆幸,也为雷雷感到心疼。她拥抱着雷雷,说道:"你真是个有担当的男子汉,老师为你而骄傲。不过,每个孩子的生长都要遵从自然规律,没有人能一夜突然长成大人。只要你有一颗体贴妈妈的心,妈妈就会生活得很快乐。"雷雷听了之后若有所思地点点头,回到教室,向梅梅道了歉。

【分析】　教师对幼儿进行评价时,一定要弄清事情原委,有时眼见也未必为实,只有在了解幼儿行为的真正原因之后,才能对症下药,对孩子的表扬或者批评也才有理有据、令人信服。

学海畅游

《幼儿园教育指导纲要(试行)》中指出:"教育评价是幼儿园工作的重要组成部分,是了解教育的适宜性、有效性,调整和改进工作,促进每一个幼儿发展,提高教育质量的必要手段。"幼儿教师对于幼儿的言行举止进行评价时,最常使用的就是表扬语和批评语。

美国著名心理学家斯金纳的强化理论认为,人或动物为了达到某一目的,会采取一定的行为作用于环境,当行为的后果有利于自己时,这种行为就会在以后重复出现;当行为的后果不利于自己时,这种行为就会逐渐减弱和消失。这就是所谓的正强化和负强化。一般情况下,当教师对幼儿进行表扬、称赞时,就会强化幼儿的相关动作行为;当教师对幼儿进行批评、否定时,则会减弱幼儿的相关动作行为。良好的教育评价语是对幼儿言行及时有效的反馈,有利于幼儿的成长与进步。

一、表扬语的训练

(一)表扬语的含义

表扬语是对幼儿思想品德、行为举止、成绩或进步等予以肯定和赞扬的评价性教育口语。作为一种积极、愉快的评价语,表扬语是幼儿最希望得到、最乐于接受的教育口语。

随着赏识教育理念的不断深入人心,越来越多的教师开始注重在日常教育教学活动中对学生进行不同形式的奖励。积极有效的表扬语,一方面可以提升幼儿的自信心,满足幼儿被尊重、被肯定的心理需求,使他们的情绪更加饱满向上,学习、生活更加有前进的动力;另一方面,也可以强化幼儿高尚的品格情操、良好的行为习惯、积极的价值观念,是幼儿成长和进步的催化剂。

因此,表扬语在教师的教育教学活动中,使用比较频繁,一般在以下情况下,教师应对幼儿进行表扬:

(1)当幼儿有良好的言行举止,可以为其他幼儿做表率时,教师应予以表扬和肯定,强化幼儿的行为。

(2)当幼儿和过去相比,取得进步时,教师应予以表扬,提高幼儿向上的积极性。

(3)当幼儿完成了某些具有挑战性的任务时,教师应予以称赞,以提升幼儿的自信心和自我认同感。

(4)虽然最终的结果不尽如人意,但幼儿在过程中努力和挑战了自我时,教师也应予以赞赏和表扬。

⊙小示例

萌萌是个挑食的孩子,每天中午的午餐她都会把不爱吃的食物挑到一边不吃,最后往往是在老师的强迫下才把盘里的饭菜吃光。有一天,老师发现萌萌把饭菜都吃光了,立即在班级里表扬道:"萌萌今天可真棒,她把盘子里的饭菜都吃光了,老师相信不挑食的小朋友身体一定会越来越棒。老师要把大拇指送给萌萌。"小朋友们听了之后都为萌萌鼓掌。那之后,老师发现萌萌越来越不挑食,一个学期后,她每次吃饭都会将饭菜吃光。

【分析】 老师在发现萌萌取得进步时,立刻予以表扬,使她在同伴面前得到了肯定,提升了战胜挑食毛病的自信心。这样的表扬效果远远比枯燥的说教和无奈的强迫要好得多。

(二)运用表扬语的技巧

1.善于挖掘闪光点

苏霍姆林斯基说过:"世界上没有才能的人是没有的。问题在于教育者要去发现每一位学生的禀赋、兴趣、爱好和特长，为他们的表现和发展提供充分的条件和正确的引导。"每一位幼儿心里都有一个有待开发的奇妙世界，教师应用一双善于发现美的眼睛去观察每一个孩子，从他们的身上找到天赋和闪光点，予以肯定和赞扬。即使是一个浑身缺点的孩子，只要教师善于观察和发现，也一定能找到他身上闪闪发光的美好之处。作为教师，既要用你的眼睛去观察孩子的行为，也要用你的心去感受孩子的情感，还要用你的言语去充分肯定幼儿的每一次成功、每一点进步、每一次尝试，促使他们发扬优点、克服缺点，不断进步。

➡ 小示例

思思是个胆小害羞的孩子，活动时间总是一个人躲在角落玩。有一次班级体育节活动日，孩子们有的参加趣味跑，有的跳绳，有的打排球，只有思思，虽然老师邀请了她，但她仍然没有参加任何项目。可是，别的孩子比赛的时候，她却在旁边帮他们递水杯、拿衣服。老师看见了，当天活动结束时，对大家说："今天有个小朋友虽然没有亲自上场比赛，可是却一直在默默照顾大家，为大家拿衣服、递水杯，你们知道她是谁吗？"孩子们听了之后，纷纷问："谁呀，谁呀？"老师说："是思思！"孩子们听了之后都鼓起掌来，思思低着头没说话，但是红扑扑的小脸上却扬起了笑容。这次之后，思思开始有了一些变化，活动时间不再一个人躲在角落，而是渐渐走进了集体。

【分析】　正所谓"世界上不缺少美，而是缺少发现美的眼睛"，教师就要用自己的眼睛去挖掘孩子身上每一点美好、每一点进步，并给予表扬与肯定，促使每一个个体在自己的教育之下都能闪闪发光。

2. 真诚、及时和具体

表扬幼儿良好的言行举止时要及时，否则一旦失去了时效性，表扬的效果就会大打折扣。比如，平常午休总在打扰别人的小朋友某天表现得特别好，教师就应该在午休结束后，及时表扬孩子，否则时间稍长之后，孩子自己都记不得当时发生了什么，这时教师再表扬，幼儿往往会感到茫然。及时的表扬能够起到良好的正强化作用，增加良好行为举止发生的频率。

随着赏识教育的推广，幼儿教师越来越重视对学生的鼓励和称赞，表扬语的使用也越来越频繁。然而大多表扬还停留在笼统的口头称赞上，例如："你真棒""很好""不错""顶呱呱""你真聪明"等等。幼儿的认知水平还没有发展完善，这些称赞虽然都表达了"好"的意思，却没能让幼儿明白"为什么这是好的"。因此，教师在运用表扬语时，应当直接点明值得表扬的具体行为、事件或思想，要让幼儿真正明白自己在哪里做得好，以后可以继续加强。还要有意识地选用多种句式和丰富的修饰词，让幼儿真正理解自己被表扬的原因。再配以热情的语气、真诚的微笑、赏识的目光、温暖的拥抱、轻柔的抚摸等，让幼儿充分获得心理和情感的满足，促进幼儿的自信与自爱。

3. 注重过程性表扬

教师在表扬幼儿时，不仅要关注事件、活动的最终结果，更要关注过程中幼儿的行为与表现,即使有时最终的结果不尽如人意,但只要幼儿在过程中做了努力和尝试,有了体验与进步,教师仍应予以鼓励和表扬。

教育与进步本来就是一个螺旋式上升的态势,过程中容易出现反复。每个幼儿对于教师的同一句赞扬,反应都是不一样的,教师应在表扬之后多加观察和分析,对于不同的幼儿,采取不同的称赞策略,发挥表扬语的最大动力,促进幼儿不断成长。

➔ 小示例

下课了,天天发现教室的地上有一些泥土,于是去卫生间找来了扫帚,想把泥土扫掉。可是因为没有经验,他不仅没把地面打扫干净,反而把泥土弄得到处都是,教室似乎更脏了。天天拿着扫帚站在教室里嘟起了嘴巴。老师走进来,看到了这一幕,问清了原委,对大家说:"天天小朋友看到教室脏了,主动来打扫,说明他是个爱集体、讲卫生、敢尝试的好孩子。大家说对不对?"孩子们纷纷为天天鼓起掌来。老师又握着天天的小胳膊说:"来,天天,今天老师教你怎么用扫帚。"在老师的帮助下,天天顺利扫走了泥巴。

【分析】 教师看到满地的泥土时,没有不分青红皂白地批评幼儿,而是对幼儿的行为予以了表扬,肯定了幼儿尝试的初衷与勇气,并协助幼儿成功进行了第二次尝试,有利于幼儿的成长和进步。

二、批评语的训练

(一)批评语的含义

批评语是对幼儿不当行为、错误思想等的否定性评价语言,其目的在于警醒幼儿,纠正错误和缺点,帮助幼儿辨明是非对错,树立正确的人生观、价值观,形成良好的行为规范。

教师在进行教育评价时应以表扬和肯定为主,使用批评语时需要小心慎重。但同时,作为一个重要的教育评价方式,批评也是教育环节中不可或缺的一部分。教师只要掌握好批评的尺度、注重批评的方式,就能将批评变成一种教育的艺术,使幼儿心悦诚服地接受教师的意见。

批评的目的不是发泄不满,而是为了教育幼儿,促进成长,其形式虽然严厉,但仍然源于教师对幼儿的热爱。教师批评幼儿时,应明确指出幼儿所犯的错误,并分析错误产生的原因,鼓励幼儿做出改变。

批评语往往会给人带来一定的心理压力,教师一般在以下情形下使用批评语:

(1) 幼儿在道德品质、人生观、价值观的问题上出现偏差时,应予以批评指正。

(2) 幼儿某一错误反复发生、某一缺点长期没有得到纠正时,应予以批评指正。

而在以下情形下,教师则不应该使用批评语:

(1) 幼儿的成绩或能力没达到预期目标时,不应批评责怪学生。

(2) 幼儿虽然犯错,但已意识到错误本身,并且心生悔改时,不应再继续批评惩罚学生。

(3) 幼儿在认识世界时,无心造成了财物损坏等情况,师长不应批评指责幼儿。

⇥ 小示例

班级的生态角有一个小鱼缸,里面养了几条小金鱼,每天都有值日的孩子为金鱼换水。这天,轮到强强了,可是他却和几个男孩子用漏勺赶鱼玩,小金鱼们在鱼缸里乱转,还有一只小鱼跳出了鱼缸,在台子上乱跳,强强乐得哈哈直笑。老师看到之后,走了进来,轻轻捧起小鱼送回鱼缸中。几个男孩子低着头,等着老师训话。可老师却没理他们,而是将耳朵贴在了鱼缸上。强强忍不住问道:"老师,你在听什么呢?"老师说:"我在听小鱼的哭声呢,它们说被你们戏弄的时候,真害怕呀。"男孩子们听了之后,脸红了,泪汪汪地说:"老师,我们知道错了。小金鱼,对不起,我们以后一定好好照顾你们。"

【分析】 案例中的教师,在面对孩子们不敬畏生命的举动时,没有直接严厉批评,也没有枯燥地说教,而是用无声的动作和拟人化的语言表达指出孩子们的不当行为,使孩子们真正认识到自己的错误,达到了"润物细无声"的效果。

(二)运用批评语的技巧

1. 控制情绪,尊重幼儿

当幼儿犯错时,教师应以包容的心态看待幼儿,控制好自己的情绪,切不可冲动怒骂或是尖酸讽刺,更不得使用带有侮辱性质的话语,如:"你个蠢货""真是太笨了""这都不会,你的脑袋里装了什么"等,这样的话语只会伤害到幼儿脆弱稚嫩的心灵。

批评是手段、不是目的,批评是为了帮助幼儿成长。教师批评幼儿时,语气要平和、情绪要稳定、批评要中肯,要让幼儿觉得老师的批评是有道理的,是为了让自己不断进步的。

⇥ 小示例

涵涵是个特别黏妈妈的孩子,虽然已经上中班了,可是每天上学和妈妈分别时,仍然会哭上好一会儿。这天放学,涵涵的妈妈单位有事,过了好久都没来接涵涵,涵涵又哭了起来。老师一开始还安慰涵涵,可是涵涵一直在哭,老师不高兴地说:"哭哭哭,就知道哭,你除了哭还会做什么?"涵涵哭得更大声了,等涵涵妈妈来接她时才发现,原来涵涵尿裤子了。

【分析】 案例中的教师在心情烦躁时,没有控制好自己的情绪,就挖苦训斥孩子;没有搞清楚事情的原委,就随意批评孩子。这样不仅没有教育好孩子,还将失去孩子对她的信任。

2. 就事论事,不带成见

幼儿的成长与进步本来就容易出现反复,即使是成年人,有时也会在同一个问题上反复出错,更何况幼儿呢? 因此,教师在批评幼儿时,切不可翻旧账,或是将幼儿的几件错事累计起来一起声讨,更不可夸大错误的严重性,恐吓幼儿,或是轻易将问题上升到道德败坏的层面。作为教师,应该不带成见,不带有色眼镜,就事论事,冷静同幼儿分析问题,指出错误,找到原因,帮其改正。

3. 态度明确,批评具体

幼儿认识世界主要靠直观感受,所以有时成人觉得理所当然不该犯的错误,幼儿可能对状况还懵懵懂懂。因此，教师在批评幼儿的不当言行时，不仅要表明不赞同的态度，还要让幼儿明白自己究竟哪里错了、为什么错了，切不可因为担心幼儿承受不了批评指责，就将批评语说得模棱两可，致使幼儿认识不足。

4. 批评之后，激励抚慰

批评毕竟是对孩子的否定性评价，孩子在接受过批评之后，多少都要承受一些心理压力，即使是成年人，也不太愿意接受批评。因此，在幼儿接受批评、认识到自己的错误之后，教师应予以抚慰和激励，既要对幼儿的进步和发展方向提出展望，也要让幼儿感受到教师对他的喜爱与呵护，让幼儿从内心里接受教师的批评指正，尊重教师的观点意见，将教师对他的要求内化成自我约束力。

➡ 小示例

班里的悦悦眼睛弱视，带起了小眼镜，而且镜片一块是黑色的，一块是白色的。她戴着眼镜走进教室时，明明哈哈大笑，指着悦悦喊道："独眼龙，快看，独眼龙来了！"周围的小朋友们都笑了起来，悦悦羞得脸通红，眼泪直掉。老师闻声走来，搞清楚原委，把明明叫出了教室说："明明，你这样做可不对呀，你怎么能嘲笑同学呢？去向悦悦道歉！"明明却嘟囔道："我说的明明很形象，为什么要道歉？"老师停了一下看着明明说："如果你觉得只要形象就可以给别人起外号，那你脸上有小雀斑，以后我就让大家叫你'小麻子'可以吗？"明明的脸红了。他看了看老师说："对不起，老师，我知道错了，我去向悦悦道歉。"老师点点头，拍了拍明明的肩膀说："知错能改，你真是个有担当的好孩子。你的想象力很丰富，如果下次把它用在学习上，你一定会有更大的进步。"明明听了之后，眼睛亮亮的。

【分析】 案例中的教师引导幼儿换位思考，让孩子认识到自己行为不当之处。在孩子充分认识到错误之后，又给孩子以抚慰和激励，并引导他发挥自己的天赋到更合适的地方，真正起到了教育树德的作用。

📖 巩固训练

一、什么是表扬语？它的使用范围是什么？运用表扬语时应注意哪些技巧？

二、什么是批评语？什么情况下需要运用批评语，什么情况下不应用批评语？运用批评语需要注意哪些技巧呢？

三、强强是个活泼聪明的孩子，但是他总爱欺负班里的女生，老师已经找了他好几次了，但每次过不了多久，就又会收到学生对他的投诉。这天，倩倩哭着跑来，说强强打了自己。如果你是老师，你要如何教育强强呢？

四、陶行知先生有一句名言："你的教鞭下有瓦特，你的冷眼里有牛顿，你的讥笑里有爱迪生。"作为幼儿教师，你怎么理解这句话？

拓展延伸 >>>>>>

赏识教育不等于回避批评

第四节 劝慰语和激励语的训练

案例导学

小班幼儿刚入园时总爱哭闹,慧慧入园的第一天一直哭闹不休。老师把慧慧抱到怀里,问"慧慧为什么哭得这么伤心啊?"慧慧说:"妈妈把我一个人丢下,不要我了。"老师一边拍着慧慧的后背一边说:"怎么会呢? 老师刚刚还听妈妈说,她最爱慧慧了呢。不信我们来给妈妈打电话问问她?"(师扮妈妈,与慧慧打电话):"妈妈最爱慧慧了,妈妈现在在上班,不能陪慧慧,不过妈妈一定一下班就去接慧慧,好吗?"于是慧慧渐渐平静了下来。

【分析】 许多小班幼儿都有入园焦虑的状况,案例中的老师在幼儿哭泣的时候,抱着幼儿安抚其情绪,并用打电话的方式解除幼儿内心焦虑,抚慰了幼儿脆弱的心灵。

学海导航

一、劝慰语的训练

(一)劝慰语的含义

劝慰语是当幼儿遇到困难、挫折或者冲突而导致情绪低落时,教师对幼儿进行劝解与抚慰的话语。劝慰目的在于安抚幼儿的情绪、化解幼儿的心结,使他们恢复积极向上的精神状态,以愉快饱满的心情投入到学习生活中去。幼儿人生阅历很浅,情绪起伏较大,在认识自然社会时难免会遇到困境和打击,在与他人沟通接触时,有时会产生或大或小的矛盾和冲突,其产生的不良情绪如果不能及时得到好的疏解和抚慰,就可能会抑郁于心,产生不良行为,不利于幼儿身心健康发展。

(二)劝慰语的使用技巧

1. 共情、理解幼儿

著名心理学家罗杰斯曾提出过共情理论,认为心理咨询师若能设身处地地同情、理解求助者,就能更准确地了解情况,求助者会感到被理解、被悦纳而产生愉快满足的情绪。

共情理论同样适用于教师劝慰受挫、伤心的幼儿。当幼儿遇到困难和挫折时,当幼儿产生不良情绪时,教师应表达出自己对幼儿遭遇的同情、对幼儿情绪的理解,让幼儿真正感受到自己在教师面前是安全的、是被接纳和爱护的,教师的劝解和抚慰才能有作用、起效果。

▶ 小示例

今天,苗苗老师发现圆圆不大对劲,上课还在偷偷地抹眼泪。课后,苗苗老师把圆圆叫过来一问,才明白圆圆和妈妈吵架了。原来是昨天爸爸给圆圆新买了玩具,今天一早上圆圆就把玩具都倒在地上搭梦幻城堡,妈妈却说"不许一起床就玩玩具""不许把玩具撒满地""赶快吃早饭""赶紧上学校",圆圆哭着对老师说:"妈妈真是个坏妈妈,我不喜欢她了"。

苗苗老师听了,摸着圆圆的头说:"老师小时候也不喜欢妈妈管这管那,觉得她真啰嗦。"圆圆有点诧异地看着老师说:"老师你也这么想?我觉得如果我当妈妈,一定比妈妈当得好。"老师说:"我觉得也是,不如这样,今天就请你当小妈妈,老师把你照顾小朋友们的照片拍下来,放学的时候给你妈妈看,让她向你学习。"圆圆一听,兴奋极了,开始了一天"小妈妈"的体验。

刚开始她还很有干劲,劝发生争执的小朋友,哄不愿吃素菜的孩子吃饭,监督上完厕所的孩子洗手,哄不愿午休的孩子睡觉……可是午休的时候,圆圆就坐在床上哭了,老师来到她身边,圆圆说:"老师,没想到照顾别人这么辛苦,中午劝别的小朋友吃饭,我自己都没吃饱;我已经很困了,可还要照顾没睡的小朋友。当妈妈真是太辛苦了。"老师把圆圆抱在怀里,说:"现在你理解妈妈了吗?妈妈为了照顾圆圆,再辛苦也不怕;妈妈天天唠叨,也是因为爱你啊。"圆圆点点头,说:"我又喜欢妈妈了,放学我就跟妈妈道歉。"

【分析】 案例中的孩子因为与妈妈吵架情绪低落,教师在劝慰幼儿时,没有直接对幼儿进行说教,而是表示同情和理解,表明自己站在幼儿这一边。再用"小妈妈"的体验活动,让幼儿体会到父母的不易,这样柔和、用心的劝慰,不仅化解了幼儿的心结,也培养了幼儿的感恩意识。

2. 巧妙设喻、类比

幼儿的认知水平和理解能力还不成熟,对于某些问题难以有清楚的认识,当他们在情感上失落沮丧时,教师可以巧妙运用一些比喻、类比的手法劝慰幼儿,辅助说明道理,这样不仅可以缓和幼儿的不良情绪,还能增强幼儿克服困难的信心,帮助其战胜困难。

3. 融入肢体语言

有时,当幼儿情绪低落时,教师仅仅用语言来劝说仍不够,还须辅之以恰当的肢体语言。比如教师可以蹲下身子耐心倾听幼儿的倾诉,用理解的眼神、柔和的表情和安抚的动作向幼儿传达教师的理解和支持,可以适时地点头鼓励幼儿,也可以轻拍幼儿肩膀、抚摸幼儿后背、轻轻拥抱幼儿以示安抚,等等。劝慰语气要温和、声音要柔美、节奏要稍缓,可以揉一揉痛处、拍一拍肩膀、摸一摸脑袋,等等。总之,要用语言和动作让幼儿真切体会到教师是站在自己的角度,体贴、呵护着自己的。

小示例

洋洋的爷爷最近去世了，洋洋本来一直由爷爷奶奶照顾，所以这两天他总是一个人在一边抹眼泪，老师决定好好和洋洋谈一谈。

洋洋说："老师，爸爸妈妈说，我再也看不到爷爷了。爷爷很喜欢我，他为什么要躲起来，不让我看见？"老师看着洋洋衣服上的小星星，想了想，轻轻地把洋洋抱坐在怀里，拍着他的后背说："洋洋和爷爷一定都很喜欢星星吧？老师发现你的很多衣服上都有小星星呢。"洋洋点点头说："是的是的，我和爷爷都喜欢小星星。爷爷给我买的很多衣服和玩具上都有小星星，爷爷还教过我折星星、画星星，晚上爷爷还带着我数星星、讲故事。对了，爷爷的军装上也有小星星，爷爷说这是他的光荣。"老师摸摸洋洋的脑袋说："是的，爷爷特别喜欢小星星，所以他变成了一颗小星星在天上看着你呢，每天晚上你睡着了，爷爷就来啦。如果你想爷爷的话，也可以抬头看看星星啊。"

洋洋听了之后，若有所思地点点头。

【分析】　幼儿面对亲人离世这样的情境时，虽不能理解"去世"的概念，却本能地感到悲伤。案例中的教师巧妙地运用了比喻，辅之以温柔地抚摸、亲切的怀抱，既缓解了幼儿的悲伤，又让幼儿的情感有了寄托，显示出教师语言的智慧。

二、激励语的训练

（一）激励语的含义

激励语是当幼儿在探索和发现的过程中，取得进步或出现畏难情绪、犹疑不前时，教师鼓励和推动幼儿克服困难的教育口语。

教师作为幼儿精神世界中的重要权威，其必要时刻的恰当激励语，往往会成为幼儿的"强心针"，一方面可以消减幼儿内心的胆怯、懦弱，帮助他们重塑信心，努力向前；另一方面也可以帮助幼儿更加深入地认识和了解自己的能力所在，促使他们以更加自信的姿态面对人生的种种考验。

（二）激励语的使用技巧

1. 语气肯定，充满信任

教师激励幼儿，就是要告诉幼儿这个任务他可以完成、这个困难他可以战胜，要让幼儿感受到老师对他的信心。因此，在激励幼儿时，教师应该面带微笑、态度诚恳、语气肯定，以消除幼儿心中的不确定、不自信，使幼儿能勇敢地挑战自我，战胜困难。

小示例

家长观摩日当天的体育活动课上，天天不小心摔倒了，他趴在地上哭了起来。周围的家长纷纷上前想要扶起天天，老师制止了家长，蹲在了天天的面前，摸摸他的腿，拉拉他的手，望着天天的眼睛，微笑着说："天天，不要害怕，你没有受伤。跌倒了，我们再站起来，老师相信你是个坚强的男子汉，只要你小手一撑、小腿一蹬，就一定可以站起来哟!"受到老师的鼓励,天天擦了擦眼泪,果然站了起来。老师笑着抱了抱天天,为他竖起了大拇指。

【分析】 教师在确定幼儿没有受伤之后,没有主动伸手拉起孩子,而是温柔坚定地鼓励他自己站起来,并在幼儿克服困难之后予以安抚和赞扬,使孩子充满信心。

2. 把握尺度,因人而异

《3～6岁儿童学习与发展指南》中多次提到要"充分理解和尊重幼儿发展进程中的个体差异"。不同幼儿的性格习性、天赋爱好不同,同一个激励目标未必适用于所有儿童,同一个幼儿在不同的情境下也要使用不同的激励方法。因此,教师在日常的工作中需要多观察幼儿,多了解他们的个人特点,这样才能在幼儿需要的时候,说出恰当有效的激励语。

 **巩固训练**

一、什么是劝慰语?劝慰语的使用技巧有哪些?

二、什么是鼓励语?鼓励语的使用技巧有哪些?

三、晶晶在活动课上,不小心把新买的电子手表弄丢了,老师和她一起找了好久都没找到,晶晶哇哇大哭起来,如果你是这位老师,这时候该如何劝慰呢?

四、六一儿童节快到了,班里的孩子们都在准备表演的节目,只有君君既不肯参加班级的舞蹈节目,也不愿去参加合唱,他说自己不想上台表演。如果你是君君的主班老师,你将怎么做呢?

五、瑶瑶今天到了幼儿园之后总是发呆,眼睛还红红的,老师把她叫过来一问,原来昨天晚上瑶瑶的爸爸妈妈在家大吵了一架,还说要离婚。瑶瑶哭着问老师:"爸爸妈妈会不会不要我了啊?"如果你是老师,这时候你会怎么说、怎么做?

拓展延伸 >>>>>>>

 肢体语言教育作用大

第十章

幼儿教师交际口语训练

作为幼儿教师，不仅要知晓如何运用教育口语、教学口语对幼儿进行教育教学，还要运用各种语言手段与家长、同事和社会人员进行交流沟通。掌握幼儿教师交际口语表达技巧也是幼儿教师基本的职业素养。

幼儿教师与家长的交流沟通是幼儿教育中的重要环节。为了幼儿的健康成长，幼儿园教师通过不同渠道与家长交流幼儿情况，比如教师家访、家长会、接待家长来访时的交谈、网络沟通等。这些家园共育的形式，对幼儿教师的口语交际能力提出了较高的要求。除此之外，为了提高自身的科研能力和交往能力，幼儿教师还要参与各种形式的交流活动，满足教师的职业要求。

1. 了解幼儿教师交际口语运用的内涵、特点及使用意义等。

2. 掌握与家长、同事及社会人员交流的基本要求和技巧

3. 能够灵活运用口语交际技巧，恰当地与幼儿家长、同事或社区人员等进行交流沟通。

第一节　幼儿教师交际口语的基本特点

案例导学

张雨老师到幼儿园上班快两年了，工作认真细致，责任心强，也非常喜欢孩子，和孩子们"打成一片"。但是与家长打交道成了她最头疼的事情，尤其是遇到比较"强势"的

家长。张老师性格比较内向，工作以来，很少和家长交流，有家长来园里了解情况，她一般都是把家长带到与她搭班的老师那里，自己总是避免与家长正面接触。如果实在避不开了，对于家长询问孩子在园表现时，她就用"还行""可以呀""不错呢"等进行回应。家长从她的回答里总觉得张雨老师是在敷衍，渐渐地家长就不再找张雨老师了。

【分析】 很显然，张雨老师性格内向，自信心不足，不善于表达，影响了她与家长的正常交流，导致家长认为她工作敷衍。作为教师和家长，都应该对幼儿的了解更全面细致些，这需要双方进行积极的沟通。掌握与家长、同事及社会人员等的交际口语，是幼儿教师的职业要求。积极沟通、善于交往的老师，更容易创造机会、展示自己、化解矛盾，更能够赢得各方面的理解、信任和支持。

 学海畅游

一、幼儿教师交际口语的内涵

交际口语就是在人际交往中，为了特定的目的，运用语言手段传递信息、交流思想和表达感情的一种言语活动。幼儿教师交际口语不同于一般的社交语言，是指幼儿教师在直接性的教育教学活动之外，以幼儿教师的身份参与其他工作所使用的口语。比如与家长、同事以及社会人士之间进行交际所使用的口语。

二、幼儿教师交际口语的基本特点

（一）规范性

幼儿教师要使用标准的普通话，表达时话语流畅，节奏明快，语调自然；无论叙述事情，说明道理，还是抒发感情都要用词恰当，条理清楚，表达得体；还要注意文明用语，规范用语，杜绝口头禅或不规范的语言。

（二）科学性

幼儿教师在工作语境的口语交际中所表达的教育理念与内容必须要科学。幼儿教育内容与方法的科学性，决定了教师交际口语的科学性，即使在其他工作场合交流也要做到概念准确，判断科学，推理合乎逻辑，分析客观。

（三）生动性

幼儿教师的交际口语应具有较强的语言表现力。首先教师与对方的交流要情感真挚，情动于衷而言于表；其次要善于运用得体的态势语辅助口语表达，用表情、目光、动作等增强口语表达的效果。

（四）可接受性

幼儿教师在工作语境的口语交际中运用的口语要让交际对象乐于接受。要根据不同的处所、时间和交际对象，选择恰当的表达内容和方式，达到交际口语的最佳效果。

三、幼儿教师运用交际口语的原则

（一）职业性原则

幼儿教师交际口语的运用要符合教师的职业特点。在交流的过程中要有身份意识，说话得体，体现教师的学识与修养。

小示例

一位幼儿教师初访某幼儿的家庭时，见到客厅里有两位年纪相仿的成年男子，她看到其中一位与幼儿的容貌相似，就对他说："我是某某的老师，如果我没有猜错的话，您就是某某的父亲。"对方点头称是。另一男子插话道："这是我们的总经理。"这位教师微微一笑，答道："这一点我早就从幼儿登记表中知道了。不过，我这次来可是找学生的父亲的。"接着，她侃侃而谈，毫不拘谨，顺利地完成了家访，并博得了家长的敬意。

【分析】 这位教师的回答，巧妙地把自己置于与孩子家长平等的地位上，摆明了自己的身份，明确了家长的责任，有利于和家长进一步深入交谈。

（二）真诚性原则

世界上真诚的话语最动人。在任何交际语境中，真诚待人是交际双方成功交际的保证。幼儿教师无论接触什么地位、什么类型的交际对象，都要抱着真诚的态度与人交流，发自内心地表达自己对谈话对象的要求，避免让对方感到自己华而不实。只有这样，才能获得人心，才能够取得预期的交际效果。

小示例

下午放学了，大班的王老师正在整理桌椅，李宇航的妈妈走过来有点不好意思地说："王老师，我楼上的童童和宇航一般大，在小区里的幼儿园上大班，他现在已经会做几十加几十的算术题了。可是宇航只会做十以内的加减法，你们是不是应该多教点数学方面的知识啊！"王老师一听，很真诚地告诉她，几十加几十这个难度的数学题是一年级下学期才接触的，如果孩子早学会了上学时就会分心，养成不专心听讲的坏习惯。在幼儿园阶段，主要侧重于对孩子的观察能力、阅读兴趣等方面的培养。听了王老师的话，宇航的妈妈很赞同。

【分析】 王老师用真诚的态度让幼儿家长认识到，幼儿园一般不教写字、算术，更注重对孩子观察能力、阅读能力的培养。

（三）对象性原则

在教育教学活动中，幼儿教师口语交际的主要对象是幼儿，教师处于主导地位。在其他的工作语境中，交际对象变换，不再是教育对象，而是幼儿以外的社会上的各种人，这就要求幼儿教师具备"角色转换"意识。在与幼儿的长期交往中，幼儿教师形成了一种儿童口语和教导性思维，在与其他社会人交际的过程中，就要从"师"的位置转换到与交际对象相协调的位置。

⇒ 小示例

　　幼儿园放学不久，突然，乐乐奶奶满脸愤怒地走过来，并质问李老师："乐乐的白纱裙是昨天刚买的，怎么给弄成这样了?"李老师一看，原来是裙摆上有黄色的颜料，洁白的纱裙变得不漂亮了。李老师恍然大悟，一定是美术活动中画水果时宝宝不小心弄上的。李老师连忙很内疚地说："阿姨对不起了，今天孩子们用颜料画水果了，虽然都穿着罩衫，乐乐的裙子长了所以不小心弄上颜料了，老师也没有注意到。"说完，李老师带乐乐奶奶来到"水果乐园"，找到了乐乐画的香蕉宝宝，直夸乐乐画得好。看到乐乐奶奶怒气全消，李老师蹲下对乐乐说："老师没有照顾好乐乐，今天裙子弄脏了不漂亮了，以后有美术活动时咱们就不穿长裙子了，好不好?"乐乐懂事地点点头。

　　【分析】　案例中李老师轻松地解决了一场矛盾。针对不同的对象用不同的方式表达，家长听了老师的解释很满意，幼儿听了老师的提醒也很乐意。

（四）差异性原则

　　幼儿教师在不同的工作语境中，交际对象的情况多种多样，年龄有长幼之分，知识水平有高低之分，心境有好坏之分，这就要求教师在进行口语交际时，要考虑到不同交际对象的差异性，针对具体情况，调整交际策略，学会见什么人说什么话，以期取得良好的效果。

巩固训练

　　一、幼儿教师交际口语有哪些特点?

　　二、从选词用语、表达方式的角度谈一谈你对下面案例的看法。

　　明明的爸爸妈妈常年在外经商，很少和老师联系交流。明明在幼儿园各方面都不算出色，是个很调皮的孩子。这天明明的父母从外地回来，主动来幼儿园向老师询问自己孩子的情况，以下是他们之间的对话:

　　家长:请问老师，明明这段时间在幼儿园表现怎么样?

　　教师:明明啊，在幼儿园里调皮是出了名的。就说说昨天的事吧，他又把玩具给弄坏了，而且这不是第一次了。为此，我们班在晨会上被点名批评了（一提起明明，老师就皱起眉头，劈头盖脸地数落起来，情绪上也有点儿激动。）

　　家长:是吗? 明明在家里也看不出有这么调皮，还是很听话的!（这时家长一脸的疑惑）

　　教师:他经常欺负别的小朋友，喜欢和别人争抢玩具，不懂得分享，经常有小朋友家长向我告状。另外他还喜欢吃手指，有时候跟他说了也不听，你们家长回家要好好教育他。

　　家长:以前在家里，他都没有这些坏习惯的，不知现在怎么会变成这样?（家长一脸的不高兴）

　　三、假如你是幼儿老师，遇到上面这种情况，你会怎么与家长交流?

第二节 幼儿教师与家长之间的交际口语

案例导学

强强年龄要比同伴小几个月,各方面都显得比较稚嫩,他的父母每次送他到幼儿园都有些不放心,天天向老师询问强强在幼儿园的表现。这是某一天强强妈妈和教师的对话:

家长:老师,强强今天表现怎么样? 有没有哭闹?

教师:强强是个活泼开朗的孩子,这些天进步不小呢,他喜欢上幼儿园了,能和小朋友一起做游戏,玩玩具,可开心了。(教师笑脸相迎,首先消除家长的担忧)

家长:我们怕他比别人小,会不会有些事情做不好?(家长在试探可能发生的事情)

教师:您放心,我们会多照顾他一些的,要是有什么情况,我们会及时与您联系的。

接下来的几天里,带班老师注意到强强身体较弱,家长也比较担心孩子在幼儿园的进餐情况,但又不好意思和老师说,离园时眼光里满是牵挂和不舍。于是,老师在家长来园接孩子时主动和家长交流。

教师:您的孩子这几天在老师的帮助下都能吃一小碗饭了,他回家后晚饭吃得怎么样?

家长:他平时胃口不怎么好,所以在家里吃饭都是大人喂的。老师,真感谢您,让您费心了。

教师:不客气,我们会尽量照顾好孩子的。(对着强强)强强在幼儿园也能自己吃几口饭呢,强强很棒,是不是? 如果在家里也能自己吃饭,老师和小朋友都会更加喜欢强强的。

【分析】 这是幼儿园老师面对刚入学的幼儿的家长,针对幼儿自己不会吃饭等问题和家长进行交流,一方面缓解了家长的焦虑,告诉家长幼儿在园的进步表现。另一方面询问家长幼儿在家情况,鼓励幼儿自己吃饭并给予积极评价,给家长和幼儿以美好的期待。在和家长的交流中,幼儿教师态度诚恳,语言平实,贴近幼儿生活,未使用任何专业术语,交流通畅。在交流过程中,教师、家长、幼儿都得到了满意的回应,有利于幼儿在园的成长。

现代教育学认为，家庭教育和幼儿园教育是影响幼儿身心发展的两大方面，这两大方面对幼儿的影响必须同方面、同步调，才能收到事半功倍的效果。在幼儿社会性的培养过程中，为了取得家长的配合、支持，幼儿教师积极主动地做好与家长的沟通工作显得尤为重要。幼儿教师与家长沟通时，交际口语主要有以下几个基本类型：

一、家访谈话

教师进行定期或不定期的家访很重要。家访是教师为了特定目的到幼儿家里，与幼儿家长就幼儿在幼儿园的情况进行单独交谈的一种家园联系方式。它不仅能沟通师生之间的感情，解决一些在幼儿园难以处理的问题，还能使幼儿家长了解并支持幼儿园的工作，在幼儿教育方面与幼儿园保持一致，形成教育的合力。

家访谈话一般分为三个阶段进行，第一阶段是教师向家长介绍幼儿园教育情况以及幼儿在幼儿园的表现；第二阶段是教师向家长了解幼儿在家里的情况，包括幼儿家长的基本情况、家庭对幼儿的教育情况、幼儿在幼儿园外的情况等；第三个阶段是教师与家长共同研究教育幼儿的措施与策略。这些都是在有准备的情况下进行的，需要教师在家访前做好准备：首先全面了解幼儿在幼儿园的表现以及幼儿家庭的基本情况；其次，明确家访的目的，针对幼儿存在的问题及时家访，解决问题。

家访谈话要注意策略和技巧，有以下几个要求：分析谈话对象，寻求共同话题；谈话内容要从正面入手，营造良好的谈话环境；肯定幼儿长处，取得家长信任，与家长意见不一致时，要避免争吵，巧妙提出建议和批评；争取主动，控制谈话过程，紧紧围绕幼儿这个中心，控制时间，掌握话语权；态度不卑不亢，维护教师形象。

➲ 小示例

下面是一位幼儿老师家访时与家长的对话：

教师：你们的儿子牛牛在幼儿园爱动脑筋，聪明活泼，我们老师都很喜欢他。

家长：但是，牛牛有个缺点，不会自己玩，自己做事。回家后总是缠着我们，让我们陪他玩。这样一来，整个业余时间都被他占去了，有时候想学习一会儿都不行。您看有没有什么好办法？

教师：是的，这个阶段的孩子就有这样的特点。他们缺乏自制能力，对父母特别依恋，所以回到家中后喜欢黏着父母，让父母陪着他，这很正常。你们不要嫌他烦，更不要大声呵斥他。你们可以试试给他布置一些任务，完成得好的话，可以适当表扬他，完成得不好的话，就要多鼓励他。

家长：对的，我们还可以鼓励他长大了，可以自己玩了。爸爸妈妈不可以打扰牛牛看书画画，牛牛也不可以打扰爸爸妈妈学习，我们可以比赛看谁能安安静静做事。老师，您看这样可以吗？

教师：好，这个方法很好，你们可以试试。

【分析】　这段家访谈话中，家长向老师反映自己孩子在家的情况，表达了自己在育儿方面的困惑。教师用平易近人的话语给家长分析孩子缺点产生的原因，并用商量的口吻帮家长出主意，同时引导家长自己说出教师想说而没有说出的话，起到彼此交流、互为补充的作用。

二、接待幼儿家长来访谈话

接待幼儿家长来访包括当面来访和电话来访等。在接待家长一般性来访或教师常规性邀请家长时，教师首先要对家长的来访表示感谢，接待要热情，言语要礼貌，尽可能简洁地回答家长的问题，叙述要客观公正，千万不要做无关的事情。特别是在接待家长质疑性来访或教师突发性邀请家长来访时，双方的关系容易紧张，一旦教师处理不当，就可能发生矛盾甚至冲突，对教师的工作造成不良影响。因此，教师务必要做到平心静气，态度诚恳而又不卑不亢，尽量先让家长充分表达，教师要有耐心，专心倾听，找到家长关注的核心问题，有针对性地调整交际策略，保证谈话在教师的主动控制下，在双方合作的气氛中顺利进行，以期最终解决问题。

当幼儿教师遭遇家长的误解时，一定要做到：保持冷静，心平气和；换位思考，以理解、商讨的心态面对家长；转移注意力，缓和气氛；敢于承担，以诚相待。只有这样，幼儿教师和家长的交流沟通才能如鱼得水，和谐融洽。

➡ 小示例

冬天，幼儿离园前十分钟。萌萌的奶奶拉着萌萌冲进班里就大声嚷嚷道："你怎么当老师的？我孙女裤子都尿湿好半天了，你都不给换，天这么冷……"萌萌奶奶涨红了脸，情绪很激动。老师见此情景，着急地问："啊，那孩子要紧吗？您先别着急，听我说——"，"没什么好说的，这么没有爱心，我要告到你们园长那里去！"萌萌奶奶的叫嚷，引来不少家长驻足观望。见萌萌奶奶的情绪非常激动，一时不能平静下来，于是老师抱起萌萌，说："萌萌，你是个很能干的孩子，对吗？平时在幼儿园里很爱动脑筋，老师和小朋友都很喜欢你，是不是？"萌萌看着老师不停地点头，高兴地笑了。萌萌奶奶见孙女笑了，便停止了叫嚷。老师赶忙给萌萌换上干净的裤子，又抱着萌萌往办公室走，奶奶跟在后面。到了办公室，老师请萌萌奶奶坐下，给她倒了一杯水。这时，萌萌奶奶的情绪也平静了一些。老师说："真是对不起，是我太粗心，没有注意到。那您有没有问问萌萌是什么时候尿湿的呢？"萌萌奶奶说："这倒没有，我一看裤子尿湿就……"老师说："午睡时，我帮萌萌脱裤子，当时是干的。起床后上厕所时她不会系裤子，我帮她系好，当时没有尿湿。下午游戏活动开始前，我帮全班孩子整理衣裤，萌萌那会儿还好好的。游戏活动期间孩子们也没有谁说要上厕所，游戏结束时我还观察了一下，应该是——等待离园的时候尿湿的吧。萌萌，是不是？"萌萌羞答答地点点头。奶奶说："老师，不好意思，我没弄清楚就……""是我的工作做得不到位，才会出现这样的情况，真是对不起。将心比心，我能理解。天冷了，我们也教育孩子有小便要大胆地说，也一直在观察，一旦发现孩子尿湿,我们一定在第一时间给孩子换好干净裤子。萌萌可能胆子比较小,或者怕难为情吧。"奶奶说:"对,对,是有这么个情况。"

【分析】 案例中,老师面对萌萌奶奶的误解,丝毫没有为自己辩解,而是先关心幼儿的状况,第一时间安抚幼儿和家长。等到家长的情绪平复之后,耐心地与家长交流,告知幼儿在园的详细情况,消除家长的误会,并且真诚地自我检讨,赢得了家长的理解和信任,矛盾被迅速化解。

三、在家长会上的谈话

家长会是由教师组织幼儿家长共同参加的集体会谈,目的是促进家园共育。教师是会议的主持人,在召开家长会之前,教师要做好充分的准备,包括介绍幼儿园和班级的概况,幼儿在幼儿园的学习情况和具体表现,了解每个幼儿的家庭和家长的情况,需要家长配合解决的问题以及家长可能提出的问题等,以便在家长会上能够应付自如。

家长会的主要开展形式分为讲解式和讨论式。家长会最主要的形式还是教师讲、家长听,这就是所谓的讲解式;教师选择一个话题或现象,请家长展开讨论、畅所欲言,然后教师再进行总结,这就是所谓的讨论式。

家长会的讲话特点是"一对多"。教师讲话要遵循两个原则:一是多赞扬少批评,二是尽力营造同喜同忧、和谐融洽的氛围。多表扬,能维护家长的自尊心,争取到家长的主动合作;营造同喜同忧的氛围,有利于完成既定的教育任务。切记不要把家长会变成"告状会"。

⏩ 小示例

下面是山东省东营市某幼儿园的王老师组织的一次家长会之后的总结反思(部分)。

细致贴心的前家长会时间

在等待家长陆续到来的时间里,我播放了孩子在园的视频以及照片,这样既能让家长更好地了解孩子在园的表现,也可以安静有序地等待。在这个过程中,请家长填写签到表,以此了解此次未能参会的家长,以便在接下来的时间用其他方式进行交流。同时,这个时间段可以作为单独交流的时机,尤其是针对一些需要个别沟通的家长,这样的安排可以实现家长会时间的最大化利用。

在尊重平等的氛围里沟通交流

在家长会的召开过程中,尊重与平等是非常重要的。比如对特殊原因导致迟到的家长报以谅解的微笑,用足够的耐心与自信的状态应对某些质疑。

考虑到很多家长更关注主班老师,而对其他教师往往有忽略的现象,因此在这次家长会中,我首先介绍了班级所有的老师,并将老师的具体职责进行了说明。这个环节既让家长更好地认识教师,也从另一方面表达了对班级教师的尊重,让家长意识到幼儿园是保教并重的。

之后我运用PPT演示介绍了新学期的计划、目标,以及班级将要开展的特色活动、注意事项等，这些内容比较专业，利用多媒体的演示方式可以帮助家长更好地进行梳理和了解，也能更清晰地引领家长建立趋向正确的科学育儿观。

将孩子的故事讲给家长听

在介绍幼儿在园情况环节，我没有选择多媒体，而是采用了最直接的教师讲述的方法。根据现场家长随机的座次，结合实例，依次讲述孩子的故事，帮助家长了解孩子在园的生活学习情况。这个环节是迄今为止自己最引以为傲也是最难忘的一幕。虽然事先准备了一些孩子的资料，但在整个讲述过程中没有翻阅一次。我能感受到自己的声情并茂和热情洋溢。孩子们生活的场景画面仿佛就在眼前，我用一位朋友的口吻向家长一一介绍了45位孩子的故事。这个举动令我赢得了家长的赞誉和尊重，同时也给自己增加了自信，正是因为有了对孩子的真切关注，才能做到把每个孩子的发展都铭记于心。

【分析】　幼儿教师用心筹备，有条不紊地组织实施，体现了"一切为了孩子"的理念，关注到幼儿成长的细节。这样的家长会既展示了老师的职业素养和沟通能力，也让家长学习了科学的育儿理念，共同致力于幼儿的成长和发展。

四、电话沟通用语

由于电话交流具有便捷、快速等优势，所以，作为一名幼儿教师，经常利用电话进行交流，可以促进与家长和幼儿之间的情感交流。对于工作繁忙无暇接送孩子的家长，教师可以经常利用电话和家长联系。教师要记住这类家长的电话，并了解最佳的通话时间，和家长适时联系。通过电话联系，家长可以随时了解自己孩子的情况，因而对孩子在幼儿园的生活感到很放心。在电话联系的同时也使家长对教师的工作多了一份理解、体谅、关心。对幼儿而言，在家中能经常接到老师来的电话，他会感受到老师对他的关心。

幼儿园教师与家长电话沟通的注意事项：

1. 语速、语调要与对方恰当配合，语气要缓和友好，表达要准确明白，不要打断对方讲话，耐心倾听。

2. 好记性不如烂笔头，要养成记录的好习惯，把家长交待的事情或把交谈中所有必要的信息记录下来，最后要再次进行确认，给对方一种重视与负责的感觉。

3. 注意与家长交谈过程中是否有口头禅。若有，要注意改正。

4. 语气坚定自信，拿起电话要说："您好，××幼儿园！"若逢年过节要加上节日问候，如过年要说："新年好！"

5. 通话过程中如果不小心切断了电话，应立即主动回拨电话，并表示歉意。

6. 在与家长结束通话时，要向对方表示感谢或歉意，说声"再见"，等对方挂断电话后再挂电话。

7. 运用电话进行交流时，时间不宜过长，如果准备商谈的事情很多，事先应如实告诉对方一声，看对方是否有充裕的时间进行交谈。

➡ 小示例

老师:您好! 请问是＊＊小朋友的家长吗?

家长:是的。

老师:家长您好! 这里是＊＊幼儿园,我是＊＊小朋友的老师。

家长:哦,老师您好。

老师:您好,您的孩子在我们幼儿园已经有一周(两周……)了,现在向您汇报一下孩子在这里的各种情况和表现。方便吗?

【分析】 该老师在与家长电话沟通时,首先使用礼貌用语问候对方,再简要说明电话交流的目的,并问对方是否有时间交流。只有尊重家长以及尊重家长的时间,才能更好地博得家长的好感。

语言是一个人综合素养的反映。身为人民教师,与家长谈话时也要为人师表。幼儿教师与家长进行沟通时,交际口语务求得体和有分寸,态度要真诚,语调要亲切,语势要平稳,交谈要委婉和注重可接受性。以下10句话是幼儿老师和家长沟通的典范:

1. 您的孩子最近表现很好,如果在以下几个方面改进一下,孩子的进步就更大。

2. 请家长不要着急,孩子偶尔犯错是难免的,我们一起来慢慢引导他。

3. 谢谢您的提醒! 我查查看,了解清楚了再给您答复好吧。

4. 您有什么想法,我们可以坐下来谈谈,都是为了孩子好。

5. 孩子之间的问题可以让他们自己来解决,放心吧,他们会成为好朋友的。

6. 为了孩子的身体健康,我们一起来帮他改掉吃零食的习惯,让他身体更健康。

7. 近期我们要举行××活动,相信有您的参与支持,活动会更精彩。

8. 您不要激动,这里面可能有什么误会,我们坐下来冷静地谈一谈好吗?

9. 谢谢您给我们提的建议,您直率性格我很欣赏,您的建议我们会考虑的。

10. 太对不起了,孩子下课和同学玩的时候,没注意受伤了,我已经给他处理过了,我也特别心疼,以后我会更加关注他。

📖 巩固训练

一、家访模拟训练:班上新转来了一个幼儿,你去向家长了解该幼儿的生活习惯和在家表现。

二、面对下面这种情况,你用什么方式指出家长的教育方式不对? 请用恰当的交谈方式,模拟处理家访中碰到的问题。

赓赓小朋友聪明好动,上课回答问题也很积极。但是有一个坏习惯,总爱和别的小朋友打架,多次和他谈话仍不见效果。为此,幼儿教师来到他家里,跟他的家长进行一次谈话。老师刚进门,就听到了他的哭喊声,原来他在家也特别调皮,不听话,爸爸正在打他,而他妈妈就在旁边护着。

三、接待家长来访情境训练:模拟幼儿老师,与萱萱妈妈交谈。

萱萱的妈妈来园说,最近萱萱到家后不爱讲话了,原来她可是个口齿伶俐的小姑娘,家长心里十分着急,希望老师能帮助她。根据家长的要求,设计一段对话,使家长消除顾虑,共同寻求解决问题的方法。

四、阅读下面的对话,谈谈你对老师与家长谈话的看法。

李雨的妈妈:我家的宝宝最近一回家就说饿,怎么回事呢?

王老师:不是啊,她在幼儿园吃得很多,都是比其他小朋友吃得多的。

李雨的妈妈:老师你这样说的意思是我们家长撒谎了,可这是事实啊!

王老师:你要不信的话,可以问别的老师,也可以调取幼儿园的监控视频,自然就明白了。

李雨的妈妈:那咱们就去看看监控视频,看看到底谁是谁非。

五、根据下面的情景材料,准备一段家长会讲话并试讲。

1. 小班幼儿入园后的第一次家长会,你作为班主任,就幼儿的学习、生活情况和家长分享,请你准备一次讲话。

2. 针对大班的小朋友家长提出学习汉语拼音和算术的要求,你作为老师该如何回应?

六、在班级的微信群里,有个幼儿家长发了一个视频,是关于幼儿教师用针戳幼儿的新闻,群里炸开了锅。作为幼儿教师,你准备如何就该新闻事件和家长交流,消除家长的恐慌情绪?

拓展延伸

幼儿教师与家长沟通的主要内容

第三节　幼儿教师与同事之间的交际口语

✎ **案例导学**

幼儿园里正在吃午餐,洋洋坐在饭桌前手托着腮,看着眼前的饭菜一动也不动。沈老师问他:"你怎么不吃啊? 大家都快吃完了,你还有那么多。"洋洋苦着脸说:"老师,今天的饭菜我不喜欢。"沈老师一听,对洋洋大声说:"你怎么又来了? 爱吃不吃,不吃完别想睡觉!"一旁搭班的李老师说:"沈老师,你怎么这样粗暴地对待孩子啊? 违反师德了呀!"沈老师一听火了:"你多大呀算老几呀教训我? 你会说,你来呀!"

【分析】 案例中两位老师对对方都不够尊重。沈老师不但对孩子不耐烦,而且对同事也是一番盛气凌人样;李老师批评同事时言辞不够诚恳,不顾及对方面子。两位老师之间的交流不但没有解决实际问题,反而直接影响到对幼儿的教育效果。

 **学海畅游**

与单位同事的交际口语包括与同事之间的谈话、与园领导的谈话和在教学研讨及集会活动中的谈话等。与单位同事之间的交际须遵循以下几个原则：

一是平等原则。为了做到教师之间的密切配合，必须形成平等的观念。与同事交谈时要注意平等相待，真诚待人，语气要平和。商量工作时，要以商讨的口吻去交流，集思广益。当双方的意见不一致时，要认真听取对方的意见，积极探讨相关问题。例如："这个问题我是这么看的，不知道对不对，你看呢？""这个问题我还是不太明白，我们一起探讨探讨吧。"如果在某个问题上和对方有分歧，切不可走进自以为是、以自我为中心的怪圈。

二是得体原则。在与同事交际时，要做到得体大方，就是说话要符合个人的身份、地位、文化修养等，符合特定的语境，符合交际目的的要求，符合特定的交际对象等。

在与上级领导交流时，态度要礼貌，用语要注意诚恳、简明、尊敬。注意选择合适的谈话时机，尽量不讲题外话，便于实现交际目的。

幼儿教师在教研活动中的用语要简明、扼要、准确，态度要谦和。同时要认真倾听，紧扣议题，不要沉默不语，只会当听众。

三是尊重原则。尊重别人也是自尊的最好体现。它是情感交流的一种必要的方式，也是说话人社会身份、文化素养、道德水平的一种表现。只有发自内心地尊重别人，别人才会尊重你的付出。有这样一句话："敬人者，人恒敬之。"有了尊重，也就为沟通打开了顺畅的渠道。

一、与同事之间的谈话

（一）与搭班教师的谈话

与搭班教师之间的谈话，从形式上看，可以探讨、协商等。商讨工作时，要实事求是、全面地看问题，排除个人喜好等主观因素，多用一些商量性的话语，既要说明优点，又要指出不足。在交流过程中不要使用权威性的口吻，不说绝对性的话语，不固执己见，排除一切阻碍交流的不利因素。

小示例

开学初，在布置教室时，同班的两位幼儿教师对主题墙的布置提出了不同的看法，教师甲注重环境的教育功能，教师乙更注重环境的美观。下面是两位教师之间的谈话：

教师甲：你觉得我们为孩子们创设什么样的主题墙好呢？不如我们把各自的想法说一说。

教师乙：孩子们都喜欢生动有趣的卡通形象，所以我找了很多可爱的卡通图案准备用来布置教室，你的想法呢？

教师甲：真可爱，孩子们一定喜欢！主题墙的美观功能实现了，可怎么体现它与孩子们的对话功能呢? 如果我们把这些卡通图案作为背景,再对主题墙做一定的布局,是不是更好? 你觉得呢?

教师乙和教师甲经过商讨整合了两条设计思路,最终确定了主题墙的布置方案。

【分析】 两位老师对教室主题墙的布置有不同的想法,经过协商,明确各自设计思路的优势与不足,整合优势资源,使教室主题墙最大化地实现美观与教育的双重功能。如果她们没有协商,各自按照自己的想法来布置,那么今后工作的各种矛盾就会接踵而至。

(二) 与本班保育员的谈话

幼儿教师与保育员交流时,须注意以下两点:

(1) 尊重与支持。保育员是幼儿生活不可或缺的对象,幼儿教师在工作中应虚心听取他们的意见,对他们的工作表示理解和支持。

(2) 主动指导。在指导工作时,教师的指令要清晰,态度诚恳,语气柔和,音量适中,语句简短。

➡ 小示例

下面是某幼儿教师让保育员为一个尿裤子的幼儿换裤子的对话。

教师:张老师,快来,快来。

保育员:怎么了?

教师:小飞飞又尿裤子了。

保育员:我去拿条裤子过来。

教师:请你再拿一双袜子,

教师:来,请你给他换上。

【分析】 虽然保育员给尿湿的孩子换裤子是履行她的工作职责,但幼儿教师连用了两个"请"字,让保育员感受到自己工作的尊严。该教师能以平等的眼光看待保育员的工作,也能做到充分尊重对方。

二、与上级领导的谈话

教师与上级领导的谈话,主要包括请示、汇报等内容。谈话的目的是要争取上级领导的认可、理解、信任和支持。教师和上级领导谈话时要注意以下两点:

(一) 把握谈话时机

与上级领导谈话时要注意时机是否适宜,这是影响谈话成败的重要因素。谈话时机适宜,便于实现交流目的;谈话时机不适宜,会给交流带来沟通障碍。

(二) 注意谈话方法

与上级领导谈话用语要注意谦敬、坦诚、简明。谦敬可以使交谈双方保持良好的心态,营造和谐的谈话氛围;坦诚是认真工作、如实反映情况必须具备的品质;简明是把想要表达的主要内容用简洁的语言表达出来,不重复,不绕弯子,做到言简意赅。

从教师的角度来说，向领导提建议要注意：① 从集体利益着眼，坦诚向领导提意见；② 分析事情的关键症结所在；③ 提意见要客观，避免掺杂主观情绪；④ 要针对领导的个性，采用恰当的方式，在恰当的场合提出意见。

⏩ 小示例

有位家长向幼儿园领导提出，每天下午留在值班室的孩子总是开展单一的看书、看电视活动，能否安排他们进行分组活动？于是园领导提议教师根据幼儿的兴趣开展分组活动。作为教师，虽然每周只轮到一次值班，但是面对这种附加要求，教师们有自己的不同意见。教师甲首先向园领导提出了意见，却受到了领导的批评；教师乙也向领导提出了意见，领导再三考虑后，最终采纳了她的意见。她们是怎么说的呢？

教师甲：（一脸的不满意）老师工作了一整天，够辛苦了，还要分组活动，那和开展兴趣班有什么区别？人家兴趣班可是要收费的！

教师乙：园长，我是这样想的：是不是让家长知道，我们是非常体谅双职工没法按时接孩子的苦处，才开设了值班室。我们在解决家长实际困难的同时，是不是让家长也能体谅我们的难处呢？大部分孩子都是值班老师不认识的，管理起来本来就有难度，再加上老师辛苦了一天，精力已经大打折扣，如果还要开展分组活动，老师很容易顾此失彼，万一有个孩子跑出去了怎么办？值班老师的首要任务是保证孩子的安全，我们不能为了照顾个别家长的要求，可能会让更多的家长对我们的工作不放心，所以我个人认为不要开展分组活动比较好。园长，您看呢？

【分析】 案例中，甲乙两位幼儿园教师，面对园长提出的建议，都提出了自己的看法，教师乙的意见被采纳，而教师甲却受到了批评。原因在于两人的表达方式各异，教师甲完全从个人的角度反对领导的提议，而教师乙设身处地地从幼儿园的角度阐明反对的理由，让园领导心服口服，并最终采纳她的意见。只有通过积极有效的沟通，以恰当的方式化解矛盾，才能有利于教师自身的成长和推动幼儿园的发展。

三、教学研讨和集会活动中的讲话

在幼儿园工作中，幼儿教师除了与园长和同事因工作需要的交流之外，还要参加一些其他性质的活动，比如为了提高学术水平要经常参加的教研活动，或教师做主持、串场、致辞或演说等形式的讲话。在这些类型的活动中，交际口语要注意以下几点：

（一）观点鲜明，条理明晰

教师在教研和集会活动中的讲话，要主题明确，选择的角度新颖，能从平常的话题中推出新意。陈述观点时，有独到见解，思路清晰，层次分明。

（二）语言简练，措辞巧妙

在不同的活动中，无论陈述什么观点，都要注意用语简练，不拖泥带水。还要根据听众的年龄、职业、文化水平、接受程度等，选择恰当的表达方式和内容，或庄重，或活泼，或典雅，或通俗。

（三）情感真挚，态度谦和

在集会活动中的讲话要有感召力，讲话者必须情动于衷，形之于声，用真情实感打动听众。在教研活动中，要以平稳的语调、谦和的态度来发言，不打断别人的发言，更不能用激烈的言辞触怒别人。

🔵 小示例

在一次幼儿园竞选副园长的活动中，有十几名教师参加了竞选，演讲的内容包括展示自身的特长、展望未来的工作、感谢领导和在座教师的支持等，每个人发言5～8分钟。开始台下的教师还听得很认真，但每个人讲的内容都大同小异，快到晚饭时间了，大家都露出不耐烦的神情。最后一位竞选老师看到这种情况，上台后临时做出决定，她说："我是某单位的某某，关于开拓未来，我只想说，良好的愿望必将化为勇敢者的实践。"她的发言赢得了热烈的掌声。

【分析】 这位竞选教师演讲时发现了听众的负面情绪，临时做出了调整，没有按规定展示自己，却同样获得了掌声。她的竞选演讲非常成功，用语简洁，却又情感真挚。

📓 巩固训练

模拟情境训练：请按下列情境与同学轮流扮演对应的角色，进行模拟口语训练。

1. 你和搭班老师在教育幼儿上厕所要排队的问题上产生了分歧，你将如何解决这一矛盾？

2. 你的同事家里有急事，她手头的工作还没做完，只说了声"我有事先走了"，就急匆匆地离开了，你当时很生气。事后，你的同事跟你真诚地道歉，你会对她说什么？

3. 与你搭班的保育员工作认真负责，但她有些偏爱个别小朋友，如何说服对方不要这样做？设计一段对话，与同学进行模拟交谈。

4. 幼儿园要求你们班幼儿购买一些辅助读物，而家长意见很大，请你向校长商洽，得到一个满意的结果。

5. 园长要求你独立主持幼儿园的家长开放日的诗歌朗诵比赛，你感到有些困难，你怎样与领导交谈？

拓展延伸 >>>>>>>

幼儿园同事交往之间的禁忌

第四节　幼儿教师与社会相关部门人员的交际口语

案例导学

为了对幼儿进行消防安全教育,增强孩子们的消防安全意识,提高孩子们逃避火灾的能力,幼儿园充分利用社区消防大队的人力、物力资源,制定了参观消防大队的方案。以下是幼儿老师与消防队长接洽的谈话:

"您好!我叫某某,是某某幼儿园的老师。请问队长贵姓啊?"

……

"某某队长,您好!我今天到这儿来,是代表某某幼儿园与你们消防队谈谈关于参观贵单位的有关事项,你们什么时候有空呢?"

……

"这是我的计划书。这次活动可能会给你们的工作带来一定的麻烦和影响,真是感到抱歉。但是我们真的希望通过此次活动,能使幼儿具有初步的消防知识,提高自我保护的意识和应对突发事故的能力。就算长大以后真的遇到火灾,他们也知道该怎么做。"

……

"这次活动我们希望你们做一个关于消防知识的讲座,内容多以图片为主,介绍一些简单的消防器材及使用方法,如果能让幼儿们穿上消防服,坐坐消防车,当一回消防员,那就更好了。"

……

"真的很感谢你们,能够给我们提供这么大的帮助,我代表全体教师和幼儿再次感谢你们!"

【分析】　例子中的老师在与消防队长沟通时,先以真诚的口吻获得对方的好感,其次简明扼要地表明活动目的,最后根据对方情况提出自己的建议,使合作取得成功。

学海畅游

幼儿教师有时因工作需要与社会各方面进行洽谈、协商、合作,在沟通时,要想自己的一言一行给人留下良好的印象,就要注意交际口语使用的几个要求:

1. 用语礼貌,主动介绍自己

人际交往,无论是个人和个人之间,还是个人和集体之间,都必须讲究礼貌,学会礼貌用语是个人素质的体现。不仅如此,初次见面的交际双方做自我介绍时,主动介绍自己,便于让对方记住自己,也是礼貌的表现。如果对方没有听清你的名字,最好再做一次自我介绍。比如"你好，我叫刘欣，是市实验幼儿园的老师。"这样的自我介绍简洁明了。

2. 用语得体，充分相信自己

与人交谈时，要放松自己，自然大方，用语要得体。用语得体主要表现为正确使用谦辞敬语、书面语和口语，避免产生歧义。尽量少表达有损他人的观点，多表达使别人受益的话语。在初次见面交流时，有人会感到不自在，不好意思开口；有人会感到无话可说，没办法进行交谈。其实这就是缺乏与人交谈的勇气和信心。所以在与人交谈时，要坚信自己能够把话说清楚。这种信心不是与生俱来的，需要逐步培养，交谈时把自己放到与别人平等的地位上。

3. 学会微笑，全面展示自己

《红楼梦》里描写王熙凤出场时"丹唇未启笑先闻"，写出了她与人交流时的热情爽朗。我们生活中也有这样的体验：当你对着镜子笑，镜中人也对你笑；你皱眉头，镜中人也对你皱眉头。在与人交谈时，同样存在这种"镜子效应"。我们应该学会多对他人微笑，在交流时易于沟通，更易于赢得信任。面带微笑与他人交谈，也有利于向别人全面展示自己，有利于交流双方产生强烈的友情回应。

小示例

九九重阳节快到了，幼儿园准备组织小朋友向社区的老人们表达节日祝福，幼儿园的李老师向社区书记这样介绍自己：

您好，我叫李丽，是明天幼儿园的老师。我今天到这儿来，是代表我们幼儿园协商我园小朋友到社区送节日祝福的事宜，这是我的介绍信。这次活动可能会给您带来一定的麻烦，我感到很抱歉。但我希望通过这次活动，让小朋友们学会感恩，接触社会，另外培养他们与人交流沟通的能力，促进幼儿的健康成长。

【分析】　这段自我介绍，语言简洁，内容扼要，语气真诚，既表达了此次活动给社区带来麻烦的歉意，又说明了活动对于幼儿成长的好处，动之以情，晓之以理，取得了较好的效果。

巩固训练

一、为了宣传幼儿园的办学理念与特色，园长带你去社区商谈幼儿园为社区表演一场节目。设计一定的情境，分角色演练。

二、母亲节快到了，幼儿园准备让小朋友写一封信给妈妈，并且组织小朋友亲自去邮局寄信，你将如何和邮局人员接洽？请分角色模拟训练。

三、小刘老师到居民小区宣传早期教育的重要性，碰到从农村来的李奶奶正在教训自己的小孙子："天天就知道淘气，看我不打死你！"说着，就追着孙子伸手要打，小刘老师赶忙拉住李奶奶问："您小孙子怎么了？"李奶奶怒气未消："怎么了？我从老家带了一盆花让他给弄死了！""怎么弄死的？""他说想让花长得快一点，就拼命给花浇水，结果给浇死了。"如果你是小刘老师，应该怎么和李奶奶沟通，才能制止李奶奶的行为？

拓展延伸 >>>>>>

这些话有助于幼儿教师口语交际

参考文献

[1] 王素珍.幼儿教师口语训练教程(第二版)[M].上海:复旦大学出版社,2013.

[2] 钱维亚.幼儿教师口语[M].北京:高等教育出版社,2008.

[3] 宋玮,李哲.幼儿教师口语[M].上海:华东师范大学出版社,2015.

[4] 姚春.幼儿教师口语[M].武汉:华中师范大学出版社,2014.

[5] 瞿亚红.幼儿教师语言[M].北京:北京大学出版社,2013.

[6] 唐余俊.普通话水平测试(PSC)应试指导[M].广州:暨南大学出版社,2010

[7] 王向东.幼儿教师语言表达技能训练教程[M].上海:复旦大学出版社,2013.

[8] 陈国安等.新编教师口语[M].上海:华东师范大学出版社,2006

[9] 国家教育委员会师范教育司.教师口语[M].北京:语文出版社,2001.

[10] 卜玉平.现代汉语[M].南京:南京大学出版社,2009.

[11] 人民教育出版社中学语文室.现代汉语知识[M].北京:人民教育出版社,1999.

[12] 隋雯,高昕.幼儿教师口语[M].北京:高等教育出版社,2014.

[13] 吴雪青.幼儿教师口语[M].上海:华东师范大学出版社,2012.

[14] 张颂.朗读学[M].长沙:湖南教育出版社,1983.

[15] 张颂.播音创作基础[M].北京:中国传媒大学出版社,2004.

[16] 人民教育出版社中学语文教研室.幼儿文学[M].北京:人民教育出版社,2005.

[17] 方卫平.幼儿文学教程[M].北京:高等教育出版社,2012.

[18] 祝士媛.幼儿文学经典作品赏析[M].北京:高等教育出版社,2012.

[19] 任继敏.幼儿文学创作与欣赏[M].北京:高等教育出版社,2016.

[20] 北京市语言文字工作委员会.普通话水平测试指南[M].北京:北京出版社,2001.

[21] 李莉.幼儿教师口语训练[M].上海:华东师范大学出版社,2014.

[22] 郭惠玉.幼儿教师口语[M].西安:陕西师范大学出版社,2013.

[23] 李志行等.幼儿教师口语[M].成都:电子科技大学出版社,2014.

[24] 刘海虎.幼儿园各科教案精选[M].上海:上海科学技术出版社,1991.

[25] 唐树芝.教师口语技能[M].长沙:湖南师范大学出版社,2000.

[26] 曾致.节目主持技能训练[M].银川:宁夏人民教育出版社,2004.

[27] 吴郁主编.主持人语言表达技巧[M].北京:中国广播电视出版社,2011.

[28] 王璐等.新编播音员主持人语音发声手册[M].北京:中国国际广播出版社,2006.

[29] 曲新陵等.幼儿园综合教育课程主题活动[M].南京:江苏凤凰教育出版社,2016.

[30] 杨爱绿.教育随笔[M].杭州:浙江工商大学出版社,2008.

[31] 陈丽婷.关于幼儿教师职业口语水平的调查研究[J].泉州幼儿师范高等专科学校学报,2012(4):20-23.

[32] 吴暇,汪玲.教师态势语在课堂教学中的作用[J].职业教育,2011(3):224.

[33] 谢瑞俊.教学态势语的艺术[J].苏州教育学院学报,2000(3):34-36.

[34] 尤晓娟.教学中态势语的表现技巧[J].中共郑州市委党校学报,2004(2):86-87.

[35] 陈慧.利用多元化教学促幼儿语言发展[J].科学大众,2010(12):120.

[36] 邬艳艳.浅谈幼儿教师体态语的运用[J].内蒙古师范大学学报,2007(10):114-115.

[37] 汪丽芬.浅谈幼儿教师体态语在教育教学中的运用[J].当代学前教育,2012:14-15.

[38] 张永梅.浅谈幼儿教师演讲技巧[J].学术研究,2015(7):16-17.

[39] 魏晓娟.浅谈肢体语言在幼儿教育中的应用[J].科技信息,2014(1):215.

[40] 胡亚云.声音和态势语:被忽视的教学技能[J].继续教育研究,2010(10):144-146.

[41] 贾晓玲.师范生态势语技能训练[J].内蒙古民族大学学报,2008(7):111-115.

[42] 季燕.师幼体态语言交往研究[J].教育评论,2013(4):30-32.

[43] 杜丽琴.态势语教学[J].昆明师范高等专科学校学报,2005(9):85-86.

[44] 唐安林.无声之声—浅探幼师生的态势语训练[J].职业教育,2015(6):41-45.

[45] 陈丽婷.幼儿教师体态语教学体会[J].社会科学教学,2011(4):104-105.

[46] 尹莉芳.幼儿教师体态语训练探析[J].高教学刊,2015(13):39-40.

[47] 彭则翔.幼师口语教学中非言语因素的训练[J].学前教育研究,1996(1):43-45.

[48] 刘衡.运用态势语进行语言教学的几点心得[J].教学改革,2009(22):227.

[49] 陶芳.幼儿园家长会的研究[D].华东师范大学,2011.

[50] 梁云美.幼儿教师与家长沟通问题研究[D].鲁东大学,2015.

[51] 刘明.幼儿教师与家长沟通现状研究[D].辽宁师范大学,2009.

[52] 伍荣秀.口语交际教学策略之研究[D].福建师范大学,2003.

[53] 王民君.论幼儿园教学的非语言艺术[D].华中师范大学,2006.

[54] 刘欢欢.师幼互动过程中幼儿教师身势语及其行为模式研究[D].河南大学,2013.

[55] 肖尧.小学语文教师态势语策略研究[D].渤海大学,2015.

[56] 邬艳艳.幼儿园集体教育活动中教师体态语的研究[D].广西师范大学,2008.

[57] 任田.幼儿教师消极体态语及其改善的研究[D].鞍山师范学院,2016.